COLLECTION MICHEL LÉVY

LES
GUÊPES

ŒUVRES COMPLÈTES
D'ALPHONSE KARR
PUBLIÉES DANS LA COLLECTION MICHEL LÉVY

AGATHE ET CÉCILE.	1 vol.
LE CHEMIN LE PLUS COURT.	1 —
CLOTILDE.	1 —
CLOVIS GOSSELIN.	1 —
CONTES ET NOUVELLES.	1 —
LA FAMILLE ALAIN.	1 —
LES FEMMES.	1 —
ENCORE LES FEMMES.	1 —
FEU BRESSIER.	1 —
LES FLEURS.	1 —
GENEVIÈVE.	1 —
LES GUÊPES.	6 —
UNE HEURE TROP TARD.	1 —
HISTOIRE DE ROSE ET DE JEAN DUCHEMIN.	1 —
HORTENSE.	1 —
MENUS PROPOS.	1 —
MIDI A QUATORZE HEURES.	1 —
LA PÊCHE EN EAU DOUCE ET EN EAU SALÉE.	1 —
LA PÉNÉLOPE NORMANDE.	1 —
UNE POIGNÉE DE VÉRITÉS.	1 —
PROMENADES AUTOUR DE MON JARDIN.	1 —
RAOUL.	1 —
ROSES NOIRES ET ROSES BLEUES.	1 —
LES SOIRÉES DE SAINTE-ADRESSE.	1 —
SOUS LES ORANGERS.	1 —
SOUS LES TILLEULS.	1 —
TROIS CENTS PAGES.	1 —
VOYAGE AUTOUR DE MON JARDIN.	1 —

ŒUVRES NOUVELLES D'ALPHONSE KARR
Format grand in-18.

LES DENTS DU DRAGON (2ᵉ édition).	1 vol.
DE LOIN ET DE PRÈS (2ᵉ édition).	1 —
EN FUMANT (3ᵉ édition).	1 —
LETTRES ÉCRITES DE MON JARDIN.	1 —
SUR LA PLAGE (2ᵉ édition).	1 —
LE ROI DES ILES CANARIES (sous presse)	1 —
LA MAISON CLOSE (2ᵉ édition).	1 —
LA PROMENADE DES ANGLAIS.	1 —
LA QUEUE D'OR (2ᵉ édition).	1 —
LES GAIETÉS ROMAINES.	1 —

F. Aureau et Cⁱᵉ. — Imprimerie de Lagny

LES
GUÊPES

PAR

ALPHONSE KARR

— TROISIÈME SÉRIE —

NOUVELLE ÉDITION

PARIS
MICHEL LÉVY FRÈRES, ÉDITEURS
RUE AUBER, 3, PLACE DE L'OPÉRA
—
LIBRAIRIE NOUVELLE
BOULEVARD DES ITALIENS 15, AU COIN DE LA RUE DE GRAMMONT
—
1873
Tous droits réservés

LES GUÊPES

Juillet 1841.

A Victor Hugo. — Le rossignol et les oies. — 1. — 40. — 450. — 33,000,000. — M. Conte. — Les lettres et la poste. — Les harpies. — M. Martin (du Nord). — Nouvelles de la prétendue gaieté française. — La queue de la poêle. — Un trait d'esprit du préfet de police. — Les chiens enragés. — Les journaux. — Renseignement utile aux gens d'Avignon. — Où est le tableau de M. Gudin. — M. Quenson dénoncé. — A monseigneur l'archevêque de Paris. — Mots nouveaux. — Victoria à Rachel. — Les esclaves et les domestiques. — L'Opéra. — Le Cirque-Olympique. — Le duc d'Orléans. — Le maréchal Soult. — Nouvelles frontières de la France. — Les vivants et les morts. — M. de Lamartine. — La postérité. — M. Hello accusé de meurtre. — La Fête-Dieu. — Giselle. — M. Ancelot. — M. de Pongerville. — Les vautours. — M. Villemain. — Une voix. — M. Garnier-Pagès. — Un oncle. — Le charbon de terre et les propriétaires de forêts.

Sainte-Adresse.

JUILLET. — *A Victor Hugo.* — Il faisait hier une belle soirée, mon cher Hugo; j'étais allé voir au bord de la mer le soleil se coucher dans une pourpre plus splendide que ne l'a jamais été celle des rois — quand il y avait de la pourpre — et quand il y avait des rois.

On voyait passer à l'horizon — des silhouettes de navires noirs sur un fond d'or rouge, et je cherchais à reconnaître un bateau d'Étretat qui doit m'emmener dans quelques heures, — non à ses voiles brunes et tannées qu'on n'aurait pu distinguer à cette heure, où les couleurs s'effacent, — mais à la forme particulière de son beaupré incliné vers la mer.

Après les couleurs, les formes commencèrent à disparaître. — Je vis s'allumer les lumières rouges des phares sur les jetées du Havre, — les lumières bleuâtres des étoiles au ciel — et les lumières presque vertes des lucioles dans l'herbe. — J'entendais le bruit de la mer qui montait, et je reconnaissais à son parfum une petite fleur jaune qui pousse à foison sur cette côte et qui embaume l'air.

Et je pensai à un de vos anciens ouvrages, à un beau livre, — au *Dernier jour d'un condamné*, — dans lequel le malheureux qu'on juge, — en proie à une bizarre hallucination, — ne peut détourner ses regards et sa pensée d'une petite fleur jaune qui se balance sur une fenêtre où elle a été semée par le vent ou par quelque oiseau.

Et je pensai à ces longues promenades que j'ai faites quelquefois avec vous sur les boulevards de Paris, — à l'heure où Paris dormait, — à ces promenades où nous parlions des magnificences de la nature, que vous aimiez comme moi, — et dont vous me parliez si bien.

Et je songeai que ce jour-là vous étiez reçu membre de l'Académie française. — Vous voyez que je vous aime, Victor, puisque, sous de beaux arbres, à travers lesquels je voyais les étoiles comme des fruits de feu, — ayant à mes pieds la mer qui rejetait les varechs et les algues de ses prairies profondes où paissent les phoques, — assis sur une côte revêtue du beau manteau dont la terre se couvre l'été, — au milieu de tant de feuilles et d'herbes, — au milieu de tant de belles choses vertes, — j'ai pu penser aux deux pauvres petites palmes dont vous avez le droit maintenant d'enrichir le collet de votre habit.

Vous voilà donc enfin à l'Académie! — Vous y êtes entré comme le fils de Philippe de Macédoine entra à Babylone. Mais ne vous semblerait-il pas singulier de lire dans son historien,

Quinte-Curce, qu'Alexandre ne demanda, pour prix de ses victoires, que d'être nommé citoyen de la ville de Darius?

Ne vous êtes-vous pas un peu laissé faire — ce que le père Loriquet, *e societate Jesu*, voulait faire de Napoléon, que, dans son *Histoire de France*, il appelait le marquis de Buonaparte, général en chef des armées de Louis XVIII?

Je lisais dernièrement un des romans de Walter Scott, intitulé le *Pirate* : c'est l'histoire de Clémont Vaughan, qui, après avoir été pendant plusieurs années le chef d'une troupe déterminée — et le maître d'une frégate au redoutable pavillon noir, — s'amende à la fin et devient officier sur un vaisseau de Sa Majesté, où ses supérieurs sont fort contents de lui.

Je regardais l'autre jour sur une feuille d'un rosier planté au bord d'un ruisseau — une goutte de pluie plus brillante qu'une opale; — tout à coup elle roula tout le long de la feuille, et tomba dans l'eau du ruisseau, où elle se perdit.

C'est par l'individualité que charme un poëte; vous étiez un tout, — pourquoi devenir une partie?

Il y a un grand nombre de pierres à la base d'une pyramide; il n'y en a qu'une au sommet.

Le rossignol chante seul dans les buissons en fleurs; — les oies volent en troupes.

Vous êtes entré à l'Académie en en enfonçant les portes; — en vain vous avez caché votre triomphe, — en vain vous avez pris une allure modeste et hypocrite : — vos confrères malgré eux — ont fait comme les vieilles femmes d'une ville prise d'assaut : — elles jettent du haut des fenêtres, sur la tête de l'ennemi, tous leurs ustensiles de ménage.

Ce n'était vraiment pas la peine de se faire Victor Hugo — pour devenir l'un des quarante.

Mon pauvre Victor, — vous voici donc enfin l'égal de M. Flourens! — tout le monde dit maintenant que vous voulez devenir député, c'est-à-dire un des quatre cent cinquante.

De succès en succès, — si on vous laisse faire, vous arriverez à être l'un des trente-trois millions qui composent la nation française.

🐝 De mieux en mieux. — Le parquet, conformément à une instruction du ministre de la justice, — a fait ouvrir, dans les bureaux de poste, des lettres adressées à des particuliers; — lettres qui n'ont été remises à leur destination qu'après avoir été ouvertes.

Je suis fort indulgent pour les attaques à certaines libertés inutiles, embarrassantes et assujettissantes que réclament sans cesse certains partis; — mais, quand il s'agit de véritables libertés, c'est une autre affaire.

Quoi! vous avez le monopole d'une exploitation qui rapporte des bénéfices énormes, et vous en usez pour de honteuses et criminelles investigations! — Quoi! il ne reste aucun moyen de mettre sa vie, ses affections, ses pensées, en dehors des ignobles débats que se livrent et les gens du pouvoir et ceux qui y prétendent sous divers noms et sous divers prétextes?

Quoi! ces mots que je crois écrire à un ami, — ces paroles que j'adresse à une femme, — toutes ces choses qui sortent d'un cœur pour retomber dans un autre, — c'est M. Martin (du Nord) ou l'un de ses acolytes qui les lira!

Messieurs, partagez-vous, arrachez-vous, disputez-vous les places, l'argent, les honneurs, — les rubans, — je ne m'en mets pas en peine; — je n'y prétends pas plus, après que vous les avez tiraillés, qu'à un reste de festin de harpies.

> At subitæ horrifico lapsu de montibus adsunt
> Harpyæ...
> Diripiuntque dapes, contactuque omnia fœdant
> Immundo.....
> Semesam prædam, et vestigia fœda relinquunt.
>
> (*Énéide*, liv. III.)

Mais je ne permets ni à M. Martin (du Nord) d'ouvrir mes lettres, ni à M. Conte, directeur des postes, de livrer lâchement les lettres que je lui confie. — Il est des choses qu'il faut respecter, messieurs, — sous peine de ne plus voir en France qu'un seul parti, le parti des gens qui ont du cœur et de l'honnêteté, et de le voir contre vous.

Pour moi, — si une semblable chose m'arrivait, — je poursuivrais par tous les moyens et M. Martin (du Nord) et M. Conte, — quand il me faudrait vendre, pour parvenir à en avoir raison, — jusqu'à mon dernier habit, — jusqu'à la montre que m'a donnée Méry.

Vous n'aurez pas besoin, messieurs, d'ouvrir frauduleusement une lettre pour savoir ce que je pense ; — je le dis hautement et je l'imprime, — et je charge M. Conte de le faire porter dans toute la France et dans toute l'Europe ; — c'est une trahison et une infamie, et je suis à la fois de tous les partis où l'on blâme et où l'on flétrit de semblables actes.

Le prétexte que l'on a pris est que les lettres ouvertes *paraissaient contenir des billets de loteries étrangères.*

Et comment le savez-vous, — et de quel droit regardez-vous ce que les lettres paraissent contenir ? — Vous n'avez qu'un droit : c'est de recevoir le prix des lettres qu'on vous confie ; qu'un devoir : c'est de les remettre fidèlement à leur destination.

NOUVELLES DE LA PRÉTENDUE GAIETÉ FRANÇAISE.

Le Français, né malin, créa la guillotine.

Beaucoup de gens ont déjà remarqué qu'on ne s'amusait plus en France. — Cette question, beaucoup plus grave qu'on ne semble le croire, a dû occuper quelques-unes de mes méditations. — Voici les causes que j'en ai trouvées : à cette époque où le gouvernement de la France était une *monarchie absolue tempérée par des chansons;* — il n'y avait dans les affaires qu'un très-petit nombre de rôles à jouer, — et ces rôles, réservés à certaines castes, une fois remplis, le reste de la nation était réduit naturellement à l'état de spectateurs. Les spectateurs d'une pièce quelconque sont décidés à s'amuser ; — s'ils n'en trouvent pas dans la pièce qu'on joue devant eux un prétexte suffisant, ils s'amuseront à se moquer de la pièce, de l'auteur et des acteurs, — ou à les siffler, ou à leur jeter des pommes.

Mais, aujourd'hui, on a fort agrandi le théâtre, et on a supprimé les banquettes et les loges; — il n'y a plus de spectateurs, et tout le monde est acteur, — même ceux qu'on en soupçonne le moins.

Prenez, au hasard, le premier homme que vous rencontrez dans la rue : — il n'est peut-être ni ministre, — ni sous-secrétaire d'État, — ni pair, — ni député; — mais il est peut-être électeur, — car, en moyenne, — chacun des quatre cent cinquante députés a été envoyé à la Chambre par quatre cent cinquante électeurs. — S'il n'est pas électeur, il est membre du conseil d'arrondissement, — ou du conseil municipal, — ou du conseil communal, — ou du conseil de salubrité, — ou de la commission de, — ou de, — ou de, — ou officier supérieur ou inférieur de la garde nationale, — ou sergent, ou caporal, — ou membre du conseil de discipline, — membre de la Légion d'honneur ou aspirant à l'être, — de la Société des naufrages ou de celle d'agriculture, — et si, par hasard, il a trouvé moyen d'échapper à quelqu'un de ces rôles si nombreux, — grâce aux journaux, il est de tel ou tel club, — de telle ou telle société; — ou bien il est, comme bureaucrate, — toujours grâce aux journaux, fonctionnaire indépendant ; — ou, comme soldat, baïonnette intelligente. — Si, par hasard, cependant, — après avoir épuisé toutes les questions, vous arrivez à découvrir que l'homme que vous avez arrêté n'est revêtu d'aucun de ces rôles, ne jouit d'aucune de ces parcelles du pouvoir, débris de la puissance royale brisée ; s'il n'est rien de rien, — je vous le dis, en vérité; ne cherchez pas plus longtemps, cet homme est le roi Louis-Philippe; cet homme est votre roi.

A moins cependant que ce ne soit votre obéissant serviteur Alphonse Karr.

C'est ce qui a fait le succès de cette énorme chose appelée gouvernement représentatif ; — certes, on siffle de temps en temps certains acteurs, mais on ne siffle pas leurs rôles, — parce qu'on ne siffle les acteurs que pour les remplacer, — et surtout on ne siffle pas la pièce parce qu'on y joue un rôle et parce qu'on aspire à en jouer successivement plusieurs autres.

En un mot, le gouvernement représentatif n'a eu qu'une adresse et un esprit, c'est de faire de lui-même une poêle dont la queue est assez longue pour que chacun la tienne un peu.

UN TRAIT D'ESPRIT DU PRÉFET DE POLICE. — Je ne suis pas fort craintif, mais il y a une terreur dont je n'ai jamais pu triompher : c'est celle que m'inspire la pensée d'être mordu par un chien enragé. — Certes, j'ai eu un chien appelé Freyschütz, que j'aimais beaucoup, quoiqu'il ne m'aimât guère que comme on aime le bifteck, ainsi qu'il l'a prouvé en me dévorant deux fois ; — ce qui fait que l'auteur des *Guêpes* n'est que le restant de deux soupers de cette énorme bête féroce. — Eh bien ! mes amis ont pu m'entendre dire souvent que, malgré les craintes que je ressentais pour la conservation de Freyschütz, qui ne souffrait pas qu'on le muselât, — je n'élèverais pas la moindre plainte s'il était quelque jour victime de quelque mesure de police contre les chiens.

Pendant bien des années on s'est contenté de jeter dans les tas d'ordures des boulettes de viande empoisonnée.

Ce système était insuffisant pour deux raisons :

Première raison. — Des tombereaux parcouraient la ville dès l'aube du jour, et enlevaient les boulettes avec les ordures.

Deuxième raison. — Un des caractères de la rage est que le chien hydrophobe ne mange pas, de sorte que les chiens enragés se trouvaient précisément les seuls qui fussent à l'abri.

Il y a quelques années, un préfet de police, — je crois que c'est M. Debelleyme, — avisa cette insuffisance et fit faire de grands massacres de chiens. On jeta les hauts cris ; — parce que, dans ce bienheureux pays de France, on est décidé d'avance à se prononcer contre l'autorité, quelle qu'elle soit et quoi qu'elle fasse, et principalement contre la police.

D'où il arrive ce qui suit : — que l'horreur générale contre la police éloigne de ses fonctions tous les gens un peu honnêtes et pouvant faire autre chose, — et qu'elles ne sont exercées que par des gens qui ne valent guère mieux que ceux contre lesquels on les emploie, — ce qui justifie en partie la haine d'abord injuste qu'elle inspire.

Une partie des journaux, — les hauts politiques d'estaminet — et la moitié du public, prirent alors le parti des chiens enragés contre le préfet de police.

M. Gabriel Delessert, averti par cet exemple, a pris un parti plus adroit, — invention pour laquelle je lui pardonne presque son grotesque numérotage des voitures.

Il a donné à deux ou trois journaux une anecdote épouvantable, et de son invention, d'un chien enragé qui avait mordu huit ou dix personnes dans les Champs-Élysées et plusieurs chevaux sur la place de la Concorde, où il avait été tué d'un coup de couteau par un brave citoyen. — L'histoire était parfaitement contée. On n'avait oublié aucune des circonstances qui pouvaient la rendre vraisemblable, y compris l'oubli dans lequel on laissait le dévouement admirable de l'homme qui, avec une arme aussi courte qu'un couteau, s'était exposé à d'horribles blessures et surtout à de si horribles suites. — En effet, disaient les plus incrédules, si l'histoire était apocryphe, l'inventeur eût ajouté que l'auteur de cette belle action avait eu la croix d'honneur.

Mais une telle ingratitude ne s'invente pas, il faut qu'elle soit vraie.

Il y a un genre d'amorces auquel les journaux mordent toujours : — c'est l'anecdote. — Chaque journal s'empare du petit nombre de celles que trouvent ses confrères avec une avidité qu'on ne saurait comparer qu'à celle du requin qui avale un matelot avec son chapeau, ses bottes, son couteau et son portefeuille. — Ils coupent le fait avec des ciseaux, sans même en changer la date, — de telle sorte que le journal qui tient l'anecdote de cinquième main la commence par ces mots : « Il est arrivé *hier*, etc.

L'anecdote du chien, prise par tous les journaux, frappa beaucoup les esprits, et, quelques jours après, M. G. Delessert fit afficher contre les chiens d'horribles menaces, — qu'il aura, je pense, mises à exécution avec l'approbation générale.

J'avais de bonnes raisons de croire l'anecdote controuvée, attendu qu'un de mes amis croisait, pour des raisons particulières, — sur le théâtre qu'on lui prête, au jour et à l'heure indiqués, — et qu'il y attendit pendant quatre heures une personne qui l'attendait ailleurs; — mais je n'ai pas voulu, le mois dernier, atténuer l'effet de l'invention louable de M. le préfet de police; — *pie mendax*.

Puisque je parle de la police, — je dois dire combien j'approuve l'uniforme donné aux officiers de paix, — ainsi que celui que portent depuis longtemps les sergents de ville; — les fonctions de police deviendraient honorables et honorées — si cette mesure était universelle, — et si la police cessait d'agir par guet-apens.

CHAPITRE TROP LONG. — Dans le premier numéro des *Guêpes*, publié, il y a plus d'un an et demi, j'ai expliqué la position que s'est faite le gouvernement actuel vis-à-vis de la presse ; — je n'empêche pas de relire ce chapitre les personnes qui veulent avoir un résumé vrai et impartial de cette position si bêtement et si volontairement choisie. Si j'en parle aujourd'hui, c'est que j'ai à traiter cette question sous un autre point de vue. J'ai dit que les entraves mises à la presse faisaient une partie de sa puissance, et je l'ai prouvé, je crois, d'une façon claire et péremptoire. — J'ajoute que la seule ressource aujourd'hui de la royauté de Juillet, — son dernier et unique moyen de lutter contre la presse, qui l'attaque avec plus d'audace et d'acharnement qu'elle ne l'a jamais fait contre Charles X, — serait de changer brusquement son système et de promulguer une loi ainsi conçue :

Art. 1er. — La presse est libre fiscalement ; — le cautionnement et le timbre sont supprimés ;

Art. 2. — La presse est libre moralement : — chacun peut exprimer sa pensée, quelle qu'elle soit ; — aucune action ne sera dirigée contre un journal ;

Art. 3. — Chaque article sera signé du nom réel de son auteur ;

Art. 4. — Chaque journal sera tenu d'insérer toute réponse qu'il plaira de lui faire à toute personne nommée dans un de ses articles. — Cette réponse ne devra pas être plus du double de l'article où la personne aura été nommée.

Je vais développer et défendre chacun de ces quatre articles en peu de mots.

Art. 1er. — *La presse est libre fiscalement : — le cautionnement et le timbre sont supprimés...*

J'ai dit la maladresse d'avoir imposé aux journaux des conditions pécuniaires qui les ont mis aux mains des marchands et qui ont réuni plusieurs nuances d'opinions dans une seule couleur, — condition même nécessaire pour l'existence de feuilles qui ne pourraient sans cela réunir un nombre suffisant d'abonnés pour couvrir leurs frais.

Le cautionnement et le timbre abolis, chaque couleur se décomposera en toutes ses nuances. L'écrivain qui, pour exprimer ses idées, était obligé de s'affilier à un journal où on lui donnait asile au prix du sacrifice d'une partie de ces mêmes idées, — sacrifice auquel il ne se résignait que par impuissance pécuniaire, — lèvera son propre étendard, — des essaims nombreux partiront des plus grosses ruches.

Les journaux, vingt fois plus nombreux, se partageront et se diviseront le même nombre d'abonnés ; — chacun n'aura que les gens qui pensent comme lui — et n'aura plus de ces gens si nombreux qui, plus près de lui que d'une autre couleur, se rapprochent encore de lui, faute de nuances intermédiaires, — et se laissent peu à peu entraîner.

Art. 2. — *La presse est libre moralement : — chacun peut exprimer sa pensée, quelle qu'elle soit ; — aucune action ne sera dirigée contre un journal.*

Avant de crier à l'énormité, faites-moi le plaisir d'examiner avec moi le résultat des lois répressives accumulées contre la presse.

Il n'y a pas une de ces lois qui ne soit éludée. — Il s'établit entre un journal et ses lecteurs un argot parfaitement clair, formé de réticences et de synonymes — qui permet de tout dire et de tout entendre sans danger. — Il n'y a que les maladroits de pris.

Il est défendu d'attaquer le roi, — mais il n'est pas défendu d'attaquer QUELQU'UN, — ni une PERSONNE INFLUENTE, — ni le TRÔNE, — ni la COURONNE, — ni le POUVOIR, — ni une HAUTE INFLUENCE, — ni le CHATEAU, — ni mille autres synonymes — qui obligeraient nos quatre cent cinquante faiseurs de lois à travailler en permanence.

Semblables à ce maire d'une petite ville qui défendit à ses administrés de sortir sans lanterne après neuf heures du soir.

Le lendemain de la promulgation de l'ordonnance, —

on amène à M. le maire un individu arrêté par une patrouille.

— Ne connaissez-vous pas l'ordonnance ?
— Si, vraiment.
— Eh bien ! où est votre lanterne ?
— La voilà.
— Mais il n'y a pas de chandelle dedans !
— L'ordonnance n'en parle pas.
— C'est bien. Allez-vous-en.

Le maire se remet à l'ouvrage, — et promulgue un erratum — par lequel est expliqué qu'on doit porter une lanterne avec une chandelle dedans.

Le lendemain, — on amène un récalcitrant.
— Eh ! Dieu me pardonne ! c'est encore vous ?
— Oui, monsieur le maire.
— Vous saviez pourtant la nouvelle ordonnance ?
— Oui, monsieur le maire.
— Eh bien ! où est votre lanterne ?
— La voici.
— Et la chandelle ?
— La voici.
— Mais elle n'est pas allumée !
— L'ordonnance n'en dit pas un mot.

Il fallut encore relâcher le réfractaire — et publier un nouvel erratum, qui annonçait que la chandelle devait être allumée.

Le dernier des synonymes au moyen desquels on traite, comme vous savez, le roi Louis-Philippe, mon illustre ami, — selon le *National*, le *Journal du Peuple*, et divers autres carrés de papier, — a été inventé par Me Partarrieu-Lafosse, dans le procès des lettres attribuées au roi.— Cet honorable accusateur public ayant eu, entre autres saugrenuités, le malheur d'établir une niaise et puérile distinction entre Louis-Philippe, duc d'Orléans, et Louis-Philippe, roi de France, — la presse s'en est emparée, et, parodiant, d'après le ministère public, le mot d'un autre duc d'Orléans devenu roi de France : — « Qu'il n'appartient pas au roi de France de venger les injures faites au duc d'Orléans, » — elle s'en donne à cœur joie sur ce sujet, — en éludant une loi dont l'extension ne pourrait lui être appliquée sans qu'on commençât par faire le procès à ce malencontreux Me Partarrieu-Lafosse ; — et les journaux opposants jouent, à l'abri de la loi, depuis un mois, d'incessantes variations sur ce thème : — Louis-Philippe, duc d'Orléans, est un ci, — est un là, — et un pis encore... — le tout soit dit sans attaquer la personne de Louis-Philippe, roi de France.

Ainsi donc les lois coërcitives de la presse ne préviennent rien et ne réparent rien ; — elles ne font que donner à l'expression de la pensée des journaux un nouvel attrait de variété, — d'audace et d'adresse, — trois choses qui ont beaucoup de partisans, — qui se laissent facilement accoquiner au parti qui les possède ou qui paraît les posséder.

La presse libre n'aurait plus de prétexte pour la guerre de buissons qu'elle fait au pouvoir. — Chaque journal serait obligé de dire tout haut ce qu'il veut et ce qu'il ne veut pas ; — on combattrait alors à découvert et en plaine.

Art. 3. — *Chaque article sera signé du nom réel de son auteur.*

Ceci est une garantie qu'aucun homme qui prétend à la loyauté n'a le droit de refuser, du moins tout haut ; — cela arrache à la presse ce prestige mystérieux si connu des anciennes royautés de l'Orient, — qui a, pour un journaliste, l'avantage de le dérober aux représailles d'agression et de personnalités, — masque dont la suppression forcera l'écrivain de se fixer à l'égard des autres les bornes qu'il désirera pour lui même, et donnera à chaque article sa valeur réelle, — en laissant voir que tel qui parle si haut de moralité et exerce une inquisition si sévère dans la maison de verre que la presse, retirée prudemment dans ses sombres cavernes, a faite à tous ceux qui ne sont pas avec elle,

— a eu bien du mal, après un souper trop prolongé, à retrouver la porte de l'imprimerie où il venait la plume à la main exiger d'autrui toutes les perfections et toutes les vertus dont la liste est d'autant plus longue qu'elle se compose de celles qui lui manquent.

Art. 4. — *Chaque journal sera tenu d'insérer*, etc.

Cet article existe déjà dans la loi, mais d'une manière vague qui permet de l'éluder sans cesse. — Nettement exprimé, il épargnerait au gouvernement le coq-à-l'âne volontaire, perpétuel et grotesque par lequel il se justifie sans cesse devant des gens qui ne savent rien des choses dont on l'accuse, et n'a aucun moyen de parvenir à ceux qui ont entendu l'accusation.

RENSEIGNEMENTS UTILES AUX GENS D'AVIGNON. — Dans le numéro des *Guêpes* du mois de mai dernier, il est fait mention d'un tableau de M. Gudin qui, donné par le roi à la ville d'Avignon en 1836, n'était pas encore arrivé à sa destination depuis cinq ans qu'il est en route.

Nous racontions, en outre, qu'on s'occupait activement de rechercher ce tableau égaré, de douze pieds de haut.

Jusqu'ici les recherches de messieurs de la liste civile et de leurs employés ont été inutiles. — Nous croyons pouvoir leur dire où est le tableau.

Le tableau est tranquillement accroché dans le musée de la ville de Douai.

Astarté, — une de nos Guêpes les plus vagabondes, prétend l'avoir parfaitement reconnu ; — elle assure en outre que ce tableau, envoyé, sans autre avis, aux autorités de la ville de Douai, est resté six mois sans qu'on ouvrît la caisse qui le renfermait ; enfin, au bout de ce temps, M. Quenson, conseiller à la cour royale, — grand amateur de peinture et quelque chose au musée, — prit sur lui d'ouvrir la caisse et de s'emparer, — pour le musée, — du tableau de Gudin, ne laissant aux gens d'Avignon que la reconnaissance pour le présent qu'ils n'ont pas reçu.

JUILLET 1841.

A MONSEIGNEUR L'ARCHEVÊQUE DE PARIS.

Paris.

❧ *Note à l'appui de son discours dans lequel il tâche d'insinuer adroitement au roi Louis-Philippe que, malgré la grandeur et la vénération qui l'entourent, il ferait bien de se rappeler quelquefois qu'il n'est qu'un homme.* — Monseigneur, me promenant hier du côté de la barrière de l'Étoile, j'ai vu les douaniers, — dits gabelous, — chargés d'empêcher l'introduction frauduleuse des objets soumis au droit, visiter les voitures de la maison du roi venant de Neuilly, — les voitures attelées de mules de sa propre maison.

Agréez, monseigneur, etc.

❧ *Suite des mots nouveaux introduits dans la langue française — par MM. les membres du Club-Jockey.* — Dead-haet, — stags hund, — foal stalkes, — comfort, — stud book.

Une des bonnes plaisanteries de cette époque est, sans contredit, l'invention de mademoiselle Rachel. — Mademoiselle Rachel est une fille qui récite les vers assez juste, — et qui a réussi par la froideur et la sécheresse — comme il y a quelques années d'autres ont réussi par les cris, le désordre et l'exagération, et uniquement par la même raison, — c'est-à-dire parce que c'était autre chose.

Il ne faut croire qu'une petite partie des ridicules extravagances que certains journaux prêtent à nos voisins au sujet de ladite Rachel, — et de ces extravagances, ce qui est vrai a pour cause la morgue des Anglais, qui, ayant lu dans nos journaux les ridicules déclamations dont elle a été le prétexte, veulent nous surpasser dans l'admiration même de ce qu'ils ne comprennent pas. — Du reste ces récits se font à Paris.

🐝 Un journal a dit que la reine avait donné à la comédienne un bracelet avec ces mots : — Victoria a Rachel.

Douce et touchante intimité qui dépasse de bien loin celle que Henry Monnier, dans ses rêves démocratiques, voulait voir s'établir entre les fils de pairs de France et les marchands de peau de lapin.

Encore un peu, et les reines de théâtre n'accepteront plus les airs de familiarité que se donnent les reines du monde.

Voyez, — monseigneur Affre, — archevêque de Paris, — voici un sujet digne de vos méditations. — Voyez les comédiens, race autrefois proscrite, — voyez-les régner seuls aujourd'hui sur les peuples, qui ont pris au sérieux leur couronne de papier, et recevoir tous les hommages en place des rois véritables, qui ont en échange hérité de leur opprobre. — S'il est des gens, monseigneur, qu'il faut rappeler au souvenir de la condition humaine, — ce sont les comédiennes et les danseuses, — dont les peuples si fiers d'avoir brisé le joug des rois tiennent à honneur de traîner les carrosses, — tandis que maintenant, s'il est un état avili et avilissant, — c'est celui de ces anciens maîtres de la terre.

🐝 Tel dans sa farouche indépendance et dans son dédain ne rend pas le salut au roi de France, — qui se fait gloire de s'atteler au fiacre d'une danseuse en sueur — et dispute à coups de coudes l'honneur d'être plus près du timon dans cet attelage grotesque.

Encouragez donc encore le peuple à reconquérir, — dans les luttes et le sang, — une liberté dont la dignité l'embarrasse si fort, — qu'après avoir arraché violemment aux rois les marques de servilité qu'il leur a rendues si longtemps, — il conserve ces priviléges dans la tradition la plus pure — pour les reporter aux pieds des danseuses, — seules aimées, seules honorées aujourd'hui, sans qu'il s'élève personne pour crier du milieu de ces triomphes ridicules — que la plus belle, la plus habile, la plus adorée, la plus fêtée des danseuses — n'est pas digne d'entrer dans la mansarde de la plus humble des femmes d'ouvrier.

Et vous voulez que le peuple se moralise — quand vous offrez à ses filles de pareils exemples, — quand vous lui montrez qu'il n'y a d'heureuses, d'aimées, de riches, que celles d'entre elles qui, renonçant à toute la pudeur, à toutes les charges et à tous les devoirs de leur sexe, ont pour état de gambader nues devant un public enthousiaste !

Ne faites plus de grandes phrases avec les grands mots de joug brisé, de fers rompus. — Allons donc, — les hommes ne sont pas des esclaves, — ce n'est pas vrai, — ils se flattent, — ce sont des domestiques volontaires — qui aiment à changer de place et de maître.

Certes, si je m'intéressais autrement à ces choses — je féliciterais les conseils de mademoiselle Rachel du tact et de l'à-propos avec lesquels ils lui ont fait choisir la pièce de *Marie Stuart* pour sa représentation à bénéfice : — on sait l'admiration des Anglais pour Élisabeth, qu'ils appellent leur *reine vierge*; — ils prétendent avec indignation que l'histoire est tronquée dans cette tragédie, qui n'a eu aucun succès.

Un journaliste a dit : « Pendant toute la soirée les Anglais ont eu l'air de comprendre, — l'Hospitalité. »

A MM. DE LA QUOTIDIENNE. — Messieurs du journal la *Quotidienne* ont eu la bonté de vouloir bien prendre quelques pages dans les *Guêpes* pour les insérer dans leurs colonnes : — ils ont bien voulu faire précéder ce fragment de quelques mots plus ou moins obligeants, — voici le moins obligeant — M. Karr *assure* n'appartenir à aucun parti.

Assure est, messieurs, un mot un peu jésuitique, — surtout au moment où vous donniez vous-mêmes une preuve assez évidente de la vérité de mon assertion.

Une bonne preuve, messieurs, je crois, que je n'appartiens pas aux partis opposés au vôtre, — c'est que vous ne manquez guère de m'emprunter chaque mois des fragments assez longs. Une preuve, non moins bonne, que je n'appartiens pas non plus à votre parti, c'est que vous avez soin de tronquer ces fragments et d'en élaguer parfois des phrases qui vous embarrasseraient.

A propos, messieurs, — comment vous qui niez si fort la famille régnante, — et, à votre point de vue, cela se comprend, — vous qui appelez le prince royal duc de Chartres, pour montrer avec quelle sollicitude vous gardez à son père le titre de duc d'Orléans, voici une phrase qu'on vous fait mettre pour trois francs aux annonces, — phrase qui a pour but incontestable de donner comme attrait à une ville de bains la présence probable d'une princesse de cette maison :

« On parle du voyage de madame la duchesse de Nemours — aux eaux minérales de Forges, — où sont allés depuis Louis XIII, en le comptant, la plupart des membres de la famille royale de France. »

Je vous *assure*, messieurs, que je ne fais pas de ces choses-là.

Arrêté d'une administration philanthropique. — Considérant que *l'orphelin* N... s'est échappé de chez son maître, pour aller se réfugier *chez son père ;*

Qu'il importe de prendre les mesures nécessaires pour ramener ce jeune homme à de meilleurs sentiments, etc...

Arrête :

L'enfant N... sera renfermé six mois, à titre de *correction aternelle*, dans une maison de détention, etc., etc.

Un monsieur a trouvé plaisant, — pendant qu'on célébrait la Fête-Dieu à Auteuil, d'allumer son cigare à un cierge. — Je ne pense pas qu'un chétif animal comme l'homme ait le pouvoir d'offenser Dieu; mais ce genre de facétie a pour inconvénient d'offenser tous les gens qui suivent une procession ; — ledit monsieur a pu s'en apercevoir : quatre femmes se sont saisies de lui et l'ont si considérablement houspillé, qu'il est probable qu'il cherchera à l'avenir d'autres distractions.

❈ L'OPÉRA. — On a joué à l'Opéra le *Freyschütz* de Weber ; — cet ouvrage est massacré par les transpositions du fait des acteurs ; il y a un trio qui fait pitié : madame Stoltz en a tant baissé le ton, qu'elle chante dans son busc, — ce qui oblige Boucher à chanter dans sa barbe et Marié à chanter dans ses bottes.

Il y avait un pas contre lequel la pudeur du public s'est révoltée. Ces nouveaux pas excitent l'indignation des dames du faubourg Saint-Germain, qui ne veulent plus mener leurs filles au ballet ; — mais, en revanche, vont tous les soirs à Franconi, où les dames écuyères trouvent moyen de montrer au moins autant que les danseuses, et de plus près. — Il y a surtout une certaine danse de cerceau, où le cerceau accroche fréquemment les jupes déjà si diaphanes et les maintient en l'air un temps plus que raisonnable.

❈ Irrité du vote courageux du duc d'Orléans, à la Chambre des pairs, contre la loi du recrutement, — le vieux Soult-Spire — s'est mis à bouder et à offrir sa démission. — Alors grande terreur au château (mon ami, selon le *National*, le *Journal du Peuple* et autres carrés de papier) : on a envoyé demander au président du conseil s'il voulait pardonner à la mauvaise tête du jeune homme ; — on lui a offert en outre d'envoyer son fils, le marquis de Dalmatie, en ambassade à Rome ou à Vienne. La seconde destination est une excellente bouffonnerie. — On sait assez que jamais à Vienne on n'a voulu reconnaître ni admettre les noms de bataille donnés par Napoléon à ses généraux. — Mais, dans cette occasion, c'est encore mieux, parce que l'empereur d'Autriche, dans ses titres, se nomme *duc de Dalmatie*.

On a, dit-on, — dépêché à Vienne un envoyé extraordinaire pour savoir si on s'arrangerait d'un changement de nom, — ce qui serait tout à fait misérable.

Des gens bien en cour — ont eu le malheur de trouver cela tout simple et de dire : « Mais, au fait, pourquoi l'appellerait-on autrement que *monsieur l'ambassadeur de France* ? »

Les villes de province ne savent plus si elles font encore partie de la France, — qui, grâce à M. Thiers, — aux Chambres et à S. M. Louis-Philippe, — est désormais un pays borné,

Au levant par Charenton,

A l'ouest par le bois de Boulogne,

Au nord par Montmartre,

Au midi par Montrouge.

Aussi, beaucoup d'entre ces villes, n'espérant rien du présent ni de l'avenir, — se mettent en mesure de régler leurs comptes avec l'histoire de France. — On érige des monuments aux grands hommes morts, — à Duguesclin, — à Latour-d'Auvergne, etc. — Quoiqu'ils soient morts depuis assez longtemps, on ne s'en était pas encore avisé jusqu'ici. — Mais il n'y a de grandeur que par la comparaison, — et jamais on n'avait si bien remarqué la grandeur des morts : — c'est qu'on n'avait jamais vu de si petits vivants.

M. de Lamartine a publié des vers pleins à la fois de raison et d'un sentiment élevé ; — il a eu l'adresse et l'abnégation de glisser dans son œuvre quelques mauvaises strophes pour engager à en parler même ceux qui sont mal disposés ou pour lui ou pour ses opinions, — et à répandre par là des idées bonnes et utiles. — Certes, de cette courageuse tentative contre ces idées rétrécies — qui ferait croire *que l'homme n'a inventé l'amour de la patrie, c'est-à-dire d'une petite partie de la terre et des hommes, que pour se mettre à son aise dans sa méchanceté et haïr tranquillement tout le reste*, — je dirais plus de bien que je n'en dis, si je n'avais, il y a bientôt un an, pris l'initiative, et traité cette question dans les *Guêpes* (octobre 1840).

— J'en appelle à la postérité, disait l'autre jour un poëte tombé, — je récuse un public de tailleurs.

— Hélas! monsieur, — lui répondit quelqu'un en ouvrant la fenêtre, — voyez ces enfants qui jouent aux billes dans la cour : voilà ceux qui seront la postérité. — Les tailleurs d'aujourd'hui, dont vous vous plaignez, sont la postérité tant réclamée par les poëtes sifflés il y a cinquante ans. — En appeler à la postérité, c'est en appeler des tailleurs d'aujourd'hui aux bottiers de l'avenir.

🐜 Je n'ai aucune raison de ne pas dire que ce mois-ci je m'amuse énormément à propos des journaux et de la Fête-Dieu. — L'année dernière déjà la même circonstance m'avait procuré quelque distraction, — comme en peut faire foi le volume des *Guêpes* de juillet 1840, — où il est question de M. Roussel, chef de bataillon de la garde nationale de la petite commune de Montreuil.

Plusieurs de ces bons carrés de papier racontent avec indignation que dans plusieurs villes de province — *on a osé* faire des processions à l'occasion de la Fête-Dieu, et que les soldats commandés pour l'escorte ont rendu au dais les honneurs ordinaires. « Nous voilà donc en pleine Restauration ! » s'écrient ces *organes* vénérés de l'opinion publique.

🐜 J'ai eu longtemps pour domestique un Indien fort noir auquel je m'avisai un jour de demander — de quelle religion il était.

— Je ne sais pas.
— Qu'est-ce que tu adores?
— Oh! chez nous, nous adorons le soleil.
— Et ici?
— Ici nous n'adorons rien.

Ceci me paraît un catéchisme qui obtiendrait facilement l'approbation de M. Chambolle — et une religion peu chargée de dogmes, — fort convenable, — selon les carrés de papier précités, — pour devenir la religion de la majorité des Français.

Malheureusement pour ces doctrines, il y a chez l'homme un

instinct qui le pousse invinciblement à la vénération, — et il faut qu'il adore quelque chose, quand il devrait, comme certains bonzes, adorer son propre nombril.

Il est à remarquer que les plus grands génies — sont ceux qui acceptent le plus sincèrement le culte de la Divinité, — par cela qu'un peu plus rapprochés d'elle que le vulgaire, s'ils ne voient pas Dieu — *face à face* — ils aperçoivent quelques-uns des rayons de la lumière qui émane de lui.

Les carrés de papier philosophiques — ont une doctrine fixe à l'égard des choses de la religion. — Quand le fils aîné du roi a épousé une princesse protestante, — ils ont parlé de *notre sainte religion*. — Peu s'en est fallu que M. Jay, du *Constitutionnel*, ne se mît à prêcher une croisade comme un nouveau Pierre l'Ermite, et que la rédaction en masse de cette feuille ne prît la croix rouge.

Mais, quand il s'agit de quelque cérémonie catholique — *approuvée par l'autorité*, — ils crient alors au cagotisme et aux jésuites avec une nouvelle fureur, — et maltraitent fort le bon Dieu, parce qu'ils le croient une créature du préfet de police.

Mais, comme je le disais tout à l'heure, il y a dans l'homme un besoin de vénération qui l'entraîne malgré lui, — et, si vous lui ôtez Dieu, qui, après tout, est au moins un prétexte honnête d'exercer ce sentiment, vous pouvez voir avec un peu d'attention qu'il se reportera sur d'autres objets, sur des comédiennes jaunes, sur des danseuses vertes, etc., etc.

Et, quelques torts que puisse avoir l'Être suprême, — comme je le crois volontiers, — envers M. Jay, du *Constitutionnel*, — M. Chambolle, du *Siècle*, — M. Léon Faucher, du *Courrier Français*, etc., ces messieurs seront forcés d'avouer que, religion pour religion, puisque l'homme est ainsi fait qu'il lui en faille une absolument, il valait autant s'en tenir à l'ancienne, — jusqu'à ce qu'à force de progrès on en vienne à tendre les maisons et à joncher les rues de fleurs à certains jours consacrés aux susdits MM. *Jay*, *Chambolle* et *Léon Faucher*.

Du reste, on peut voir par les clameurs des journaux, — en quoi je leur reprocherai de manquer d'adresse, — ce que ces braves papiers entendent par la liberté. Ils ont commencé par demander qu'on ne fût pas forcé d'aller à la messe, et ils avaient raison ; — maintenant ils ne veulent plus permettre qu'on y aille ; — en quoi j'ai raison, à mon tour, quand je dis que tous ces fervents apôtres de liberté n'attaquent les tyrannies et les abus ; — que comme on attaque certaines villes, non pour les détruire, mais pour s'en emparer et s'y installer à leur tour.

Au commencement de la saison, du reste, — on aurait dit que Dieu allait célébrer sa fête lui-même en se donnant un petit régal de vengeance. Les fleuves sont sortis de leurs lits et ont un moment supprimé des provinces tout entières, — puis, un peu plus tard, avec une ironie plus poignante, il a fait retirer les fleuves et a livré les hommes à des adversaires grotesques : il a paru un instant que les hannetons et les chenilles allaient manger en herbe les fruits et les moissons ; et je ne sais alors ce qu'eussent fait les hommes : — quelque protégés qu'ils eussent été par les carrés de papier auxquels ils sont abonnés : — *ne pas oublier de renouveler avant le 15 courant*.

On a joué avec grand succès, à l'Opéra, un très-joli ballet de MM. Th. Gautier et Saint-Georges, — sous le nom de *Giselle ou les Willis*. — On a applaudi avec raison un clair de lune de M. Cicéri. — Je ne vois pas pourquoi je ne dirais pas que j'ai publié, il y a sept ou huit ans, — dans un volume appelé *Vendredi soir*, — un petit roman d'une vingtaine de pages sur cette tradition allemande.

On dit que M. Ancelot est fâché d'être de l'Académie. — Il ne peut plus se mettre sur les rangs, lui qui en avait une si longue habitude, qu'apprenant la mort de M. de Cessac, il a fait une visite à M. de Pongerville, et que ce n'est qu'après un quart d'heure de conversation qu'il s'est rappelé tout à coup qu'il n'avait plus rien à demander à son mielleux confrère.

🐝 Sitôt qu'il y a de l'argent quelque part, il se rue dessus une foule avide et insatiable. — A peine le crédit a-t il été accordé au ministère pour les dépenses de la cérémonie funèbre de Napoléon, — que les prétentions les plus saugrenues sont arrivées au ministère de l'intérieur.

Tel veut qu'on lui rembourse le bénéfice qu'il a manqué de faire ce jour-là. — Du Havre à Paris, tous les maires font des réclamations pour leur commune et demandent des indemnités. — Ici, une cloche a été fêlée par un sonneur trop enthousiaste : là, le marché a été dépavé par la foule accourue sur le passage du convoi.

🐝 On cite un monsieur qui demande une indemnité pour son habit déchiré dans la foule.

L'administration de l'Hôtel des Invalides demande sept à huit mille francs pour restaurer l'orgue de son église, — engorgé, — dit-elle, — par la poussière de la cérémonie.

Or, nous savons que cet instrument est depuis dix ans dans un tel état, qu'on n'a pas pu s'en servir une seule fois, — et l'invalide qui remplissait les fonctions d'organiste a été enterré il y a cinq ou six ans sans qu'on ait songé à le remplacer.

🐝 Depuis la mort de M. de Cessac, — les sollicitations académiques ont recommencé.

Un ministre a envoyé une personne de confiance à un des quarante — pour le prier de ne pas promettre sa voix.

L'académicien a répondu au messager du ministre : « Vous direz à Son Excellence que j'ai pour elle la plus haute considération, — que je suis son tout dévoué serviteur, que je voterai comme elle le voudra, — qu'il faut qu'elle m'envoie mille francs. »

🐝 Il y a quelques jours, un assassin était sur le banc de la cour d'assises. — Les jurés, après une absence de quelques minutes, viennent dire que l'accusé est coupable, — et cette fois par hasard, sans circonstances atténuantes. —Il est condamné à mort.—A ce moment, un brave homme, dans l'audience, tombe subitement frappé d'apoplexie. — On s'empresse, — on le ramasse, — on l'entoure, il est mort. « Est-ce le père de l'assassin? — Non, il est plus jeune que lui. — Est-ce son fils? — Non, il est presque de même âge.—Est-ce son ami?—Nullement, dit un jeune homme en perçant la foule, il ne le connaissait pas, — c'est un curieux comme vous et moi. »

C'était, en effet, un homme condamné à mort par le sort commun de tous les hommes, qui n'admet pas de circonstances atténuantes.

Justice humaine, — pauvre chose! la plus forte peine qu'elle puisse imposer est une peine que tous subissent fatalement, et les innocents qu'elle absout aussi bien que les criminels qu'elle condamne.

A propos de circonstances atténuantes, — le jury de la cour d'assises du Cantal vient de les appliquer avec un discernement égal à celui du jury de la Seine.

Un homme de cinquante ans, ayant déjà subi six condamnations, se prend de querelle avec ses deux beaux-frères, et, en plein jour, les tue tous les deux à coups de fusil, — menace les témoins, dont un est son beau-père, de leur faire subir le même sort, puis retourne à son village, raconte, à qui veut l'entendre, le crime qu'il vient de commettre. — Le soir, il force un des habitants de lui donner une lanterne, avec laquelle il va froidement considérer ses victimes pendant plus d'une heure. Le jury du Cantal a vu là des circonstances atténuantes.

Décidément ceci est par trop... — Comment! l'assassin condamne, de son chef, deux hommes à mort, — et lui en est quitte pour les travaux forcés! — Toutes ces décisions forment autant d'encouragements dont on n'hésite pas à profiter.

Un condamné politique, M. Charles Lagrange, soumis à la surveillance,—s'est occupé à Mulhouse d'industrie et d'affaires. — Aujourd'hui il arrive à Paris avec un passe-port en règle, voyageant pour faire des observations dont il est chargé par une compagnie sur le chemin de fer de Rouen. — On l'arrête pour rupture de ban et on lui fait un procès. — C'est une sottise : — un homme qui travaille, un homme qui s'occupe activement de gagner sa vie, n'est pas un homme dangereux. — Il vaut bien mieux voir vos ennemis politiques prendre ce sage parti que de les tenir en prison. — C'est mille fois plus sûr pour vous. — Mais vous faites de la rigueur excessive, aussi bien que de la faiblesse extrême, toujours à contre-temps.

M. Garnier-Pagès est mort ; — c'était un homme d'esprit et de talent, — qui a montré, en outre, de l'énergie, de la bonne foi et de la loyauté, en se séparant des hommes et des journaux de son parti au sujet des fortifications, contre lesquelles il s'est courageusement élevé, au risque de perdre une partie de sa popularité ; seule et triste récompense des luttes qui ont usé le peu d'existence que la nature lui avait donnée. — L'autorité a sagement évité toute manifestation de force militaire au convoi du député du Mans, — où tout s'est passé avec ordre et décence.

Mon ami *** rentrait tard chez lui, — près de la Madeleine ; il voit un enfant qui pleurait près d'un tas noir.

—Qu'as-tu, petit?

—Monsieur, j'ai peur.

—Qu'est-ce que c'est que ça qui est par terre?

—Monsieur, c'est mon oncle.

—Qu'a-t-il, ton oncle?

—Monsieur, il est un peu bu.

—Est-ce qu'il ne peut pas se relever?

— Je ne crois pas, monsieur, — je ne suis pas assez fort pour le ranger sur le côté, et il sera écrasé.

Et l'enfant se remit à pleurer.

*** prend l'oncle pour le traîner auprès du mur; — mais l'oncle se développe et dit :

— Allons chez nous.

— Où demeures-tu, petit?

— Telle rue, — tel numéro.

— Crois-tu que ton oncle puisse marcher?

— Il a essayé plusieurs fois, mais il est toujours tombé; — je ne suis pas assez fort pour le soutenir.

Il n'y avait pas là de voiture, — *** ajoute que *c'était à peu près son chemin*. — *** est de ces gens qui colorent une bonne œuvre de quelque prétexte pour ne pas avoir à en rougir.

Il prit l'oncle sous le bras, — et lui dit :

— Allons, mon brave, — en route!

L'oncle obéit machinalement, et commença à marcher, moitié dormant, moitié trébuchant. — Cependant le mouvement rendit un peu de lucidité à ses idées, — et il dit à *** :

— Vous êtes tout de même un bon enfant, — nous allons prendre quelque chose.

Et il désigna du doigt un marchand de vins dont la boutique était encore ouverte.

Mais, comme il s'aperçut que *** ne répondait pas à son invitation, il ajouta :

— C'est moi qui paye.

— Non, vous avez au moins assez bu, — marchons.

— Ah! c'est parce que je ne suis qu'un ouvrier que tu ne veux pas boire avec moi? — Tu méprises le peuple; — j'te vas crever la gueule!

— Allons, allons, marchons!

L'oncle retomba dans l'engourdissement pendant quelques minutes et suivit son conducteur; — mais bientôt, oubliant sa colère, il reprit en voyant une autre boutique :

— Vous êtes un bon enfant, — entrons là, — c'est moi qui paye.

Cette fois *** lui dit :

— Pas là, — j'en connais un qui a du petit blanc à douze.

— Où ça ?

— Au bout de la rue.

— Eh ben ! allons au petit blanc.

Arrivés au bout de la rue, — il s'arrêta et dit :

— Eh ben ! où est-il, votre vin blanc ?

— Je ne le retrouve plus.

— Ah ! c'est parce que je suis un ouvrier ; — eh ben ! j'te vas casser la gueule !

— Toi, me casser la gueule ! — Viens-y donc ! — viens donc seulement avec moi au bout de la rue !

— Tout de suite — que j'y vas, — j'te vas corriger.

On se remet en marche. — Au bout de la rue, *** lui dit :

— Si tu veux venir encore un peu, — je m'y reconnais à présent, le petit blanc est au bout de la rue.

— Eh ben ! allons.

Au bout de la rue, pas de vin blanc. — *** dit :

— C'est que la boutique est fermée.

— Tu me fais aller, — répond l'oncle, — j'te vas crever la gueule !

— Allons, je le veux bien ; — viens au bout de la rue.

Et, de cette façon, *** ramena l'oncle jusque chez lui.

🐝 Voici ce qu'on raconte de M. Eugène Delacroix et de l'architecte de la Chambre des députés.

M. Delacroix est allé le trouver et lui a dit : « — Je ne peux pas peindre sur votre plafond, il ne tient à rien, cela ne durera pas trois ans.

— Qu'est-ce que cela vous fait, — pourvu qu'on vous paye ? »

M. Delacroix n'a pas cru devoir adopter ces principes d'art moderne et a fait recrépir le plafond à ses frais.

🐝 POUR LES PAUVRES. — MM. de Noailles, Dupin aîné,

— marquis d'Osmond, comte Roy, Vassal, — Rousselin, Michault, — viennent de demander, par une pétition, que les droits qui pèsent sur le charbon de terre et la houille soient élevés de trente centimes à quatre-vingts centimes.

C'est toujours le système absurde dont j'ai parlé le mois dernier à propos de la viande.

Je demanderai d'abord pourquoi l'on protége et l'on encourage plutôt une industrie qui nous fait payer le chauffage cher qu'une industrie qui nous le donne à bon marché.

Si les intérêts de MM. les propriétaires de forêts et de MM. les marchands de bois sont lésés, et s'ils ne peuvent cesser de l'être qu'en élevant le prix du chauffage économique, tant pis pour MM. les propriétaires de forêts et pour MM. les marchands de bois.

Ils sont à coup sûr moins nombreux que les pauvres consommateurs et les intérêts des consommateurs doivent passer avant les leurs.

Que diraient-ils si un monsieur ayant chez lui du bois d'acajou, — désirant le vendre pour le chauffage, voulait qu'on élevât les droits sur le bois ordinaire, jusqu'à ce que ce bois coûtât aussi cher que son bois d'acajou?

Cela leur paraîtrait absurde.

C'est précisément ce qu'ils demandent.

Mais, — au nom du ciel! — cessez donc, — ô philanthropes! de faire tant de phrases sur le peuple, et occupez-vous un peu de lui. — Ne demandez pas tant de droits électoraux, — et donnez-lui un peu plus de moyens de n'avoir ni faim ni froid.

Vous, messieurs de Noailles, Dupin aîné, — d'Osmond, Roy, Vassal, Rousselin, Michault, — vous, dont les noms sont cités entre ceux des plus riches habitants de la France, vous osez signer une demande qui aurait pour résultat de condamner au froid le plus insupportable des milliers de familles!

Vous n'avez donc jamais vu de pauvres ouvriers avec des femmes et des enfants demi-nus, — dans des chambres sans feu pendant les rigueurs de l'hiver, grelottant et pleurant, — pour que vous osiez tenter de leur enlever — en augmentant le prix d'un combustible heureusement moins cher, — le peu de secours qu'ils peuvent espérer contre les horribles souffrances du froid?

Ce que je demanderais, moi, — ce que j'ai demandé chaque fois que j'en ai trouvé l'occasion, — ce serait le contraire ; — ce serait de reporter les droits sur le luxe, — ce serait de dégrever tout ce qui est destiné au peuple et aux pauvres. — Quel bonheur, messieurs, que cela ne puisse rien vous rapporter! — Vous feriez mettre des droits sur le soleil, — sous prétexte que le peuple, l'ayant pour rien, achète moins de bois de vos riches forêts.

Août 1841.

Les anniversaires. — Paris et Toulouse. — Les trois journées de Toulouse. — M. Floret. — M. Plougoulm. — M. Mahul. — M. de Saint-Michel. — Ce qu'en pensent Pascal, Rabelais et M. Royer-Collard. — Un quatrain. — Le peuple et l'armée. — Les Anglais. — Un pensionnat à la mode. — Les maîtres d'agrément. — A monseigneur l'archevêque de Paris. — Un projet de révolution. — Un baptême. — Une lettre de M. Dugabé. — Le berceau du gouvernement représentatif. — En faveur d'un ancien usage, excepté M. Gannal. — Parlons un peu de M. Ingres. — Un chat et quatre cents souris. — Le roi et les archevêques redevenus cousins. — A M. le vicomte de Cormenin. — M. Thiers en Hollande. — Contre l'eau. — MM. Mareschal et Souchon. — Les savants et le temps qu'il fait. — Les citoyens les plus honorables de Lévignac, selon M. Chambolle. — Triste sort d'un prix de vertu. — De l'héroïsme. — La science et la philanthropie. — Les médailles des peintres. — Les ordonnances de M. Humann. — De l'homicide légal. — AU RAUCHEN *sur le bonheur.*

AOUT. — LES ANNIVERSAIRES. — Les Français, selon moi, ne se défient pas assez des anniversaires, qui ont le défaut de les mettre dans de singulières contradictions.

Voici, par exemple, dans le mois de juillet qui vient de finir, — des gens qui pourraient être fort embarrassés, — je parle du roi Louis-Philippe et du parti dont le journal le *National* est l'organe.

Le *National* a proclamé avec le roi et avec M. Thiers la nécessité de construire des forts contre lesquels il s'était élevé pendant plusieurs années ; — j'ai dit, — quand il a été question de ces forts, — les raisons secrètes de chacun ; — voici qu'aujourd'hui on les bâtit grand train, — que le roi met lui-même la main à la besogne et se fait un véritable plaisir de poser la première pierre de chacun d'eux.

Malheureusement, le *National* est obligé, le 14 juillet, de célébrer l'anniversaire de la prise de la Bastille avec une emphase convenable — au moment même où cette vieille Bastille, où l'on mettait de temps en temps un Parisien ou deux, — est remplacée avantageusement, — du consentement du *National*, — par un demi-quarteron de forts qui mettent Paris tout entier et à la fois à la Bastille.

D'autre part, le roi Louis-Philippe, obligé de fêter avec pompe l'anniversaire de l'émeute réussie qui l'a mis sur le trône, — est forcé en même temps et précisément dans le même mois, de réprimer à Toulouse l'insurrection dont il célèbre la fête à Paris.

C'est une bouffonnerie qui manquait à cette époque, que je crois à présent fort complète.

LES TROIS JOURNÉES DE TOULOUSE. — J'ai plusieurs fois parlé de la haute bêtise qui a fait imaginer de ce temps-ci — *l'indépendance des fonctionnaires* et *l'intelligence des baïonnettes*, — c'est-à-dire une machine politique dont chaque rouage irait au hasard de sa volonté, — *un char de l'État*, — pour parler le langage du *Constitutionnel*, dont chacune des quatre roues — roulerait dans un sens particulier.

M. Floret, — préfet de Toulouse, — n'approuvait pas les mesures fiscales de M. Humann ; — il n'avait à prendre que deux partis honnêtes : — obéir, ou donner sa démission ; — il en a pris un troisième qui a eu et qui devait avoir le plus grand succès dans certains journaux et dans certains esprits; il s'est établi *fonctionnaire indépendant*, — a gardé sa place et s'est opposé au nouveau recensement.

Le ministère a donné congé à M. Floret et a nommé à sa place M. Mahul. — M. Mahul aurait, je crois, de la peine à s'établir prophète quelque part, — et on l'envoie précisément dans son pays, — c'est-à-dire là où personne ne peut l'être.

Demandez, en effet, à tous les hommes qui se sont élevés

par leur talent, si leurs parents et leurs amis n'ont pas attendu pour reconnaître ce talent qu'ils en aient été avertis par les applaudissements du dehors, — et demandez-leur aussi jusqu'à quel point ils l'ont reconnu.

— Un grand poëte, Pierre? disait un camarade d'enfance de Corneille : — ce n'est pas possible, — il allait à l'école avec moi.

— Voilà un fameux préfet — qu'on nous donne là, — disaient les Toulousains, — le *petit Mahul*, — que j'ai vu pas plus haut que ça.

— Qui ça? — celui qui demeurait dans ma rue?

— Précisément, porte à porte avec vous.

— C'est là le préfet qu'on nous envoie? — mais j'ai été en classe avec lui, — mais j'ai joué à la balle avec lui, — mais je l'ai vu vingt fois comme je vous vois là, — mais il avait une redingote marron.

— C'est impossible; — ça doit être un mauvais préfet.

🌼 Il y a dans Pascal un argument terrible contre M. Mahul : — « Le pouvoir, dit-il, ayant été établi sans raison, il faut le faire regarder comme authentique, éternel, et en cacher le commencement, si on ne veut qu'il prenne bientôt fin. »

Je dénonce ledit Pascal à M⁰ Partarrieu-Lafosse, — à cause qu'il ne serait pas impossible d'appliquer ceci à toute espèce de nouvelle royauté.

Alors on donna deux charivaris — dont l'un, sous les fenêtres de M. Floret, fut intitulé sérénade.

Je me suis souvent inquiété de l'anxiété d'un malheureux député ou fonctionnaire qui entend sous ses fenêtres une musique populaire — mêlée de cris, — et je me suis demandé : — « A quoi reconnaît-on qu'on reçoit une sérénade ou un charivari? »

🌼 Puis la colère du peuple s'exaspérant sans autre cause nouvelle que cette même colère, — on commença à tout briser dans la ville et à assiéger l'hôtel de la préfecture et accessoirement la maison de M. Plougoulm.

Alors l'esprit de vertige descendit sur la ville.

Le maire, fonctionnaire indépendant, fit relâcher les prisonniers arrêtés dans les émeutes. — M. de Saint-Michel, baïonnette intelligente commandant la place, refusa le renfort de troupes que requérait M. Mahul pour sa propre sûreté. — Les officiers de la garde nationale, baïonnettes non moins intelligentes, annoncèrent audit M. Mahul qu'ils ne répondaient pas de l'ordre tant qu'il resterait dans la ville, — et M. Mahul se retira.

En quoi personne ne fit son devoir et tout le monde manqua de courage, — le maire, le commandant militaire, les officiers de la garde nationale, — se laissant ainsi entraîner en insurrection et en émeute. — Pour M. Mahul, — sa situation était dangereuse ; — mais, quand on a accepté un poste, on ne le quitte pas parce qu'il devient périlleux.

M. Mahul parti, — le commandant militaire et M. Plougoulm — publièrent un avis ainsi conçu et signé de leurs deux noms :

M. Mahul est parti, toute cause de désordre doit cesser.

On envahit la maison de M. Plougoulm et on jette ses meubles par les fenêtres, — et M. Plougoulm s'enfuit.

Le gouvernement, alors, destitua M. Mahul *pour avoir quitté la ville*. — Mais faire ainsi cette concession à l'émeute, — n'était-ce pas faire précisément ce qu'avait fait M. Mahul, c'est-à-dire lâcher le pied devant elle ? — et, si quelqu'un était au gouvernement ce qu'est le gouvernement à M. Mahul, ce quelqu'un ne devrait-il pas destituer le gouvernement ?

Certes, — le choix de M. Mahul pouvait être discuté, — mais c'était avant de l'envoyer à Toulouse ; — une fois là, il devait être soutenu et installé, — à quelque prix que ce fût. Et, si on avait à le destituer, — ce qui était justice, — ce ne devait être qu'après avoir imposé silence à l'émeute, et en destituant en même temps le commandant militaire, le maire, les officiers de la garde nationale et M. Plougoulm, — et en leur faisant leur procès.

Pour celui-là du moins, — le peuple a fait justice de sa lâcheté, — et je n'ai pas le courage de blâmer l'émeute en ce point. — Ce n'était pas de là que devait venir la punition, — mais toujours est-il qu'elle est arrivée, — et, comme dit Rabelais : « Les cuisiniers du diable rêvent parfois et mettent bouillir ce qu'il destinait pour rôtir, — mais n'importe, pourvu que cela soit cuit à point. »

Si quelque poëte candidat à l'églantine veut faire une épopée sur les trois journées de Toulouse, — il trouvera son commencement dans le commencement de l'*Enéide* de Virgile.

> Arma virumque cano Trojæ qui primus ab oris...
> ...... fato profugus.

Je chante les baïonnettes intelligentes (*arma*) et le fonctionnaire (*virum*) qui le *premier* (M. Mahul, — le second est M. Plougoulm) s'enfuit de Toulouse.

Comme on demandait à M. Royer-Collard ce qu'il pensait de l'affaire de Toulouse : « Je pense, dit-il, que le ministère s'est trompé : il a cru que les oies pourraient encore une fois sauver le Capitole ; — mais il y a entre les oies d'aujourd'hui et les oies de ce temps-là la même différence qu'entre le Capitole de Toulouse et le Capitole romain. » — Je trouve le mot un peu cynique.

On a affiché sur les murailles à Toulouse — ces quatre vers, dont l'auteur a gardé l'anonyme :

> Quand ce pauvre Mahul, en habit de préfet,
> Aux remparts de Toulouse a manqué son effet,
> Il a justifié cette belle parole :
> La roche tarpéienne est près du Capitole.

LE PEUPLE ET L'ARMÉE. — Il est une plaisanterie des journaux dont il est temps de faire justice; — lorsque dans une émeute — la troupe, sur l'ordre de ses chefs, se répand dans une ville pour y rétablir l'ordre, — les malheureux soldats sont traités comme on ne traita pas les Cosaques en 1814. — Des pierres sont lancées du haut des fenêtres; — des coups de fusil leur sont tirés des angles des rues ou des toits, de derrière les cheminées, — et, lorsque plusieurs ont été atteints, lorsque, exaspérés, — ils finissent par se défendre, — les journaux du lendemain — n'ont aucun blâme pour les habitants de la ville — et traitent les soldats d'assassins.

Certes, je suis moins partisan que personne du despotisme militaire, — qui serait le plus odieux et le plus aveugle de tous sans le despotisme populaire, — et je me félicite de n'avoir pas vécu sous l'Empire; — mais ni les journaux ni le peuple ne doivent oublier que les soldats sont des Français, leurs compatriotes, leurs frères, — et que, quand il y a quelqu'un qui assassine dans une émeute, ce n'est pas celui qui se bat à découvert et après avoir essuyé les insultes et les projectiles de tout genre, mais bien celui qui à l'abri tire à l'improviste des coups de fusil sur des soldats qui passent l'arme au bras. — Qu'on se rappelle seulement combien de vieux soldats, respectés par la mort pendant trente ans sur les champs de bataille, — ont succombé dans les rues de Paris — sous la balle d'un pistolet tiré dans le dos par un enfant.

Les journaux voudraient que nos soldats s'élevassent tous à la hauteur de ce type grotesque qu'ils ont inventé de la *baïonnette intelligente*, c'est-à-dire que chaque soldat, selon ses lumières, souvent plus que médiocres, — examinât les ordres qu'on lui donne avant de s'y soumettre, — c'est-à-dire qu'il fût traître à ses serments, — et qu'il se conduisît d'une façon qui le rendrait digne d'être fusillé d'après les codes militaires de tous les pays. Ils ne pensent pas — que le seul moyen qu'on n'ait rien à craindre de l'armée est qu'elle soit retenue dans les règles de la plus stricte discipline.

Mais cela est si bête, que j'aurais honte d'en parler si je ne rencontrais à chaque instant des gens qui récitent les phrases que font les journaux à ce sujet, et s'indignent d'après eux contre les soldats.

Il est évident qu'une fois l'affaire engagée les soldats ne peuvent manquer de commettre des excès; — mais les victimes de semblables accidents ne pourraient-elles pas s'en prendre moins aux soldats qu'aux gens qui, dans l'intérêt d'hypocrites ambitions, tiennent depuis dix ans la France en état de guerre civile permanente, — et, par des prédications insensées, des théories captieuses, — mettent à chaque instant aux Français les armes à la main contre d'autres Français?

Messieurs, — vous qui vous prétendez mus par l'amour du peuple, — n'avez-vous pas de remords quand vous comptez combien, — par vos conseils et vos préceptes, — vous avez envoyé déjà de pauvres ouvriers au cimetière et en prison?

Et vous qui vous dites de si grands politiques, — ne voyez-vous pas, quand vous félicitez le peuple — de ce que *force lui est restée*, — que vous justifiez d'avance tout succès dû à la force, et que vous perdez le droit de blâmer une revanche si le pouvoir s'avisait d'en vouloir prendre une?

LES ANGLAIS. — Je ne sais rien de ridicule comme ces injures de nation à nation, — comme ces épithètes qui s'appliquent à un peuple tout entier, — comme si tous les hommes d'un pays étaient faits exactement sur le même modèle; — comme si les qualités et les vices étaient soumis à la surveillance de la douane et ne dépassaient pas les frontières.

Aussi, en lisant les injures adressées récemment par un ministre anglais à la nation française, — n'ai-je recueilli que malgré moi ce mot qui m'a été arraché par l'orgueil de l'insulaire :

« Les Anglais sont jugés par cela seul que, pour avoir six pieds, ils ont imaginé de faire le pied de onze pouces. »

M. de C... n'a qu'un fils, — je ne vous dirai pas toutes ses raisons de ne pas le mettre au collége. Il est allé, il y a quelques jours, visiter avec sa femme un de ces pensionnats renommés aujourd'hui parmi les gens du monde. — Celui qu'on leur avait indiqué n'admet pas plus de quinze élèves, — et leur fait suivre les cours les plus *avancés, en harmonie avec les progrès de la société actuelle.*

M. de C..., dans sa sollicitude, prend quelques renseignements sur la nourriture de la maison :

— Ah ! — monsieur, pour la nourriture, vous n'aurez pas de reproches à faire, — je donne à mes élèves du vin de Champagne le jeudi et le dimanche, — et du vin de Bordeaux toute la semaine.

— Mais mon fils n'a pas cela chez moi.

Madame de C..., femme spirituelle et pieuse, demande à son tour si l'on suit exactement les devoirs de la religion, — si l'on va à la messe tous les dimanches.

— Oh! non, — pas tous les dimanches, — quelquefois, — de temps en temps, — par-ci, par-là.

— Mais enfin, monsieur, vous avez sans doute un prêtre attaché à votre maison?

— Ah! oui, madame, certainement, — certainement, M. votre fils pourra avoir son confesseur, — rien ne l'en empêche; mais le prospectus vous a prévenue que les maîtres d'agrément se payent à part.

A MONSEIGNEUR L'ARCHEVÊQUE DE PARIS.

Note à l'appui de son discours, dans lequel il tâche d'insinuer adroitement au roi Louis-Philippe que, malgré la grandeur et la vénération qui l'entourent, il ferait bien de se rappeler quelquefois qu'il n'est qu'un homme. — Monseigneur, on lit dans la *Quotidienne*, — le *National*, etc., etc. : « Le roi ne peut plus sortir qu'au milieu des précautions les plus minutieuses. — Depuis les Champs-Élysées jusqu'au pont Royal, — on compte, quand il sort, plus de cent cinquante sergents de ville. — Toute la brigade de M. Delessert est échelonnée auprès du château. » — Agréez, monseigneur, etc.

UN PROJET DE RÉVOLUTION. — Sous certains rapports, c'est une singulière situation que celle du roi Louis-Philippe. En effet, il n'est pas une de ses actions à laquelle on ne donne une fâcheuse interprétation. — Tout ce qui lui est opposé jouit à l'instant même d'une popularité certaine. — Tout homme *accusé* de ne pas être son ennemi, — s'empresse de se justifier. — On n'ose pas tout à fait louer les misérables qui ont tenté de l'assassiner, mais on se complaît à parler de leur fermeté, — on l'exagère et on l'invente. — Je ne crois pas que Néron, ni Caligula, ni Tibère, aient jamais excité, en apparence, une haine aussi ardente et aussi implacable.

A quelqu'un qui verrait les choses de loin, — il semblerait qu'il faut qu'un peuple soit bien lâche pour conserver deux jours un roi aussi odieux. — Mais, de près, — il faut d'abord voir, en faisant la liste des crimes reprochés aux trois tyrans dont ma plume vient de rencontrer les noms, — qu'il n'y a pas un seul de ces forfaits qu'on puisse attribuer à Louis-Philippe. — Appliquez au contraire à Caligula tout ce qu'on reproche à Louis-Philippe, — et Caligula vous paraîtra un assez honnête homme, — ce qui vous laissera quelque étonnement de voir tant de *Tacites* pour si peu de *Nérons*, — tant de *Brutus* pour si peu de *Césars*.

Il faut diviser en trois classes ces haïsseurs de rois :

Les premiers sont des gens qui ont contribué à faire le coup de la révolution de Juillet, et qui n'ont pas eu leur part ou n'ont eu qu'une part insuffisante aux dépouilles qu'elle a produites. — Ils sont semblables aux gens qui poussent à la queue d'un théâtre, — alors qu'un bras inflexible de gendarme placé en travers ne laisse approcher le public des bureaux que par escouade d'une dizaine de personnes. — Quelques-uns ont poussé, espérant être dans les dix premiers, — mais le bras rigide s'est abaissé devant eux, et ils s'efforcent de pousser jusqu'à ce qu'on laisse passer une seconde dizaine dont ils comptent bien s'arranger cette fois pour faire partie. — Ils font contre Louis-Philippe précisément ce qu'ils ont fait contre Charles X. — S'ils réussissent, et s'ils sont plus heureux et plus adroits, ils seront à leur tour poussés par d'autres qui voudront remettre la partie, — car quelque menu hachée que soit aujourd'hui la France, on n'a pas pu faire encore les morceaux si petits qu'il y en ait pour toutes les avidités.

La seconde classe se compose des gens auxquels on avait fait croire, — sous la Restauration, — que tout le mal venait du gouvernement d'alors ; — qu'en le renversant on renverserait en même temps toutes les dures conditions imposées à l'humanité ; — que la poudre tirée en Juillet devait faire tomber du ciel des alouettes toutes plumées, rôties, bardées, — assaisonnées.

Aujourd'hui, ceux de la première classe leur disent, à l'égard de Louis-Philippe, comme ils disaient à l'égard de Charles X : que si Louis-Philippe n'était plus roi, — les ruisseaux couleraient du café à la crème ; — qu'on payerait la journée triple aux ouvriers, sans qu'ils dussent pour cela travailler ; que les petits pois seraient gros comme des melons, qu'une tranche suffirait pour le dîner d'un homme, — et que les fruitiers les donneraient pour rien. — Ceux-là sont une classe éternellement bête et éternellement victime et de ceux qui possèdent et de ceux qui veulent posséder, — ceux-ci les ruant sur les autres, ce qui les amène habituellement à être pressés et écrasés entre les deux partis.

La troisième classe est inoffensive : — elle se compose de gens vaniteux, entraînés par la joie d'être audacieux sans danger. — Il y a entre eux la distance qui existe entre les esprits forts qui plaisantent ou insultent le ciel et les Titans qui l'escaladent.

Mais supposez que tout cela arrive au résultat qu'on ne prend la peine de cacher que bien juste ce qu'il faut pour que les *Plougoulm* ou les *Partarrieu-Lafosse* ne trouvent pas à mordre; supposez qu'on finisse par faire une nouvelle révolution, — il arrivera précisément ce qui est arrivé de l'autre : — un parti ou quelqu'un s'en emparera, — ce quelqu'un ou ce parti aura ses amis et sa queue, — et ce sera à recommencer. — Il y aura toujours — des avides et des envieux. — Les révolutions sont comme la loterie, — il y a cinq numéros gagnants sur quatre-vingt-dix, — conséquemment, quatre-vingt-cinq qui veulent recommencer le coup.

Pour arriver aux mêmes résultats, — il me semble qu'on paye un peu cher, — qu'on met bien de l'ardeur et qu'on joue gros jeu. — On comprend l'impétuosité du cheval de course ou du cheval de chasse, mais on ne comprendrait pas celle que manifesterait un cheval de manége tournant avec fureur toujours dans le même cercle.

L'infériorité du gouvernement actuel à l'égard de celui qui l'a précédé — vient de ce que c'est un nouveau gouvernement, — de ce qu'il a, — pour nous servir de nos comparaisons de tout à l'heure, — proclamé cinq numéros sortants de la loterie, — de ce qu'il a laissé passer les dix premiers de la queue, — et, comme il n'y a pas plus d'ambition que d'amour sans espoir, — de ce qu'il a montré qu'on pouvait gagner et qu'on pouvait arriver.

Sous ce rapport, le gouvernement qui lui succéderait serait encore pire, — attendu que les cinq numéros gagnants qu'il proclamerait, joints aux cinq de celui-ci, en feraient *dix*; — que les dix qu'il laisserait approcher du bureau, joints aux dix passés précédemment, en feraient vingt.

Il est bien facile pour les agitateurs — de critiquer tel ou tel acte ; — mais il le serait moins d'ajouter à leur critique ce qu'ils feraient à la place du gouvernement, — de prouver qu'ils le pourraient faire; d'en déduire les conséquences nécessaires, et d'établir sans réplique qu'elles seraient bonnes.

Cette agitation furieuse contre la royauté et contre le pouvoir, qui n'aurait, en cas de succès, d'autre résultat que d'amener un autre pouvoir et une autre royauté absolument semblables, est une niaiserie. — Prenez votre temps, — ne vous occupez plus de la royauté; — faites vos plans, — présentez-les; — faites-en signer l'approbation comme vous faites signer vos projets de réforme électorale; — puis, quand vous aurez clairement *établi* que cette fois vous ne bercez plus les gens de contes de fées, — que vous *pouvez* faire le bonheur du peuple; — quand vous l'aurez *prouvé* d'une manière incontestable, — quand vous aurez en outre *démontré* que le seul obstacle, la seule digue à ces torrents de bonheur qui vont inonder le pays — est le roi Louis-Philippe ou tout autre, — que tout le monde se lève en masse, — et qu'on déclare lâches et indignes de la vie et de la liberté ceux qui ne marcheront pas, — et que le roi Louis-Philippe soit renversé, s'il ne s'en va pas de son plein gré; — et moi-même, qui ai caché ma vie dans l'herbe, — qui ai placé mes désirs et mes besoins si bas — que toutes les avidités de ce temps-ci se battent au-dessus sans pouvoir rien leur prendre, — moi-même — je saisirai alors mon innocent fusil de chasse, — et je jure sur l'honneur que je marcherai avec vous.

🐝 Mais jusque-là — il faut penser que la moitié des fautes du gouvernement viennent des obstacles dont vous jonchez sa route, — que le meilleur gouvernement du monde, aussi harcelé que celui-ci, ne ferait pas beaucoup mieux.

Mettez dans un chapeau — les noms que vous voudrez, —

M. Fulchiron, mademoiselle Déjazet, — M. Chambolle, Alcide Toussez, etc., etc.; tirez au hasard, — et ensuite, quel que soit le nom qui sortira de cette urne, — laissez-vous gouverner et aidez un peu ce monarque improvisé et provisoire; — je réponds que les affaires iront un peu mieux qu'elles ne vont, — jusqu'au moment où vous serez convenus de ce que vous voulez.

UN BAPTÊME. Je suis allé l'autre jour à *Étretat* pour une cérémonie religieuse; on bénissait un bateau appartenant à *Césaire Blanquet* et à *Martin Glam* : — on l'a appelé la GUÊPE D'ÉTRETAT.

Il y avait là un homme étranger au pays, qui, tandis que je distribuais aux enfants du pays toutes les dragées de la boutique de *Pierre Paumel*, me dit :

— Quelle singulière superstition !

— Pas si singulière, monsieur, lui dis-je; — si, comme les marins, vous vous trouviez sans cesse dans des situations où tous les hommes de toute la terre, réunissant leurs efforts, ne pourraient rien pour vous, — vous inventeriez un dieu pour avoir recours à lui, si on ne vous avait pas appris à le prier.

Ce qui obtient de coutume votre vénération, — on n'a guère ici le loisir d'y penser; — tous les monarques du monde ne pourraient réussir à faire tourner à l'*est* ce vent d'*ouest* maudit qui empêche les bateaux de sortir et d'aller à la pêche.

Quand vous êtes dans une ville, — tout ce qui vous entoure a été construit de la main des hommes, — tous les accidents qui peuvent vous arriver, il dépend de vous ou du préfet de police et de ses agents de vous les faire éviter; — mais ici tout ce que nous voyons était là avant nous et durera après nous; — ces arbres ont abrité de leur ombre épaisse bien des générations et en abriteront d'autres encore après que nous serons morts, tous tant que nous sommes ici. — Quand la mer gronde et se livre à ses colères, vos quatre cent cinquante députés ne peuvent décréter qu'elle se calmera.

Tout ce qui a du pouvoir ailleurs, — on n'a ici aucune raison de s'en occuper. — Au-dessus de la mer il n'y a que le ciel — sans intermédiaire.

CORRESPONDANCE. — M. Dugabé — me fait l'honneur de m'écrire pour protester contre les renseignements qui m'ont été donnés à son sujet. (Numéro de juin.)

« S'il faut tout dire, — me dit M. Dugabé, — j'ai été l'adversaire constant du projet qui sert de base à des attaques que votre loyauté regrettera, j'en suis certain... Il y a trois ans que j'attaque la censure, et je suis décidé à la poursuivre de mes plaintes jusqu'à ce qu'elle soit digne, élevée, morale... Vous voyez, monsieur, que mes discours ne sont pas près de finir.

» J'ai appelé l'attention du gouvernement sur l'emploi des fonds destinés aux monuments publics, et, si l'engagement pris par deux ministres devant la Chambre demeure sans résultats, je reproduirai des faits qui prouvent avec quel soin on ménage l'argent des contribuables.

» Il est bien, monsieur, de poursuivre sans trêve ni merci la corruption et ses adeptes; mais prenez garde de vous tromper d'adresse en acceptant des renseignements qui détournent vos piqûres de ceux qui ont le plus à les redouter.

» J'oublie, monsieur, les droits que la loi me donne, et je demande à votre loyauté bien connue l'insertion de ma lettre dans votre première livraison.

» Recevez, monsieur, l'assurance, etc.

» DUGABÉ, *député.* »

Je mets donc la dénégation de *M. Dugabé* en présence du renseignement qui m'avait été donné. — C'est un devoir de la presse dont j'ai parlé dans mon dernier volume. — Lorsqu'il m'est arrivé de refuser de pareilles rectifications, c'est que les personnes qui les demandaient manifestaient des exigences exagérées — ou formulaient leur demande avec un accompagnement de menaces et d'airs terribles qui ne me permettaient pas d'y faire droit.

🐜 LE BERCEAU DU GOUVERNEMENT REPRÉSENTATIF. — A la bonne heure, — voilà qui est clair, sans circonlocutions et sans ambages; — voilà le gouvernement représentatif tel que je l'aime, c'est-à-dire dans toute sa naïveté, dans toute sa pureté et dans tout son éclat.

🐜 EXTRAITS DES JOURNAUX ANGLAIS. — Un tourneur d'Huddersfield est occupé à confectionner quatre cents bâtons ferrés qui lui ont été commandés par les wighs libéraux, pour être employés contre leurs adversaires politiques aux élections de Wakefield.

A Harwick, — où deux candidats fort riches étaient en présence, — les votes se sont payés de sept à huit mille francs; les dix derniers qui devaient décider la question ont monté à cent mille francs.

A Carlow, les tories ont tiré des coups de fusil sur leurs adversaires.

A Bath, les radicaux ont traîné les officiers de police dans la boue. — Lord Duncan et M. Roebuck ont été élus, lord Powescourt et M. Bruges *n'ayant pu se présenter sur les hustings, où leur vie eût été compromise.* Une seule élection a coûté au candidat élu un million deux cent cinquante mille francs.

Nous n'en sommes pas encore là sous quelques rapports; — mais, sous quelques autres, nous avons de beaucoup dépassé nos voisins d'Angleterre (berceau du gouvernement représentatif).

Nous avons laissé bien loin derrière nous ce procédé naïf et vulgaire d'acheter de sa propre fortune les suffrages éclairés de ses concitoyens. — Nos candidats ne procèdent pas comme les candidats anglais, dont les amis vont grossièrement dans la foule mettre de l'argent dans la main des électeurs. — Cela est honteux et humilierait nos électeurs.

Le candidat français ne donne rien, il promet, — non pas son argent à lui, — mais à celui-ci la gloire de nos armées et un bureau de tabac; — à celui-là les frontières du Rhin et une bourse pour son fils; — à tel autre la reprise du rang que doit tenir la France dans le congrès européen et une permission de chasse dans une forêt de l'État qui avoisine sa demeure; — à M. *** la conservation de *notre* conquête d'Alger et une recette particulière.

EN FAVEUR D'UN ANCIEN USAGE. M. Gannal, — irrité de n'avoir pas été choisi pour *empailler les cendres* de l'Empereur, — s'est renfermé longtemps dans un silence plus significatif que la tente d'Achille. — Le voilà qui reparaît à la quatrième page des journaux, où il annonce qu'il embaume les personnes *sans soustraction des organes*.

Oh! diable, — voici une belle nouvelle. — Les Égyptiens poursuivaient leurs embaumeurs à coups de pierres. — Nous avions laissé tomber cet usage en désuétude, faute d'en connaître l'origine et la cause.

La voilà dévoilée.

Les embaumeurs, — M. Gannal excepté, — ont la mauvaise habitude de vous *soustraire des organes*, je ne sais pas bien précisément quels organes ils volent, — ni ce qu'ils en font; — peut-être les revendent-ils aux morts, qui naturellement manquent de quelques-uns.

Et voilà cependant comme on est embaumé! Je demande qu'on fouille à l'avenir les embaumeurs pour voir s'ils n'ont pas dérobé quelques organes, — et qu'on ramène l'usage de les poursuivre à coups de pierres, — toujours à l'exception de M. Gannal.

PARLONS UN PEU DE M. INGRES. M. Ingres est un peintre qui, pendant bien longtemps, s'est contenté d'avoir un grand talent et une grande réputation. — M. Ingres a sa couleur comme un autre; — à force de regarder ses tableaux, on finit par y trouver toute la gamme de tons des coloristes, — seulement à travers un verre bleu.

M. Ingres était lui-même; — on l'admirait, on l'aimait; — mais ses défauts ont amorcé des élèves qui n'ont pas tardé à devenir une école complète; — cette école a étudié sans relâche les défauts du maître et les a non-seulement atteints, mais surpassés.

En vain on leur a dit :

« Mes bons messieurs,

» Voyez les peintres de talent, — leur peinture ressemble-t-elle à la peinture de leur maître? — *Géricault* peint-il comme *Guérin?* — *Decamps, Roqueplan, Delacroix,* peignent-ils comme *Gros* et *Girodet?* — *Robert-Fleury* fait-il comme *Horace Vernet?* — et ledit *Horace Vernet* et M. *Ingres* lui-même peignent-ils comme *David?* »

L'empereur Napoléon a fait sortir bien des généraux de l'obscurité; — ces hommes, pour la plupart si distingués, n'étaient pas des singes qui se contentaient de s'affubler d'une redingote grise pour effaroucher l'ennemi.

M. Ingres, à force de voir sa charge faite par ses élèves, — s'est trouvé fort laid; — il a eu de récents remords en se croyant cause de la façon dont plusieurs jolies femmes — avaient été massacrées au dernier salon par ses plus chers disciples; — il s'est pris lui-même en horreur, — et a cherché une nouvelle manière, abandonnant avec dégoût, à son école, celle qu'elle lui a gâtée et rendue odieuse même à ses propres yeux.

Il vient de faire pour la cour de Russie une vierge dans laquelle il s'est efforcé d'être coloriste, — et il y tenait tant, qu'il a été jusqu'à lui sacrifier le dessin. — Il y a là une tête de jeune homme dont la bouche n'est pas sous le nez; — c'est ce que les peintres appellent, je crois, dans leur argot, ne pas être ensemble; la vierge est d'un *modèle mou et rend* — (toujours le même argot).

Oh! monsieur Ingres, je vous aime mieux vous-même; — j'ai vu par hasard une étude faite par vous en une seule séance, — d'après madame E... B..., âgée de dix-sept ans; rien n'est plus pur, plus jeune, plus naïf; — le modelé est la plus admirable chose qu'on puisse voir.

Donc, comme je le disais au commencement de ces pages qui lui sont consacrées, — M. Ingres s'est longtemps contenté de son talent et de sa réputation; voilà que des amis maladroits l'ont réveillé de cette noble indifférence, et qu'ils l'ont rendu jaloux de la gloire de la *pommade mélaïnocome* et du journal l'*Audience*.

Ils ont regagné tout le temps perdu pour la *réclame*, et ont à la fois et brusquement entassé feuilletons sur statuettes, lithographies sur banquets.

Et ils ont déclaré que M. Ingres était coloriste.

Je ne connais, pour moi, rien de niais comme ces perpétuelles disputes sur le *dessin* et la *couleur* : la nature a donné à ses créations la richesse des tons comme la beauté de la forme; — tant pis pour les artistes s'ils sont forcés de se partager l'imitation de ses magnificences; — mais qu'ils ne nous forcent pas de nous irriter contre leur impuissance en en tirant vanité et en en faisant une prétention ridicule.

Madame D*** avait un chat magnifique; — M. de C*** s'amusa un jour à le tuer d'un coup de fusil; — faute de grives, on prend des merles; — faute de merles, des chats.

Madame D*** fait dresser dans sa maison et dans celles de ses amis toutes sortes de souricières; quand elle a réuni trois ou quatre cents souris, elle les fait renfermer dans une caisse et l'adresse à madame de C***, dans son château. — Madame de C*** ouvre la caisse elle-même, comptant y trouver quelques modes nouvelles, — les souris s'échappent et remplissent la maison; — au fond de la caisse était un billet adressé à madame de C***.

« Madame, votre mari a tué mon chat, je vous envoie mes souris. »

A M. LE VICOMTE DE CORMENIN. Vous, monsieur, qui avez tant d'esprit, et qui, cependant, n'en avez pas assez pour cacher tout le bon sens qui vous gêne, — dans votre position d'homme de parti,

Dites-moi, je vous prie, ce que c'est que le peuple, — où il commence et où il finit, — car, je ne puis me contenter des définitions saugrenues qu'en donnent les journaux.

Le *peuple* — des journaux — *est un peuple* d'opéra-comique — auquel on fait dire : — *Allons,* — *partons,* — *marchons;* — ou bien : *Célébrons ce beau jour.*

L'armée recrutée dans le peuple — (car les riches s'abstiennent — et il n'y a en France que les enfants du peuple et les enfants des rois — qui ne puissent s'exempter du service militaire), — l'armée fait-elle partie du peuple d'où elle sort et où elle retourne après quelques années passées sous les drapeaux? Tout homme du peuple est, a été ou sera soldat.

Cependant, à propos des émeutes de Toulouse, vos journaux ne cessent d'opposer l'armée au peuple.

J'ai cité, — en son temps, — un article spirituel du *National*, — dans lequel ce carré de papier — s'indignait avec raison — contre les talons rouges de comptoir ; — le commerce est donc également exclu du peuple.

Ces mêmes journaux louent parfois la garde nationale de son intervention entre le pouvoir et le peuple.

La garde nationale ne fait donc pas partie du peuple ; — on ne sait que trop cependant jusqu'où les sergents-majors vont trouver les gens pour les enrôler dans cette *institution*. J'ai vu des garçons marchands de vin, — des maçons, — des menuisiers (le mien, M. Collaye, m'a envoyé trois jours en prison, avec l'approbation de mon fruitier).

Dans la seule garde que j'aie jamais montée, — j'ai rencontré en faction avec moi, — chacun gardant une des bornes de la mairie, un marchand de charbon de terre qui passa les deux heures de notre faction à me reprocher amèrement de lui avoir *ôté ma pratique.*

Mon portier dit : « Nous, nous vivons encore, — mais le peuple a bien du mal. »

Où est donc le peuple ?

Je ne le trouve pas, et cependant il paraît qu'il y en a plusieurs et que chaque parti a le sien.

J'ai vu souvent les journaux raconter des revues du roi. — Les journaux ministériels disaient : « *Le peuple* a accueilli Sa Majesté par d'unanimes acclamations. »

Les journaux de l'opposition écrivaient : « *Le peuple* est resté silencieux et grave. »

Le silence du peuple est la leçon des rois. »

Comme il s'agissait du même roi et de la même revue, il est évident qu'il ne peut s'agir du même peuple.

J'appelle peuple, monsieur, tout ce qui souffre, — tout ce qui gagne péniblement sa vie par le travail, — tout ce qui ne peut vivre qu'au moyen de la paix et des développements de l'industrie, qui en est la conséquence, — et je considère comme ses ennemis non pas seulement ceux qui laissent peser sur lui une trop lourde charge d'impôts, — mais aussi ceux qui, sous prétexte de défendre ses intérêts, — le jettent dans le découragement, en lui faisant faire des vœux impossibles à réaliser — et le précipitent dans des luttes sanglantes et criminelles — où les uns perdent la vie et la liberté, et les autres *l'ouvrage* et le pain de leur famille, que leur enlèvent le trouble et la défiance qui suivent toujours l'insurrection et l'émeute.

Pardonnez-moi, monsieur, de vous déranger dans vos loisirs.

On dit que vous êtes à Vichy, — et que vous pêchez à la ligne dans l'Allier ; — j'ai fait justice, dans un livre publié il y a une douzaine d'années déjà, — des plaisanteries vulgaires prodiguées de tout temps à la pêche à la ligne. — Je regrette de n'avoir pu citer alors votre exemple ; — au lieu d'avouer timidement que je pêchais aussi, — je l'aurais proclamé avec orgueil.

J'ai, comme vous, monsieur, passé quelque temps à Vichy, — et, comme vous, — j'y ai pêché à la ligne ; — je ne crois pas y avoir fait autre chose, — mais je ne pêchais pas dans l'Allier ; — je pêchais dans le *Lignon*. C'est une petite rivière que vous trouverez en allant de Vichy à Cusset, — et que je vous recommande : elle a dix pieds de largeur et tout au plus deux pieds de profondeur ; elle coule claire et limpide sur un fond de sable, entre deux rives de gazon ; des saules et des aunes qui la bordent enlacent leur feuillage par-dessus et couvrent l'eau d'un réseau d'ombre et de soleil. Par places, des touffes d'iris s'élèvent dans le lit du ruisseau. Au pied des saules, des ronces jettent d'un arbre à l'autre leurs rameaux et leurs feuilles d'un vert sombre, avec des fleurs d'un blanc rosé : la reine des prés, la filipendule, s'élance droite et svelte et balance ses thyrses semblables à des bouquets de mariées ; le liseron blanc grimpe et serpente, et étend ses guirlandes d'un riche feuillage parsemé de grandes cloches ; des bergeronnettes se cachent dans les saules où elles ont leur nid.

On n'y prend pas grand'chose, — c'est probablement comme dans l'Allier, — mais les fleurs, l'herbe, l'eau, y exhalent avec leurs odeurs de charmantes rêveries.

CONTRE L'EAU. — On se rappelle peut-être — MM. *Huret* et *Fichet*, — deux serruriers qui occupèrent un moment Paris par leurs querelles à la quatrième page des journaux et sur les murailles ; — chacun d'eux prétendait ouvrir sans clef toutes les serrures, sans en excepter celles de son rival ; — à la façon dont ils parlaient des serruriers qui les avaient précédés, il était évident qu'on n'était un peu bien fermé qu'en s'adressant à un de ces deux messieurs, — mais auquel? — Si vous achetiez une serrure *Fichet*, il y avait *Huret* qui pouvait ouvrir votre serrure; — si vous preniez une serrure *Huret*, *Fichet* ne vous cachait pas qu'il pouvait entrer chez vous à toute heure du jour et de la nuit. Je n'ai jamais eu grand'chose à renfermer, aussi je ne m'en souciais guère; — cependant, si j'avais été préfet de police, — je me serais assuré de ces deux messieurs, qui sont probablement fort honnêtes gens, mais qui pouvaient au moins troubler la sécurité des mères et celle des époux; — peut-être le préfet de police y avait-il pensé; — mais comment retenir enfermés ces deux messieurs? Il n'y avait même pas la ressource de faire cadenasser *Huret* par *Fichet*, et *Fichet* par *Huret*; — car *Huret* disait qu'avec un clou il ouvrirait toute serrure construite par *Fichet*.

— Et moi, disait *Fichet*, je ne demande qu'une épingle pour forcer une serrure de *Huret*.

— Mon ongle, disait *Huret*.

— Un cheveu, disait *Fichet*.

— Rien qu'en soufflant dessus, disait *Huret*.

— Rien qu'en la regardant, disait *Fichet*.

Les gens malins prétendirent que cette grande guerre n'était qu'un semblant, — un moyen de faire du bruit, de battre la caisse et de se mettre en évidence; — toujours est-il qu'on crut ces deux messieurs, non en ce que chacun disait de soi, mais en ce que chacun disait de l'autre, — et qu'on se contenta des serrures dont on s'était contenté jusque-là.

Depuis quelque temps, deux gérants de compagnies de filtrage des eaux de la Seine renouvellent toujours à la quatrième page des journaux — la guerre de MM. *Huret* et *Fichet*; — MM. *Souchon* et *Mareschal* — ont, dans cinq ou six longues lettres qu'ils ont échangées, — émis l'un contre l'autre des assertions graves.

— Vous ne mettez pas de charbon, — dit l'un.

— J'en mets plus que vous, — répond l'autre. — Et d'ailleurs vous mettez des éponges, — l'éponge est une *pourriture*.

— Vous mettez de la laine, — la laine est une *infection*.

— Votre eau n'est pas filtrée du tout.

— La vôtre est empoisonnée.

— C'est bien plutôt la vôtre.

— Non.

— Si.

— Je maintiens mon opinion.

— Je soutiens la mienne.

Que fait le public au milieu de semblables débats? Le public n'est pas chimiste, il se dit pour ce qui est de l'eau de M. *Mareschal* : « M. *Souchon* doit savoir mieux que moi ce qui en est, — c'est sa partie; — *il paraît* évident que M. *Mareschal* emploie pour filtrer son eau de l'éponge, qui est une *pourriture*.

« Pour ce qui est de l'eau de M. *Souchon*, c'est une autre affaire. — Certes, M. *Mareschal*, qui en fait son état, doit s'y connaître mieux que moi — qui ne m'en suis jamais occupé. — Je dois donc croire que M. *Souchon* filtre avec de la laine, qui est une *infection*. » — Croyez cela et buvez de l'eau, si vous l'osez.

Il y a à Paris une Académie des sciences, — qui, dans un débat de ce genre, devrait, il me semble, se prononcer. — Comment! la ville fait de grandes dépenses pour donner au Parisien de l'eau qu'elle fait filtrer par MM. *Souchon* et *Mareschal*, et on laisse chacun d'eux dire que l'autre ne filtre guère l'eau, mais l'empoisonne beaucoup, — sans que la ville ni l'Académie des sciences s'occupe d'établir la vérité et de rassurer le Parisien! Mais M. Humann n'est peut-être pas innocent de ceci : — il n'ose pas encore imposer l'eau; — il veut en inspirer une invincible horreur aux Parisiens — qui, n'osant plus en boire, — auront recours au vin — qui rapporte, comme on sait, raisonnablement au trésor.

Au moins, pour ce qui a rapport à la température bizarre que nous avons cet été, les savants n'ont pas laissé les journaux s'égarer en théories absurdes et en saugrenuités : — ils ont mêlé quelques niaiseries de leur cru à celles qui étaient en circulation.

Ils ont attribué le froid et la pluie, — les uns à l'approche des montagnes de glace du pôle nord, — les autres à la vapeur des chemins de fer, qui amoncelait les nuages ; — d'autres ont dit que les neiges excessives ont rendu le soleil hydropique.

Cette fois-ci on ne dira pas que j'ai de la malveillance pour les journaux ; — ce n'est pas moi qui ai prié M. Chambolle de mettre dans le *sien* ce qui suit. — MM. les imprimeurs des *Guêpes* peuvent certifier que le fragment que je cite n'est pas dans le manuscrit écrit de ma main, mais bien coupé dans un exemplaire du *Siècle* :

« La petite ville de Levignac (Haute-Garonne) a donné hier au soir dimanche des preuves de *sympathie* à la population toulousaine. Grand nombre D'HOMMES MARIÉS et une bonne partie de la jeunesse, *à la tête desquels* se trouvaient LES CITOYENS LES PLUS HONORABLES, munis de *cornes et autres instruments*, ont *entonné la Marseillaise devant la halle*, en face du lieu où étaient placardées les proclamations du nouveau préfet de la Haute-Garonne.

» Ils ont parcouru la ville, *alternant les couplets de l'hymne révolutionnaire avec les* ÉCLATS *d'une musique* PEU SONORE. Les cris : A bas Mahul ! étaient proférés avec force et souvent répétés. Ils sont revenus plusieurs fois à l'endroit d'où ils étaient partis. Des groupes attendaient devant les proclamations, COUVERTES D'ORDURES depuis le moment où on les avait affichées. La soirée a été clôturée par l'incendie des proclamations, aux applaudissements de la foule. »

TRISTE SORT D'UN PRIX DE VERTU. — Ceux qui ont inventé les rosières — ont pensé, à ce qu'il paraît, que la vertu est un fruit excellent dans sa maturité, mais qui se conserve difficilement après. Aussi, au prix donné à la sagesse, ont-ils de tous temps, en mariant immédiatement les rosières, ajouté le moyen le plus honnête de ne pas avoir à la conserver plus longtemps.

On sait que l'Académie a reçu de M. de Montyon un legs destiné à récompenser les actes de vertu qui parviendraient à sa connaissance. — Tous les Français indistinctement sont admis à composer en vertu, comme on compose en thème au collége, — et l'Académie distribue les prix.

Il est, à ce sujet, une chose à remarquer, c'est que c'est toujours dans les classes inférieures que l'Académie exhume les traits d'héroïsme et de dévouement qu'elle est chargée de découvrir, — en quoi les classes *inférieures* me paraissent très-*supérieures* aux autres.

Mais il y a encore là quelque chose de très-incomplet : — une fois un homme déclaré vertueux, — la société qui est allée le voir couronner et l'applaudir, ce qui n'est qu'un spectacle de jour, où les femmes qui ont de la fraîcheur et des chapeaux neufs vont humilier les femmes fatiguées et les chapeaux passés, — la société ne s'en occupe plus : — voilà donc la vertu payée ! — Le prix est bientôt dépensé ; — il ne reste alors qu'une vertu en jachère qui n'est plus susceptible d'aucun rapport.

Il faudrait faire pour la probité des hommes — ce qu'on fait pour la vertu des rosières, — ne pas obliger à recommencer sans cesse une course périlleuse à travers les dangers ; — on sait la ballade allemande.

Le roi jette sa coupe dans un gouffre ; — un plongeur se précipite, — et la rapporte : « La coupe est à toi, dit le roi, — mais va la chercher une seconde fois, et tu auras ma fille. » Le plongeur se jette une seconde fois, — mais ne revient plus.

Quand on trouve un homme qui est resté vainqueur dans la lutte horrible de l'honneur et de la pauvreté, il ne faut pas faire recommencer cette lutte; il ne peut pas se contenter d'un prix qui, une fois dépensé, le rend encore nécessaire : — il faut lui assurer à jamais un travail honorable.

C'est ce qu'on ne fait pas; — aussi, — le nommé *Caillet*, qui avait été déclaré homme vertueux en 1839, et qui avait, en cette qualité, reçu un prix de cinq cents francs, voyant que tout le produit de la vertu était mangé, — qu'il n'y avait plus rien à en attendre, — a eu recours au vice et *a passé à d'autres exercices*. — La cour d'assises de l'Orne vient d'avoir la douleur, le 8 juillet dernier, de le condamner à huit années de réclusion pour vol avec circonstances aggravantes.

Il y a des vertus de peuple que le monde méprise naturellement et sans affectation, — il n'y prétend pas plus qu'à porter un sac de farine.

Ainsi, les croix d'honneur ont été acquises, — et je parle de celles qui l'ont été le plus légitimement, pour avoir tué un peu de monde. — Quand un homme du port, un marin, — un pompier, — expose sa vie pour sauver celle d'un autre homme, — on lui donne une médaille à laquelle ne sont attachés aucuns honneurs; — la conséquence morale en est bizarre. — J'ai reçu, il y a dix ans, une de ces médailles, que je porte quelquefois et dont je suis plus fier que je ne le serais d'aucune décoration que je connaisse. — Eh bien! j'ai vu dans le monde bien des gens qui auraient senti germer en eux une grande estime pour moi, s'ils m'avaient vu obtenir la croix d'*honneur*, — même par les moyens les moins *honorables*, — et qui trouvaient ma médaille ridicule. — Les journaux mêmes s'en sont parfois égayés, — quelques caricatures ont été faites à ce sujet; — il m'a été impossible de trouver le côté plaisant de cette affaire.

DE L'HÉROÏSME. — Soyez donc héros, — faites donc quelque chose de grand aujourd'hui! — Autrefois, l'histoire vous jugeait de loin, — et ne voyait des grands hommes que ce qui avait le plus d'éclat et d'importance. — Aujourd'hui, elle se fait chaque jour, et elle est hostile et éplucheuse; — les âges à venir nous estimeront *crétins*, — car il n'y aura pas un seul homme de ce temps-ci, quelque grand et illustre qu'il puisse être, — dont on ne puisse trouver dans les journaux, qui seront alors les *Mémoires du temps*, une histoire qui démentira sa grandeur et détruira sa célébrité.

Un fils du roi revient d'Afrique, où il est allé partager les dangers des soldats; les journaux annoncent avec empressement qu'il revient malade de la dyssenterie. — Voilà certes une maladie peu héroïque, et il est triste, plus qu'on ne le pourrait dire, que le seul endroit où il soit possible aujourd'hui d'acquérir un peu de gloire militaire soit un pays où la dyssenterie règne avec une effrayante obstination.

LA SCIENCE. — LA PHILANTHROPIE. — Depuis quinze ans au moins, — la philanthropie et la science, réunissant leurs efforts, avaient inventé la *gélatine*, — c'est-à-dire une nouvelle alimentation, formée d'un prétendu jus tiré des os de la viande; je me rappelle avoir dénoncé, il y a une dizaine d'années, cette nourriture fallacieuse sous le nom de *potage de boutons de guêtres*.

Depuis quinze ans, on nourrissait les malades dans les hospices, les pauvres dans les établissements de charité, — les prisonniers dans les maisons de détention, — avec la fameuse gélatine.

On allait appliquer la chose aux casernes; — quelqu'un s'est avisé de dire : « Pardon, voyons donc un peu si cette nourriture est véritablement une nourriture. » On s'est ému de cette observation; — la science a haussé les épaules et a procédé, par une faiblesse qu'elle se reprochait, à de nouvelles expériences.

Et il résulte d'un rapport signé par MM. *Magendie*, *Chevreul* et *Thénard*, que les propriétés nutritives de la gélatine n'existent pas; — que de deux chiens nourris, l'un avec de la gélatine, l'autre avec de l'eau claire, — le second a vécu plus longtemps que le premier.

En un mot, que depuis *quinze ans*, — grâce aux efforts réunis de la science et de la philanthropie, — tous ceux qui, dans les prisons, les hôpitaux et les hospices, — ont été *nourris* avec la gélatine, sont littéralement *morts de faim !*

Et que l'armée l'a échappé belle !

LES MÉDAILLES DES PEINTRES. — Qu'y a-t-il de plus singulier que de voir donner clandestinement des récompenses disputées en public ?

Autrefois, — le roi distribuait lui-même les médailles aux peintres après l'exposition du Louvre ; — maintenant on apprend par M. de Cayeux que l'on a une médaille, et il faut aller la chercher chez lui.

Cette récompense n'a de publicité que celle que peut lui faire donner le peintre qui a des amis dans les journaux.

La clandestinité a un inconvénient, — outre celui de distribuer à huis clos la gloire qui n'existe que par la publicité, — c'est qu'on en abuse singulièrement. — Ainsi, j'ai là toutes les médailles dénoncées par les journaux, — et je n'ai pas retrouvé *un seul* des noms dont les ouvrages avaient attiré au Louvre l'attention et les éloges.

Cela a presque l'air d'une gageure, — à moins que les médailles ne soient aujourd'hui une consolation.

LES ORDONNANCES DE M. HUMANN. — En arrivant dernièrement à Paris, j'ai levé les yeux sur une petite fenêtre située sur un des toits qui avoisinent mon logis, — et je l'ai vue fort changée. — A mon dernier voyage, elle était riante et fraîche, — les capucines s'y mêlaient aux volubilis et lui faisaient un charmant cadre de verdure et de fleurs.

Quelquefois, au milieu de ce cadre, se montrait une jolie figure, avec des bandeaux de cheveux noirs comme deux ailes de corbeau, qui travaillait là tout le jour sans lever les yeux une seule fois, si ce n'est sur ses fleurs, — ou sur quelque flatteur de papillon qui, arrivé au milieu de Paris, je ne sais comment,

— traitait la fenêtre en véritable jardin, — et faisait semblant de humer, en déroulant sa trompe, un miel que n'ont pas ces pauvres fleurs, sans air, sans terre et sans soleil.

Mais alors — les fleurs étaient séchées, — la verdure était aunie, — on voyait que depuis longtemps elles n'avaient pas été soignées.

Je rencontrai dans la rue — la Sémiramis de ce jardin suspendu.

— Ma jolie voisine, — lui dis-je, — pourquoi négligez-vous votre jardin? — Quelle passion a donc détruit celle que vous aviez pour les fleurs?

— Hélas! me dit-elle, — je ne demeure plus là-haut, — mon propriétaire *m'a augmentée*, parce qu'on a augmenté les impôts de sa maison, — et je n'ai pu rester.

Et alors, j'ai découvert le mauvais côté de l'ordonnance de M. Humann.

On a crié à l'illégalité, et on a eu tort, — et tout le bruit qu'on fait en France à ce sujet, en ce moment, n'est absolument que pour faire du bruit.

Dès l'instant que les Chambres ont voté un impôt, il faut qu'il soit perçu, — et tout ce qui peut en assurer la perception n'est point illégal, mais cela peut être injuste et cruel. — Le ministère prétend qu'il y a en France cent vingt-neuf mille quatre cent quatre-vingt-six maisons qui ne sont pas imposées; — il y a là une grosse erreur volontaire. — Une vieille loi ne soumet à l'impôt les maisons nouvellement construites que la troisième année de leur construction, et ces maisons exceptées sont comptées dans les cent vingt-neuf mille quatre cent quatre-vingt-six.

C'est le droit du ministère de percevoir l'impôt voté et de découvrir les maisons et les chambres qui ont échappé jusqu'ici; c'est même un devoir à certains égards, car par ce moyen on pourra faire une répartition plus égale. — S'il y en a qui ne payent pas, il y en a qui payent trop ; — mais le fisc a peu l'habitude de rendre.

Il est triste seulement de penser que ce nouveau recensement dénonce aux loups du fisc une foule de pauvres mansardes dont les habitants auraient plus besoin de recevoir qu'ils ne peuvent donner ; — pauvres gens qui auront à économiser sur le pain qu'ils ont tant de peine à gagner — de quoi payer l'air qu'on découvre aujourd'hui qu'ils respirent clandestinement et illégalement.

Et puis ensuite, après avoir fait *rendre à l'impôt tout ce qu'il peut rendre*, image qui fait ressembler le pays à un citron entre deux grosses mains, — on ne manquera pas de trouver qu'il ne *rend* pas assez.

C'est ainsi qu'autrefois on permettait de passer aux barrières de Paris de petites quantités de vin et de viande ; — on a supprimé cette tolérance, qui ne s'appliquait qu'aux plus pauvres.

Cela est légal comme l'ordonnance de M. Humann, mais cela est injuste, — mais cela est triste, — et ce n'était pas à un gouvernement qui a pris les affaires *au rabais*, — qu'il convenait de râcler ainsi le fond des pauvres écuelles.

🐝 Décidément le ministère Thiers coûte cher ; — c'est à cause du déficit qu'on m'a fait timbrer les *Guêpes* — et donner chaque mois quelques centaines de francs au gouvernement.

Voici maintenant qu'on cherche de nouveaux expédients ; un ministère Thiers est une jolie chose, — mais une chose de luxe dont il ne faut pas se passer trop souvent la fantaisie.

Voilà la vérité sur l'ordonnance Humann, — comme je vous la dis sur les autres choses de ce temps.

🐝 DE L'HOMICIDE LÉGAL.—Il existe à Paris une compagnie d'assurance contre les amendes et les dommages-intérêts que peuvent encourir les conducteurs de voitures lorsqu'ils écrasent quelqu'un, — c'est-à-dire que, moyennant une prime payée annuellement, on peut se livrer à cœur joie à l'*homicide par imprudence,* — crime prévu, qualifié et puni par tous les codes. — De là à une compagnie d'assurance contre les mauvaises chances que MM. les voleurs peuvent rencontrer dans l'exercice de leur profession, il n'y a qu'un pas, et un pas et demi à l'assurance contre le chagrin que la justice voudrait faire à MM. les assassins.

Il faut dire que cette compagnie est autorisée par le gouvernement.

Septembre 1841.

Diverses réponses. — L'auteur rassure plusieurs personnes. — M. Molé. — M. Guizot. — M. Doublet de Bois-Thibault. — La vérité sur plusieurs choses. — Les protestations. — Les adresses. — Les troubles. — Ce que c'est qu'une foule et une masse. — Le peuple des théâtres et le peuple des journaux. — L'évêque d'Évreux et l'archevêque de Paris. — Dénonciation contre les savants. — M. Montain. — En quoi M. Duchâtel ressemble à Chilpéric. — Le suffrage universel. — Naïveté. — La pudeur d'eau douce et la pudeur d'eau salée. — Les fêtes de Juillet. — Apparition de plusieurs phénomènes. — Toujours la même chose. — Les banquets. — M Duteil et M. Champollion. — Voyage du duc d'Aumale. — Est-ce une pipe ou un cigare? — Histoire d'un député. — Sur quelques noms. — Les bureaux de tabac. — A M. Villemain. — A M. Rossi. — En faveur de M. Ledru-Rollin. — Les Parias. — Madame O'Donnell.

SEPTEMBRE. — Il faut que je réponde à des lettres que je reçois de divers côtés :

On dit partout, m'écrit-on, *que ce n'est plus vous qui faites les* GUÊPES.

RÉPONSE. — Et qui donc alors? — Est-ce vous, mon bon

monsieur ! — Est-ce celui qui vous le dit ? Est-ce quelque autre ? Nommez-moi, désignez-moi l'auteur des *Guêpes*, — que je le connaisse. — Jusque-là, ayez la bonté de croire ceci : — *que je n'ai jamais écrit une ligne sans la signer, et que je n'ai jamais signé une ligne sans l'avoir écrite.*

Je continue *à faire les* GUÊPES, — je les *fais seul.* — Personne autre que moi n'y a jamais écrit une ligne ; — personne n'y écrira jamais une ligne.

Quand il m'arrivera de ne plus vouloir *faire les* GUÊPES, — et nous n'en sommes pas là, — les *Guêpes* finiront. — Mon essaim restera avec moi ; — je ne le vendrai, je ne le louerai, je ne le donnerai à personne. — S'il arrive que je n'aie plus le courage de rire de ce qui se passe, — si de dégoût j'en détourne les yeux et les oreilles, mes *Guêpes* resteront à butiner dans la pourpre de mes roses ; — elles prendront leurs invalides avec moi, dans mon jardin ; — mais jamais leur escadron aux cuirasses d'or n'obéira à un autre maître.

Ceci est clair, — n'est-ce pas ?

Un monsieur voyage dans le Midi, — sous votre nom, — et accepte beaucoup de dîners.

RÉPONSE. — 1º Je ne suis jamais allé dans le Midi. — Une seule fois, en allant en Suisse, — comme j'arrivais à Lyon au mois de mai, et que je voyais le printemps à gauche et l'hiver à droite, — j'eus fort envie de descendre le Rhône au lieu de me diriger vers Genève ; — mais je me rappelai à temps que j'étais attendu.

2º Je ne dîne jamais en ville.

Néanmoins, — je remercie ledit monsieur — de me mettre à même de connaître d'aussi bonnes dispositions à mon égard de la part de quelques habitants du Midi, — et je compatis d'avance au chagrin qu'il aura quelque jour d'être reconnu par quelqu'un et chassé à coups de bâton, — comme il le mérite.

Votre absence de Paris vous fait le plus grand tort.

SEPTEMBRE 1844. 63

réponse. — Qu'appelez-vous mon absence de Paris ? — Mon absence de Paris ; mais voici une lettre de M. *Léon Gozlan* qui m'écrit : « J'ai vu hier votre barbe aux Variétés. »

En voici une de M. *d'Épagny*, — qui a la bonté de m'inviter à faire partie du comité de lecture du théâtre de l'Odéon.

Je ne suis pas toujours à Paris, — mais je ne suis pas toujours ailleurs. — On va vite à Paris à vol de guêpes, quand on n'en est qu'à seize heures par les messageries. — J'y suis aujourd'hui, plus près de vous que vous ne le croyez, que vous ne le voulez, peut-être. Je n'y serai pas demain ; — mais savez-vous si je n'y serai pas après-demain ? — m'avez-vous jamais connu autrement que libre et vagabond ? — Croyez-vous que j'aie envie, comme une partie des bons Parisiens, de passer mon été à aller voir un dimanche les fortifications de Vincennes, un autre où en sont les fortifications de Belleville ? Suis-je donc un forçat ? pensez-vous que j'aie rompu mon ban parce que quelqu'un m'a vu pêcher des *crevettes* et des *équilles* sur les côtes de Normandie, — et croyez-vous que je ne sais plus ce qui se passe ?

※ Est-ce vous, — messieurs Soult, Humann, — monsieur Martin (du Nord), etc., etc. ; est-ce vous, messieurs, qui avez la bonté de craindre que mon absence de Paris ne m'empêche de savoir ce que vous faites ? — Tranquillisez-vous, bonnes âmes, — je sais que vous êtes décidés à passer la session qui vient, — que vous n'êtes pas sûrs de la Chambre, et que, si l'adresse n'est pas favorable, vous êtes déterminés à la dissoudre et à faire des élections.

Est-ce bien cela, messieurs ?

Ai-je besoin d'être à Paris pour savoir que M. Guizot n'a, à ce sujet, qu'une seule inquiétude, — à savoir que le roi ne consente à des élections qu'autant qu'elles seraient faites par M. Molé ?

Ai-je besoin d'être à Paris pour savoir que M. Molé et M. Guizot sont parfaitement d'accord sur ce point qu'ils ne peuvent s'accorder ensemble ?

C'est comme si j'avais besoin d'être à Chartres pour savoir que M. Doublet de Boisthibaut, avocat du barreau de cette ville, — homme très-érudit et facétieux, — auteur d'un ouvrage estimé sur le système pénitentiaire — et de plusieurs Mémoires couronnés par des académies de province, etc., vient de mettre le comble à sa gloire en faisant distribuer à ses amis un distique latin, — commençant par ces mots :

Clam contra tabulas.....

distique que je ne puis citer, par la raison pour laquelle la *Gazette des Tribunaux*, dont M. Doublet est le correspondant ordinaire, n'a pu l'insérer.

Les chiens lâches et hargneux aboient après vous quand vous n'êtes pas là.

RÉPONSE. — Je me suis quelquefois efforcé de me mettre en colère dans de semblables circonstances, je n'ai jamais pu y réussir. — D'ailleurs, je ne puis rien infliger de pis à ces gens-là que leur propre lâcheté.

LA VÉRITÉ SUR PLUSIEURS CHOSES. — L'autre jour, la mer commençait à remonter, et le soleil achevait de se coucher derrière de gros nuages gris ; — entre les nuages et la mer il restait un espace où le ciel pur était d'un bleu pâle, avec lequel se fondaient harmonieusement des teintes jaunes et orangées. — A l'horizon, au-dessous de ces couleurs brillantes, la mer était d'un bleu sombre presque noir.

Plus près de moi, éclairée obliquement par les derniers rayons du soleil affaibli, — elle était d'un azur pâle et mal glacé par grandes taches — comme de grands miroirs ; — ici d'une belle couleur d'algue marine, — là d'un jaune peu lumineux.

Je revenais de pêcher des plies et des crevettes, — et, arrivé sur le sommet d'une petite colline qui conduit à ma demeure, je me retournai pour voir le beau spectacle de toutes ces belles couleurs enchâssées dans l'ombre et la nuit.

Quelqu'un me dit: « Bonsoir, voisin, » et je reconnus un habitant de la commune que j'habite, — un ancien militaire qui vit au bord de la mer avec sa petite retraite — et venait jouir comme moi de ce spectacle *gratis*, proportionné à ses moyens. — Nous prîmes deux *stalles* voisines sur le thym sauvage qui tapisse cette colline, — et nous regardâmes le ciel et la mer, puis nous parlâmes de choses et d'autres.

— Il paraît, voisin, que les choses vont bien mal là-bas, me dit-il en me désignant de la main la route que suivaient de gros nuages qui portaient de la pluie aux Parisiens.

Et, comme je ne répondis pas, — il continua:

J'ai lu LE *journal* ce matin, — tout va mal; — la France entière est en combustion. — Le journal était tout rempli de protestations de diverses *villes* et *cités* contre l'ordonnance de M. Humann, — et ces protestations, signées des *citoyens les plus honorables*, à ce que dit LE *journal*, — étaient faites plus contre le gouvernement actuel et contre ses allures — que contre l'ordonnance de recensement, qui n'est qu'un prétexte. — Il en arrive de tous les coins de la France.

D'autre part, les gardes nationales de *partout* — envoient des adresses emphatiques à la garde nationale de Toulouse, et ces adresses servent encore de cadre à des paroles de haine contre le gouvernement de Louis-Philippe.

Les élèves des écoles sont allés porter des compliments à M. de Lamennais — et faire assaut de phrases menaçantes et républicaines avec M. Ledru-Rollin, le nouveau député de la Sarthe.

D'après cela, voisin, il est évident que les citoyens les plus honorables de toutes les villes de France, — toutes les gardes nationales et toute la jeunesse, — en un mot que la France entière ne veut plus de Louis-Philippe.

Les Français sont braves, voisin ; et, puisque *le pays tout entier* est si parfaitement d'accord, à ce que dit LE *journal*, et contre le gouvernement de Juillet et pour la République, — on ne s'en tiendra pas à envoyer des phrases boursouflées aux journaux. — J'en suis encore à comprendre comment, après une manifestation aussi universelle, on n'a pas renvoyé, hier soir, Louis-Philippe des Tuileries et proclamé la République ce matin. — Après cela, comme nous n'avons les nouvelles que de deux jours, nous ne savons pas bien ce qui en est à l'heure qu'il est, — et pour moi, quand je suis arrivé sur la côte, — comme il faisait encore jour, j'ai porté les yeux sur la jetée du Havre, où nous ne voyons plus maintenant que la lueur rouge du phare, pour voir si c'était toujours le drapeau tricolore qui y flottait.

— Rassurez-vous, mon voisin, lui dis-je ; — les choses ne vont pas tout à fait aussi mal que vous le pensez. — Quel journal lisez-vous ?

— Un journal que me prête un de mes voisins, — le *National*.

— Eh bien ! si vous lisiez le *Journal des Débats*, — que ceux qui le lisent d'habitude appellent aussi « LE *journal* »; — vous verriez que tout est parfaitement tranquille, — que la garde nationale, les populations et les écoles, sont animées du meilleur esprit.

— Vous me rassurez...

— Je ne vous ai pas dit, mon voisin, — que cela fût non plus la vérité.

— Que voulez-vous que je croie alors ?

— Ni l'un ni l'autre ; — mais raisonnons un moment : la déduction que vous tirez de tout ce que vous avez vu dans le journal est parfaitement juste ; — si le pays est si parfaitement d'accord, rien ne peut s'opposer à sa volonté ; — je puis vous affirmer qu'on n'a, cependant, jusqu'à présent, prononcé ni la déchéance de Louis-Philippe, ni l'installation de la République ; — l faut donc penser que le journal se trompe ou vous trompe ; —

c'est ce que nous allons examiner si vous voulez me donner du feu pour allumer ma pipe.

— Je fumerais volontiers aussi, me dit le voisin, donnez-moi du tabac.

— Tenez, en voici que je vous recommande ; — il me vient d'un marchand de tabac de contrebande, fournisseur du duc d'Orléans et du duc de Nemours. — Le tabac que vend la régie, avec privilége du roi, est si mauvais, que les princes, qui devraient l'exemple de la soumission aux lois, — protégent la contrebande et fument un tabac prohibé.

Revenons aux protestations, aux lettres, aux adresses, etc.

Tantôt le journal vous dit : « Cette protestation est signée de *plus de cent cinquante noms.* »

Tantôt elle est revêtue de la signature des *citoyens les plus honorables.*

Tantôt, après la lettre, vous lisez : « Suit *une foule* ou *une masse* de signatures, » etc.

Dans une adhésion quelconque à quoi que ce soit, il faut examiner deux choses : — le nombre et la valeur des adhérents ; — en effet, vous admettez que, sur dix hommes, il puisse arriver que l'opinion de quatre vaille mieux que celle des six autres — si vous composez ce nombre de dix de quatre hommes distingués par leurs connaissances, leur esprit et leur désintéressement, — et de six choisis parmi des ignorants, des avides et des fous.

Il ne faut pas se figurer qu'une ville tout entière — s'écrie : *Nous le jurons !* — ou *Partons !* — comme *un peuple* d'opéra.

Pour ce qui est des *protestations signées de plus de cent cinquante noms,* il faut songer que, même en ramenant à leurs proportions réelles les divers bourgs — appelés *villes* et *cités* par le journal depuis qu'ils ont protesté, — on ne peut supposer une population moindre de deux mille hommes.

— C'est la population d'Étretat, qui n'est qu'un village.

— Plus de cent cinquante ont signé, — cela veut dire cent

cinquante et un; — c'est comme les gens qui, après avoir fait suivre leurs noms de tous leurs titres, grades et décorations,— disent, etc., etc., etc., quand ils ont fini.

Si cent cinquante et un citoyens ont signé, il s'ensuit tout naturellement que dix-huit cent quarante-neuf n'ont pas voulu signer,— ce qui fait une protestation beaucoup plus forte contre celle dont on fait tant de bruit.

Pour les protestations *signées des noms les plus honorables* — ou d'*une foule* ou d'*une masse* de signatures, soyez persuadé que ce ne sont qu'autant de périphrases adroites pour ne pas énoncer un nombre un peu mesquin.

Vous avez vu souvent sur les affiches de théâtre.

LE PEUPLE : MM. Arthur.
Léopold.
VILLAGEOIS ET VILLAGEOISES : M. Alcindor.
Mesdemoiselles Anastasie.
Zéphyrine.

Au théâtre, quand un acteur dit en scène : **Le peuple demande du pain**, le peuple est fait par un seul monsieur qui bourdonne et trépigne dans la coulisse ; — *la foule,* — *la masse,* — *le nombre considérable,* doivent s'entendre ainsi. — Soyez bien sûr que, s'il y avait réellement *un nombre considérable,* — *une foule et une masse,* — on n'aurait pas manqué de vous en offrir le spectacle ; — n'hésitez pas à croire que *toute foule,* — *toute masse* et *tout nombre considérable,* se composent d'un nombre inférieur au plus petit des nombres énoncés en chiffres.

Pour les citoyens les plus honorables... vous ne lisez pas le journal de M. Chambolle, voisin ?

— Non.

— Si vous le lisiez, vous sauriez à quoi vous en tenir au sujet des *citoyens les plus honorables* [1] ; vous y auriez vu que les ci-

---

[1] Voir les *Guêpes* du mois dernier, page 54.

TOYENS LES PLUS HONORABLES *de la ville de Levignac — ont couru la ville avec des cornes, des pincettes et des chaudrons, — chanté la Marseillaise devant la halle,* — et ont COUVERT D'OR-DURES *les proclamations du préfet.* — Voyons, de bonne foi, — représentez-vous cinq ou six seulement des *citoyens honorables* que vous connaissez, — et figurez-vous-les se livrant à de pareils exercices.

※ Ici, j'eus un tort de pédant. — Je dis : *Ab uno disce omnes.* — Je parlai latin à un homme qui n'est pas obligé de le savoir et qui ne le sait pas. — En quoi je ressemblai parfaitement au médecin malgré lui de Molière.

※ Passons aux écoles. Tenez, j'ai reçu, il y a peu de temps, une lettre d'un étudiant en droit.

« Monsieur, me dit-il, arrive-t-il qu'un démocrate exalté est envoyé, à tort ou à raison, pour quelques mois à Sainte-Pélagie, — ou qu'un avocat a crié à la Chambre plus haut que de coutume, — vous voyez le lendemain dans certains journaux : — *Les délégués* des écoles — ou *une députation* des écoles — ont été ou a été complimenter, etc., etc. »

Il y a effectivement quelques centaines d'étudiants, — toujours les mêmes, qu'on voit apparaître dans toutes les exhibitions démocratiques. — Mais ils ne sont *députés délégués* que par leurs convictions personnelles, sans avoir reçu pour cela aucun mandat de leurs condisciples, etc., etc.

※ J'aime la jeunesse, parce que c'est encore ce qu'il y a de meilleur. — Quand elle fait des folies, c'est, d'ordinaire, par l'exagération de quelque sentiment généreux. — Dans dix ans d'ici, les étudiants qui sont allés complimenter MM. tels et tels riront bien de cette démarche ; — je n'ai pas le courage de les gourmander aujourd'hui de cette petite manie de perdre de bonnes leçons de leurs professeurs pour en aller donner de médiocres aux députés ou au roi. — Il faut se rappeler les flatteries que leur a prodiguées ledit roi, il y a onze ans. — Il est juste qu'il subisse aujourd'hui l'importance qu'il leur a donnée alors.

Nous n'avons plus à parler que des gardes nationales. — On a licencié la garde nationale de Toulouse ; la première qui lui a envoyé une adresse de félicitations a été également licenciée. — J'ai d'abord cru que c'était cela qui amorçait les autres, et que c'était l'ennui de monter la garde qui poussait les gens à de semblables manifestations. — Je vous avouerai même, mon voisin, — que je méditais une protestation plus verte, plus boursouflée, plus subversive, plus louangeuse à l'égard des gardes nationales de Toulouse, — qu'aucune que vous ayez jamais lue, — ne voulant rien négliger pour arriver à un tel résultat ; — mais on ne continue pas à licencier, — parce qu'on a sans doute découvert *le véritable nombre* des *nombres considérables* de signatures qui *couvraient* ces adresses. — J'ai donc ajourné la mienne.

En mentionnant que certaines adresses et certaines protestations étaient *couvertes* des signatures des *citoyens les plus honorables*, les organes du parti démocratique ont avoué qu'ils ne donnaient pas la même importance à toutes les adhésions ; ils admettront donc qu'on constate que quelques-uns des signataires n'ont pas toutes les lumières désirables pour que leur opinion sur quoi que ce soit ait une grande valeur, — puisqu'ils ont signé de leur croix, *ne sachant écrire*.

Je ne parle que pour mémoire du renvoi par la cour royale de Montpellier devant la cour d'assises de l'Aude de MM. V*** et Guizard, cordonnier, pour avoir couvert une protestation de ce genre, en faveur de la réforme électorale, d'un *nombre considérable* de signatures honorables — mais fausses.

Mon cher voisin, ces protestations, ces adresses, etc., sont pour la plupart, envoyées toutes faites de Paris aux villes qui en demandent ou qui n'en demandent pas ; — absolument comme faisaient, sous la Restauration, les hommes aujourd'hui au pouvoir ; et bien des villes apprennent seulement par les journaux et avec un grand étonnement qu'elles sont livrées au trouble et à la discorde. Des commis voyageurs spéciaux colportent les listes et récoltent des signatures, — s'attachant plus au nombre qu'à une importance qu'il est difficile de discuter vu la distance, — toujours comme faisait, sous la Restauration, le parti libéral aujourd'hui aux affaires. Il a à subir les manœuvres qu'il a imaginées, — il les connaît pour les avoir pratiquées quinze ans ; il aura donc plus de facilité pour se défendre, — mais il n'a guère le droit de se plaindre.

Mon voisin se leva, me serra la main et partit un peu rassuré, — me laissant occupé à regarder s'allumer les étoiles.

Quand un fameux ministre disait : — *Laissez, laissez, qu'ils chantent, ils payeront,* — c'est que de son temps ce n'était pas la *Marseillaise* qu'on chantait.

Quand M. Rossi a été nommé pair de France, quelqu'un a écrit à un de ses cousins : « Cette nomination a dû vous causer une grande joie ; car moi, qui ne suis ni son parent, ni son ami, j'ai failli en mourir de rire. »

Comme on parlait, devant l'archevêque de Paris, du duel, que certains tribunaux condamnent et que d'autres acquittent, — monseigneur Ollivier, évêque d'Évreux, dont on connaît l'impétuosité, eut l'indiscrétion de dire à monseigneur Affre : — « Mais enfin, monsieur, si on vous donnait un soufflet, que feriez-vous ? — Monsieur, répondit l'archevêque de Paris, je sais bien ce que je devrais faire, mais je ne sais pas ce que je ferais. »

A propos, il ne faut pas que j'oublie ma note pour M. Affre.

A MONSEIGNEUR L'ARCHEVÊQUE DE PARIS.

Note à l'appui de son discours dans lequel il tâche d'insinuer adroitement au roi Louis-Philippe que, malgré la grandeur et la vénération qui l'entourent, il ferait bien de se rappeler quelquefois qu'il n'est qu'un homme. — Plusieurs journaux racontent, de la manière suivante, une sortie du roi :

« Louis-Philippe est sorti, le 29 au soir, vers neuf heures, des Tuileries, accompagné du général Athalin. Il était précédé de M. Marut de Lombre et de deux officiers de paix. Une escouade nombreuse d'agents de police éclairait sa marche et le suivait à quelque distance. Après s'être arrêté quelques instants près de l'obélisque, le roi a gagné le rond-point des Champs-Élysées en longeant le côté droit du bois; puis il est rentré au château par le même chemin. »

DÉNONCIATION CONTRE LES SAVANTS. — Il serait bon, je crois, de commencer à surveiller les savants, — du moins dans l'application de leurs théories. — J'ai dénoncé, — le mois dernier, — combien les savants philanthropes ont fait mourir de faim de malades et de prisonniers, — sous prétexte de doter l'humanité d'un nouvel aliment.

Voici un gaillard qui marche sur leurs traces, un peu timidement encore, il est vrai; mais soyez sûr qu'il ne lui manque qu'un peu d'encouragements, et qu'il est destiné à aller loin.

« M. Montain a mis sous les yeux de la Société d'agriculture de Lyon une nouvelle variété de pommes de terre. — L'échantillon se partage entre les membres de la Société d'agriculture, qui se proposent de propager cette nouvelle variété de solanées. »

Ceci est copié textuellement sur le rapport.

On se demande naturellement quels sont les avantages de cette importante découverte, si bien accueillie par une société savante, — et dont on va propager la culture avec tant de zèle et de sollicitude.

Sans doute, c'est un énorme tubercule renfermant plus de farine et de sucs nourriciers que tous ceux de la même espèce connus jusqu'ici?

Vous n'y êtes pas tout à fait; — reprenons le rapport fait par la Société d'agriculture de Lyon sur la pomme de terre de M. Montain :

« Cette nouvelle variété de pommes de terre, à cause de sa petitesse, est désignée sous le nom de *pomme de terre haricot;* — *les plus grosses* dépassent à peine *le volume d'une noisette.* »

M. Montain, sans aucun doute, encouragé par le favorable accueil de la Société d'agriculture de Lyon, — va s'efforcer de se rendre de plus en plus digne de la reconnaissance de ses contemporains et de la postérité. — Je suis d'avance persuadé que ses efforts seront couronnés de succès, et que l'année prochaine nous lirons dans les annales scientifiques :

« 1842. — M. Montain a envoyé à la Société d'agriculture — une nouvelle variété de la pomme de terre haricot. — Les tubercules de celle-ci sont durs comme des cailloux et ne cuisent pas au feu; on l'appelle pomme de terre silex. — L'échantillon se partage entre les membres de la Société d'agriculture, qui se proposent de propager cette nouvelle variété de solanées. »

Puis, d'année en année, de progrès en progrès :

« 1843. — M. Montain a envoyé à la Société d'agriculture — une nouvelle variété de sa pomme de terre silex. — Celle-ci n'est pas moins dure que celle de l'année dernière, elle ne cuit pas davantage, — mais elle est beaucoup plus petite; — son principal mérite est d'être rentrée dans la famille des *solanées,* qui se compose entièrement de plantes vénéneuses, au milieu desquelles la pomme de terre faisait une anomalie désagréable et embarrassante pour la science. — La nouvelle solanée régénérée — est un poison violent. — L'échantillon se partage entre les membres de la Société d'agriculture, qui se proposent de propager cette nouvelle variété de solanées. »

« 1844. — Enfin, M. Montain est arrivé au plus haut point de perfection. — Il a envoyé à la Société d'agriculture une nouvelle variété de pommes de terre, — qui ne produit aucun tubercule. — On peut en planter autant qu'on veut, — on ne retrouve jamais rien à la place. — L'échantillon se partage entre les membres de la Société d'agriculture, qui se proposent de propager cette nouvelle variété de solanées. »

C'est du reste une manie d'agriculteur et d'horticulteur dont je me rappelle un autre exemple. — Les horticulteurs qui se respectent ont proscrit la rose aux cent feuilles, qui reste malgré eux la plus belle rose connue. — Il y a quelques années, j'allai voir les roses de Hardy, — le jardinier du Luxembourg, à Paris ; — c'est la plus riche et la plus belle collection qu'il y ait en Europe. — Je vis pour la première fois une admirable rose blanche, — aujourd'hui bien connue des amateurs, à laquelle il a donné le nom de madame Hardy.

Je fis à l'habile jardinier des compliments mérités, auxquels je dus probablement d'être introduit dans le saint des saints, — dans une partie mystérieuse du jardin, où il me fit voir la rose *berberidifolia*, qui est une sorte de corcoplis épineux ; — puis, me conduisant un peu plus loin, il me dit : « En voici une qui, depuis trois ans que je l'ai *obtenue* de graines, n'a pas donné une seule fleur. »

Je n'ai pas eu occasion, depuis ce temps, de retourner au Luxembourg, — dans le beau mois des roses, et je ne sais pas si Hardy aura eu le bonheur de voir son rosier perdre ses feuilles. Le ciel lui devait cela.

Voici bien longtemps que les partis crient les uns contre les autres, — se jetant réciproquement à la tête les mêmes reproches et les mêmes injures — comme des balles de paume ; — hélas ! mes braves gens, — vous luttez contre quelque chose qui existait avant vous et qui vous survivra, — contre l'avidité et contre l'orgueil, vous en avez tous votre part ; — si les uns n'en étaient pas infectés, — ils ne se plaindraient pas tant d'y voir les autres en proie ; — l'avidité et l'orgueil de vos adversaires ne vous irritent tant que parce que ces vices gênent par la concurrence votre orgueil et votre avidité.

On vient de condamner plusieurs marchands à l'amende pour avoir laissé subsister dans leurs boutiques des dénominations que prohibe la nouvelle loi des poids et mesures : — un épicier pour avoir mis sur sa porte : sucre à vingt *sous la livre;* — il n'y a plus de *sous* ni de *livre*.

Le gouvernement actuel veut prendre sa revanche de l'absurdité de 93 qui défendait de s'appeler *de Saint-Cyr*, parce qu'il n'y avait plus ni *de*, ni *saints*, ni *sire*.

Peut-être le ministre devrait-il commencer par retirer de la circulation les monnaies diverses sur lesquelles on lit : Deux sous, — vingt sous, — etc., etc. ; il devient embarrassant de ne pouvoir plus énoncer la monnaie que l'on donne par la dénomination qu'elle porte ; — il faut donc à présent lire et épeler ainsi : — d — e — u — x — dix, — s — o — u — s — centimes, — dix centimes.

Longtemps avant la naissance de M. Duchâtel, Chilpéric supprima deux lettres de l'alphabet — avec défense de s'en servir, sous peine d'être *essorillé*, — c'est-à-dire d'avoir *les oreilles coupées;* — j'ai su autrefois quelles étaient ces deux lettres, — je l'ai oublié, — je n'ai jamais su le motif de l'animosité qu'avait contre elles le roi Chilpéric.

Mais ce qu'il y a de triste pour le ministre, c'est que ces deux lettres eurent leurs martyrs — comme toute chose persécutée ; — deux savants, qui avaient pour elles une affection aussi mystérieuse dans ses causes que la haine du roi, — s'obstinèrent à les employer et furent essorillés ; — après quoi ils s'en donnèrent à cœur joie, — le roi n'avait pas prévu la récidive, — et d'ailleurs il était au moins difficile de couper deux fois les mêmes oreilles.

🐝 LE SUFFRAGE UNIVERSEL. On ne se figure pas de combien d'embarras on se tire avec un peu d'esprit. — Voici bien longtemps qu'on fait tous les jours des phrases en faveur du suffrage universel en matière d'élections; — que l'on colporte des pétitions pour la réforme électorale; que l'on compte, pour le conquérir, sur le tapage, sur l'émeute, sur une nouvelle révolution. — Un droguiste anglais vient de réaliser ce rêve bruyant de nos politiques. — Partisan du suffrage universel et cependant faisant partie de la classe privilégiée des électeurs, il a mis sur le devant de sa boutique l'avis suivant, en gros caractères : « Tous les habitants de ce district, exclus par la loi du droit de voter, sont engagés à vouloir bien me faire connaître quel est celui des deux candidats, — Garnett et Brotherton, — auquel je dois donner ma voix. »

Beaucoup se rendirent à cet avis. — A chacun de ceux qui se présentaient, on ouvrait un registre sur lequel il inscrivait son nom, son adresse et le nom du candidat de son choix. — La veille des élections, l'affiche collée sur la devanture de la boutique fut remplacée par une autre ainsi conçue :

« Cent cinquante-sept citoyens m'ont engagé à voter pour Brotherton, cent vingt-trois pour Garnett. — En conséquence, demain matin je voterai pour Brotherton. »

Comme on le voit, il n'y a rien de plus simple que cet expédient. — Après un tel exemple, ceux de nos électeurs partisans du suffrage universel qui n'imiteront pas le droguiste de *Salford*, — et qui continueront à demander bruyamment la réforme, — seront à nos yeux convaincus de ne la point demander pour l'obtenir, mais pour faire du tapage.

🐝 Et d'ailleurs que demandez-vous? — le droit de voter. — Mais il me semble que vous le prenez assez largement — Le roi choisit un ministre, — M. Guizot; — nomme un préfet, — M. Mahul; — vous ahurissez M. Guizot d'un charivari; — vous chassez M. Mahul avec des pierres et des hurlements. —

Cela me semble équivaloir pour le moins à un vote contre eux, — et une foule de carrés de papier, se prétendant les organes de l'opinion publique, — demandant le règne de l'intelligence, — racontent avec approbation les charivaris et les émeutes. — Prenons le journal de M. Chambolle, par exemple.

Le journal de M. Chambolle est un journal naïf. Dernièrement, le *Journal des Débats* ayant dit : « Une *feuille banale et stérile,* » sans désigner autrement la feuille dont il voulait parler, — le journal de M. Chambolle a dit le lendemain : « Nous répondrons au *Journal des Débats,* etc. »

❧ Le journal de M. Chambolle s'est donné au ministère de M. Thiers. — Il l'a soutenu de toutes ses forces, de toutes ses colonnes.

Aujourd'hui il enregistre avec joie les charivaris donnés à M. Guizot. — Il les appelle manifestations de l'opinion publique.

Mais voici qu'on en donne également à M. Thiers. — Comment appréciera-t-il ceux-ci?

❧ Le *National,* lors de la fameuse affaire de Saint-Bérain, a mis tout au long dans ses colonnes toutes les pièces du procès, le réquisitoire, la condamnation, etc., etc.

Il a appelé le jugement : *la justice du pays.*—Aujourd'hui, un jugement aussi sévère au moins vient de frapper la *Société plâtrière,* dirigée par MM. *Higonnet* et *Laffitte.* Le *National* n'insère pas le jugement et maltraite le tribunal. Il accuse le président de partialité, etc. Qu'a donc fait le *National* de sa vertueuse emphase? Ses amis sont-ils infaillibles et au-dessus des lois,— par cela seul qu'ils sont ses amis? — Prenez garde, — messieurs, — la presse est comme ce bourreau qui, ayant coupé toutes les têtes, finit par se guillotiner lui-même. — Jamais un tyran, en ancun temps, — ne s'est enivré de sa puissance, n'a fait des orgies de despotisme comme la presse.— Tous les pouvoirs sont tombés sous ses coups. — Elle seule peut se tuer, — elle se tuera, — elle se tue.

LA PUDEUR D'EAU DOUCE ET LA PUDEUR D'EAU SALÉE.

— Quelqu'un me disait l'autre jour :

« A cette époque des eaux et des bains de mer, il est une chose qui frappe nécessairement l'esprit, même le moins observateur, — c'est que la pudeur des femmes est pour beaucoup d'entre elles une question d'usage, de mode et de convention.

» J'ai vu successivement des années où il était reçu de montrer ses épaules, d'autres où c'était la gorge qu'on laissait voir. — Une femme *habillée* pour le bal, c'est-à-dire presque nue, — ne recevrait pas en ce costume un homme qui viendrait lui faire une visite. — Il serait réputé inconvenant de montrer à un seul ce qu'on fera voir à deux cents une heure après.

» Il y a à Paris, sur la Seine, des bains froids fort à la mode depuis quelques années pour les femmes et surtout pour les jeunes filles, qui y apprennent à nager. — Leur costume est exactement celui qu'on porte aux bains de mer. — Eh bien ! on ne laisserait, sous aucun prétexte, un père y mener sa fille ni un mari y accompagner sa femme. — Un homme qui y mettrait le pied — ferait jeter des cris de paon à toutes les femmes qui y barbotent.

» Mais à la mer, c'est différent. — Au Havre, par exemple, les femmes se baignent sous les yeux des promeneurs de la jetée, — pêle-mêle avec les hommes vêtus d'un simple caleçon, — personne ne s'en offusque. — Les femmes pensent-elles que, de même qu'on a longtemps permis aux marins de jurer, — surtout au théâtre, — la mer autorise bien des choses, — et qu'il y a une pudeur d'eau douce et une pudeur d'eau salée ? »

A ces paroles, je fus saisi d'une indignation convenable, — et, tout en voyant bien ce qu'avait de spécieux l'accusation de mon interlocuteur, je m'occupai de le réfuter, — ce que je fis en ces termes :

« Il faut cependant tout dire, monsieur. — S'il semble, au

premier abord, que cette pudeur, si féroce dans la Seine, — soit comme les poissons de rivière qui ne peuvent vivre dans l'Océan — et remontent les fleuves sans se laisser jamais entraîner jusqu'à leur embouchure, on doit remarquer que les femmes, aux bains de mer, font à la chasteté le plus grand sacrifice qu'on puisse faire à aucune vertu : — elles lui sacrifient leur beauté.

» On sait l'histoire de cette vierge chrétienne qui se coupa le nez pour échapper à la passion d'un proconsul romain.

» Eh bien! vous voyez au Havre, à Dieppe ou à Trouville trois cents femmes qui deux fois par jour renouvellent ce trait si vanté.

» Avec leur costume de laine, — leur veste, — leur pantalon et leur bonnet de toile cirée, — elles semblent une foule de singes teigneux qui gambadent sur la plage.

» Obligées de se baigner au milieu des hommes, — elles ont ingénieusement imaginé de s'entourer d'un voile de laideur. »

Mon interlocuteur se retira humilié et me laissa fier de la belle défense que j'avais faite en faveur du *beau sexe*.

✻ Aux fêtes de Juillet, célébrées à Paris, — un plaisant, faisant allusion aux affaires de Toulouse, avait mis le soir sur un transparent ces quatre vers :

L'émeute est tour à tour défendue et permise :
Le gouvernement de Juillet,
Selon les temps, les lieux et surtout l'intérêt,
La canonne ou la canonise.

La police n'a pas tardé à faire supprimer le transparent, devant lequel commençait à s'amasser une foule curieuse.

✻ Il y avait aux Champs-Élysées — des baraques pour les spectacles, — d'autres pour les restaurateurs; — une avait sur sa façade un large écriteau ainsi conçu : *Secours aux blessés*.

Les journaux ministériels racontaient le lendemain avec orgueil que, dans toute la fête, il n'y avait eu personne de tué.

>>> LES PHÉNOMÈNES. — Tout ce tumulte à propos du recensement a été fort utile aux journaux. On sait leur embarras pendant les vacances des Chambres, — et de combien de phénomènes, de miracles et d'accidents ils surchargent à cette époque la crédulité de leurs lecteurs. Il commençait à mourir pas mal de mendiants dans la besace desquels on trouvait trente-deux mille francs en or. — Les soldats français échappés de la Sibérie reparaissaient à l'horizon, — ainsi que les enfants à deux têtes et le grand serpent de mer, inventé par les rédacteurs du *Figaro* en 1829. Beaucoup de pianistes de douze ans profitaient de la situation pour offrir cinq lignes agréables pour eux-mêmes, qu'on admettait avec empressement, — et on rendait compte dans tous les feuilletons de l'epppppopppéeee de M. Soumet.

N. B. Peut-être quelqu'un des puristes qui m'honorent de leur correspondance et qui me font des avanies périodiques au sujet des fautes d'impression qui se rencontrent dans les *Guêpes* va-t-il m'écrire pour me faire de justes observations sur la façon dont ce mot est écrit. — Pour lui éviter ce souci, je lui réponds d'avance que j'ai essayé ainsi de donner une idée de la manière dont M. Soumet prononce ce mot quand il parle de son ouvrage.

Les affaires de Toulouse, le recensement, — les protestations, les adresses, tout cela est venu mettre la France dans l'état normal ; — les phénomènes sont momentanément rentrés dans leurs cartons.

>>> TOUJOURS LA MÊME CHOSE. — Si décidément il ne reste plus qu'à recommencer les choses déjà faites, — ce n'est vraiment pas la peine de s'agiter si fort.

On l'a dit avec raison, l'esprit humain marche en cercle, et il n'y a de nouveau que ce qu'on a eu le temps d'oublier. — Plusieurs personnes en ce temps me paraissent se hâter un peu trop d'inventer certaines choses, — que l'on se rappelle fort bien.

Espartero, duc de la Victoire, que la reine Christine appelle, dit-on, maintenant, prince de la Sottise et marquis de la Trahison, — avait un discours à faire. — Il a pris et récité un discours de Bonaparte à la Convention, sans y changer un seul mot.

M. Arzac, ex-maire de Toulouse, sommé de se retirer de la mairie, — répéta le mot de Mirabeau, et dit :

— Je ne sortirai que par la violence !

— Eh bien, monsieur, lui dit M. Duval, — je vais vous faire arrêter.

M. Arzac se trouva tout à coup embarrassé dans son rôle, — comme tout acteur auquel son camarade refuserait de donner la réplique. — Le cas n'était pas prévu. — La scène de Mirabeau finissait là, — et le maire de Toulouse fut forcé de dire :

— Je trouve cette menace une violence morale suffisante, et je me retire.

Puis il sortit du théâtre.

☙ Le mot de M. Arzac — *violence morale* — a eu du succès. — En voici une imitation que je trouve dans un journal de la même ville de Toulouse : — « Le sieur Raynal, cordonnier, a été arrêté ; — il a subi des *violences morales* ayant pour but d'obtenir l'adresse d'un de ses ouvriers. Sur son refus, on a *menacé* de l'emprisonner, et *sa fermeté* n'a pas résisté à *cette dernière épreuve*. Il n'y a pas de termes assez forts pour qualifier, etc., etc., etc. »

Je voudrais savoir en quoi consistent les *violences morales*. Une *menace* d'emprisonnement n'est pas *violence* ; — c'est cependant bien plus terrible que les *violences morales* dont on se plaint avec tant d'éloquence, puisque la *fermeté* du cordonnier Raynal, — qui avait résisté aux *violences morales*, n'a pu résister à cette *dernière épreuve* : — *la menace d'être* mis en prison.

☙ LES BANQUETS. — Nos pères dînaient ensemble pour

chanter, rire, boire, manger, causer avec abandon et avec esprit.

Aujourd'hui — un dîner est une action politique; on dîne contre ou pour le gouvernement, contre ou pour un principe.

C'est une chose bien ridicule que ces banquets. — Peu importe — contre ou pour quel principe ou quel gouvernement on mange et on boit.

Un poëte latin a dit de ces festins où l'on se querelle, — de ces festins constitutionnels qu'il semblait prévoir :

> Natis in usum lætitiæ scyphis
> Pugnare Thracum est.

Comment n'est-on pas honteux d'avouer, — que dis-je? de publier dans les journaux, — que c'est l'estomac chargé de viandes, — la tête appesantie par le vin, que l'on discute d'une langue épaisse les intérêts les plus sérieux du pays!

Mais, dans cette situation, après vos dîners de province de huit heures, — vous refuseriez de vendre ou d'acheter cent cinquante bottes de luzerne, — vous vous défieriez comme d'un voleur d'un homme qui voudrait vous faire conclure un marché ou un arrangement, — vous n'oseriez pas décider de tuer et de saler un des porcs de votre étable.

M. DUTEIL ET M. CHAMPOLLION. — J'ai reçu un dictionnaire des hiéroglyphes, par M. Camille Duteil. — C'est un livre hardiment conçu et simplement écrit, — ayant moins pour but encore d'éclaircir les hiéroglyphes que de mettre en lumière que M. Champollion, qui en fait son état, n'y entend absolument rien. — Peut-être M. Champollion prépare-t-il un livre pour prouver la même chose à l'égard de M. Duteil. — Nous autres, ignorants, nous sommes forcés de nous en rapporter aux érudits, même pour l'opinion qu'ils ont les uns des autres. — En attendant, voici une petite anecdote à l'appui de l'opinion de M. Duteil sur M. Champollion.

C'était à l'époque où M. Denon s'occupait avec tant de zèle des antiquités égyptiennes ; — il recevait fréquemment des cargaisons de momies et de papyrus. — Un brave garçon, peintre intelligent, nommé Machereau, — était chargé de démêler et de copier les hiéroglyphes, — auxquels il n'avait pas la prétention de comprendre la moindre chose.

Un jour M. Denon l'appela de grand matin, et lui dit : « Mon cher Machereau, voici de la besogne : — il faut que cela soit copié pour ce soir ; j'attends M. Champollion à dîner, — je veux le régaler de la primeur de ces hiéroglyphes au dessert ; — l'original est un peu vieux, déchiré et confus, — faites-nous-en une copie nette et soignée. »

Machereau se met à l'ouvrage avec ardeur ; — mais à peine avait-il commencé, qu'il renverse un encrier sur la bande de papyrus. Il éponge, il essuie, il gratte, — impossible d'enlever l'encre et de découvrir une seule des figures qu'il avait à reproduire. — Je ne vous peindrai pas son désespoir. — « Le papyrus est perdu, disait-il ; — mais si encore le malheur n'était arrivé qu'après une copie faite, M. Denon aurait pu me pardonner. »

Cette idée en enfanta une autre. — « Parbleu, — dit-il, depuis le temps que je copie ces maudites images, je ne vois pas en quoi elles diffèrent les unes des autres ; c'est toujours une même kyrielle d'ibis, d'ânes, d'étoiles, d'hommes à têtes de chiens, etc. — Je ne sais vraiment pas l'importance qu'on y peut attacher ; — toujours est-il que M. Denon va me mettre à la porte si je lui avoue mon accident. » — Il resta quelques instants abattu, — puis tout à coup il se décida à tenter un coup de désespoir. — « N'importe, — dit-il, — je vais leur faire une vingtaine de pages de crocodiles, — d'ibis, de taureaux, — de tout ce que je copie d'ordinaire ; — peut-être M. Champollion ne viendra pas, — ou bien je puis soutenir que ma copie est exacte, — et que ce n'est pas ma faute si l'auteur du manuscrit manque de clarté dans son style. »

Machereau entasse les ibis, les ânesses, — les vases. — M. Champollion arrive; M. Denon invite à dîner Machereau, qui refuse; mais M. Denon insiste tellement, que Machereau est contraint d'accepter. — Le dîner se passe trop vite au gré du malheureux peintre. M. Denon lui dit: « Machereau, faites donc voir à M. Champollion ce que vous savez. »

Machereau fait répéter l'ordre, — c'est une minute de gagnée; mais elle se passe, il se lève et sort. — « Cent fois, disait-il en racontant sa mésaventure, j'eus envie de ne plus rentrer, de m'enfuir et de ne jamais remettre les pieds chez M. Denon. » Cependant il revient tour à tour pâle et cramoisi. — Il donne ses feuillets à M. Denon, qui les transmet à M. Champollion; — c'était encore une minute, — mais ce n'était qu'une minute pour retarder le moment où on allait découvrir l'imposture et l'expulser honteusement. — M. Champollion prend les prétendus hiéroglyphes, — les examine, — les lit, et explique sans hésiter — ce qui ne voulait absolument rien dire.

Une chose digne de quelque remarque pour les esprits justes et amis du vrai, — c'est que cette même époque où on prodigue tant d'injures au souverain et à tout ce qui l'approche — est également celle où l'on adresse aux princes les flatteries les plus ridicules : — cela vient de ce que ce pays est en proie à une insatiable avidité. — Il n'y a de la flatterie à l'injure que la différence qui existe entre la mendicité — et l'attaque à main armée. — Toutes deux ont le même but et ne diffèrent que par les moyens.

Ceux-là soutiennent les abus pour en profiter, — ceux-là les attaquent pour les conquérir.

Le 16 du mois d'août, — le duc d'Aumale passait à Valence avec son régiment; — M. Delacroix, maire de la ville — et député de la Drôme, crut que cela lui donnait le droit de haranguer le prince, et il en usa. — La chose fut raisonnablement longue, et M. le maire crut qu'elle se terminerait agréablement par un vivat énergique ; — il s'écria, en agitant son chapeau : *Vive le duc... d'Angoulême !*

Ce *lapsus linguæ* — n'est pas sans exemples : — sous la Restauration, le maire de la ville de Tain, dans le même département, termina un discours au duc d'Angoulême par le cri de *Vive l'Empereur !*

Vous riez, — mais j'aurais voulu vous voir à sa place. — A cette époque, en 1815, — à Tournon (Ardèche), les mêmes autorités proclamèrent trois fois, le même jour, tour à tour *Napoléon le Grand* et *Louis le Désiré*, — en se félicitant chaque fois de l'heureux événement.

Revenons aux flatteries grotesques dont je voulais parler. — Les journaux ont fort loué le jeune duc,

1º *D'avoir fumé des cigares ;* — une lettre que je reçois m'affirme que c'était *une pipe.* — J'accueillerai avec gratitude les renseignements qui me seront envoyés à ce sujet ;

2º *D'avoir marché sans gants ;*

3º *D'avoir, — étant descendu de cheval, gravi une côte comme un simple piéton.*

Dès l'instant que vous n'êtes plus à cheval, — vous passez à l'état de piéton, quelque illustre que soit le sang qui coule dans vos veines. — De bonne foi, le prince ne pouvait faire autrement, — et il n'y a pas plus lieu de le louer de cela que de ce qu'il aurait monté la côte comme un cavalier, s'il était resté à cheval, etc., etc., etc.

Voir, — pour ce que je pense de ces voyages entremêlés de discours, — le volume de la première année, — page 15.

Louis XIII disait que les harangues lui avaient fait blanchir les cheveux de bonne heure. — *Le peuple souverain* entend plus de discours qu'aucun roi de ses prédécesseurs ; — jusqu'à ce jour il ne lui manque aucun des ennuis de la royauté.

🐝 Il y a dans la maison du roi — plusieurs domestiques dont on est mécontent pour des causes graves ; — la reine supplie perpétuellement pour qu'ils ne soient pas chassés ; — dans sa triste préoccupation, elle craint qu'un homme, livré au désespoir, ne renouvelle contre son mari — des tentatives auxquelles il a jusqu'ici échappé avec tant de bonheur.

🐝 Mademoiselle Esther, qui est une très-belle fille, a personnifié les *Guêpes* dans une pièce du théâtre des Variétés.

🐝 Dans une ville où passait le général Saint-Michel, — on a peint sur un transparent un bourgeois et un soldat se donnant la main et couronnés par un ange. — Certains journaux ont appelé cela un magnifique transparent. — Avouez, messieurs, que si ce transparent avait été fait à propos du roi ou de quelque prince, vous l'eussiez trouvé burlesque, — comme il l'est.

🐝 Un journal de l'opposition, — qui enregistre d'ordinaire avec enthousiasme les gueuletons divers de son parti — sous le nom de *banquets patriotiques*, appelle un banquet ministériel — une *séance bachique*. — Toutes ces ripailles sont également ridicules.

🐝 Un député allait quitter Paris ; il s'habillait pour aller faire ses adieux au ministre de l'intérieur lorsqu'une femme entre chez lui, — et, avec l'accent de la province qu'il représente : « Ah ! monsieur, lui dit-elle, que je suis donc aise de vous voir ! — j'espère que vous n'avez pas oublié votre filleul, — mon fils ; — il faut absolument que vous demandiez quelque chose pour lui au ministre ; — vous savez le mal que mon mari s'est donné pour les élections, etc., etc. » — Le député promet pour renvoyer la femme. Mais, pendant qu'il attend que le ministre soit visible, il lui revient en l'esprit — qu'il a tenu cet enfant sur les fonts avec sa femme avant son mariage, et qu'elle l'aime beaucoup. — Il se décide à la démarche ; — il n'a pas pensé à demander ce qu'il savait faire ; — cependant, en y réfléchissant, il avise qu'il faut qu'il s'occupe d'arts pour que sa famille ait pensé à la protection du ministre ; d'ailleurs il se rappelle que le petit dessinait : — il demande un tableau et l'obtient. — Le lendemain revient la mère du protégé.

— Eh bien ! j'ai votre affaire.

— Ah ! monsieur.

— Oui, une copie du portrait du roi pour la ville de ***.

— Comment ! une copie du portrait du roi ?

— Oui ; votre fils n'est-il pas peintre ?

— Mais non, monsieur, il est poêlier-fumiste.

— Ah bien, vous m'avez fait faire là une jolie chose ! — Pourquoi diable ne me dites-vous pas que votre fils est poêlier-fumiste ?

— Vous ne m'avez rien demandé, j'ai cru que vous le saviez.

— C'est juste, j'ai tort aussi ; mais alors que pouvais-je demander au ministre ?

— Les travaux de son hôtel.

— C'est encore juste ; mais il dessinait un peu ?

— Il a fait des yeux et des nez.

— C'est égal, puisque le tableau est accordé, il faut le faire ; — qu'il se fasse *aider* par un peintre avec lequel il partagera l'argent.

※ Depuis quelques années, on couvre Paris de fontaines de tous genres. — Il n'y a qu'une chose à laquelle on ne songe pas, — c'est d'y ajouter un vase ou une écuelle au moyen desquels on puisse y boire. Je ne sais s'il y a encore, comme autrefois, à la petite fontaine du Luxembourg, — une coupe en fer enchaînée. — C'était un exemple à suivre ; — c'est un avis que je donne à M. le préfet de la Seine.

※ Je l'ai déjà dit, — en France, — la démocratie n'est pas un but, elle n'est qu'un moyen. — On ne veut pas arriver à la démocratie, mais par la démocratie. — Tout le monde proclame sur les toits son propre désintéressement ; — mais que ferait l'avidité des autres à un homme réellement et entièrement désintéressé ! — C'est comme les marchands de tisane qui crient leur marchandise, mais n'en boivent jamais, — et vont avec son produit boire du vin au cabaret.

Voyez aujourd'hui, parmi les gens parvenus et ceux qui veulent parvenir, — toutes les velléités d'aristocratie qui percent malgré eux. — L'ancienne noblesse portait des noms de terres qui leur appartenaient ; — eux, ils prennent les noms de villes auxquelles ils appartiennent. Croyez-vous que les petits-fils de MM. David, — Dubois et Ollivier *d'Angers*, — Martin *de Strasbourg* et Martin *du Nord*, — Dupont *de l'Eure* et Michel *de Bourges*, etc., etc., se gêneront beaucoup pour se faire des titres des sobriquets de leurs pères ? — Et, quand je dis les petits-fils, — je pourrais dire les fils, — je pourrais dire ces grands hommes eux-mêmes.

J'ai connu un honnête homme — qui s'appelait quelque chose comme Dubois ; ceci n'est pas son vrai nom, il n'est pas mauvais garçon du reste, — et je ne veux pas le troubler. — Il a mis sept ans à séparer la première syllabe de son nom des deux autres, et j'ai suivi sur toutes ses cartes du jour de l'an toutes les tentatives de ces deux malheureuses lettres *du* pour s'écarter des autres. — Les premiers essais ont été timides ; — il écrivait Dubois en séparant *du* de *bois* d'une manière imperceptible, — puis il augmenta un peu l'intervalle ; puis un jour il mit un B majuscule à Bois ; — puis il recommença à écarter ses syllabes, — et, enfin, aujourd'hui il s'appelle tranquillement M. du Bois.

A la fin de chaque session, on voit s'établir de nouveaux bureaux de tabac accordés à la sollicitation de MM. les députés.

Il faut savoir qu'il n'y a à la Chambre, sur quatre cent cinquante membres, que vingt députés qui ne demandent rien aux ministres ; — ceci n'est pas un chiffre écrit au hasard, c'est le résultat d'une statistique faite par deux représentants, dont l'un avoue qu'il ne fait pas partie de ce nombre de vingt.

Cette fois, les bureaux de tabac sortent de terre dans toutes les rues.

La distribution des prix de l'Université à la Sorbonne a eu lieu comme de coutume ; — c'est un M. Collet, professeur, je crois, à Versailles, — qui a prononcé ce ridicule thème latin — que l'on est convenu d'appeler « le discours. » — Il y a mis la phrase obligée contre la littérature moderne ; — ce discours est semblable à tous ceux du même genre, c'est un latin contourné et prétentieux. — Les femmes, qui ne se croient pas obligées de comprendre, se dispensent d'écouter ; — mais les hommes font des mouvements de tête aux endroits que, par le débit de l'orateur, ils supposent être les beaux endroits.

M. Villemain a parlé à son tour : — c'est à peu près le même discours qu'avait prononcé M. Cousin l'année dernière ; — aussi je prie mes lecteurs de jeter un coup d'œil sur le volume de septembre 1840. — Et je dirai à M. Villemain, — comme je disais alors à M. Cousin : « Non, monsieur, il n'est pas vrai que les lettres conduisent à tout ; — fouillez votre mémoire, monsieur, fouillez votre conscience, — et voyez si c'est seulement aux lettres que vous devez d'être aujourd'hui ministre ; — rappelez-vous depuis 1815, monsieur, où vous fîtes assaut avec M. Cousin d'adulation envers l'empereur de Russie, — jusqu'à ce jour où nous sommes ; — et que faites-vous, monsieur, et à quoi pensez-vous donc, — de venir jeter dans toutes ces jeunes têtes des ferments d'ambition ? — Mais ne voyez-vous pas, monsieur, que c'est là la maladie de l'époque, — et que votre discours, pour être raisonnable et moral, devrait dire précisément tout le contraire de ce qu'il dit? — L'éducation exclusivement littéraire que vous donnez à la jeunesse est déjà assez ridicule et mauvaise comme cela, — et vous la poussez encore aux conséquences de cette éducation, — au lieu d'enseigner aux jeunes gens la modération, au lieu de leur faire aimer la situation où le sort les a placés, — au lieu de leur apprendre à honorer la profession de leur père. »

Au collége de Bourbon, M. Rossi, qui présidait la distribution des prix, — a traité la même question. — Eh! non, monsieur Rossi, — mille fois non, — ce n'est pas par les lettres que vous êtes arrivé à être pair de France, — ce n'est pas vrai, vous le savez bien.

Vous êtes plus près de la vérité quand vous dites : « Ne croyez pas que le génie des lettres soit *frivole*; — il régnait dans la Florence au milieu de ces *marchands* dont les *spéculations hardies*, etc., etc. »

Oui, — monsieur, — le génie des lettres n'est pas *frivole*, — ici, vous avez raison, et vous le savez bien, — quand on est *marchand*, quand on vend beaucoup de choses, et quand on fait des *spéculations hardies*.

Messieurs Villemain et Rossi, — vous trompez tous ces jeunes gens qui vous écoutent ; — il fallait leur raconter en détail — l'histoire de votre élévation ; — il fallait leur avouer que les *lettres* ne suffisent pas, — qu'il faut encore la *manière de s'en servir*.

Il n'y a que deux écrivains que je n'ai pas rencontrés, — disait dernièrement un étranger, c'est M. Paul de Karr et M. Alphonse Kock.

On parle de modifications dans l'uniforme de l'infanterie ; — les fournisseurs ne sont pas les seuls à remarquer que c'est toujours sous le ministère de M. Soult — que le besoin de ces modifications, de ces changements onéreux, se fait généralement sentir.

C'est le moment des banquets : — le parti légitimiste est celui qui boit le moins ; — le parti de l'opposition libérale et républicaine a des festins plus nombreux ; — le parti ministériel, des festins plus somptueux. — Les uns et les autres sont également ridicules.

Chaque fois qu'il se trouve que dans un repas on mange du lapin, — il se rencontre toujours quelqu'un pour faire la vieille plaisanterie usée, qui consiste à manifester des doutes sur l'authenticité de l'animal, — à laisser soupçonner que c'est peut-être un chat, — à demander à voir la tête; etc., etc. Cette facétie est tellement obligée, — qu'elle semble faire partie de la sauce du lapin. — J'ai vu les gens les plus respectables se dévouer et la faire en rougissant, — parce qu'il faut qu'elle soit faite et que personne ne la faisait.

Il en est de même d'un toast sans objet aujourd'hui comme sans résultat possible : — il ne se fait pas un banquet sans que quelqu'un se lève et boive à la délivrance de la Pologne.

EN FAVEUR DE Mᵉ LEDRU-ROLLIN. — Le roi Louis-Philippe a commencé un discours par ces mots : « *J'ai toujours aimé les avocats.* » — Grand bien lui fasse ! — Mᵉ Ledru-Rollin, — avocat aux conseils du roi et à la cour de cassation, — voulait être député; — il s'est présenté, il y a deux ou trois ans, dans un collége, — où il a fait une profession de foi — dans le sens de l'opposition dynastique, — c'est-à-dire assez pâle et assez modérée. — Il n'a pas été élu.

Cette fois, — il s'agissait de remplacer Garnier-Pagès : — il a formulé un discours furibond, — dont son prédécesseur, homme d'esprit et de goût, — n'aurait pas consenti, — au prix de sa vie, — à prononcer une seule phrase.

C'était un ramassis des lieux communs qui traînent dans tous les journaux; — la chose a eu grand succès.

On fait en ce moment un procès à Mᵉ Ledru, — on fait une sottise. — Le gouvernement de Juillet serait sauvé s'il pouvait amener tous ses adversaires à des professions de foi aussi claires et aussi précises.

Le discours de Mᵉ Ledru n'est justiciable que du ridicule. —

Ce n'est pas d'aujourd'hui que je m'aperçois que le gouvernement constitutionnel est un mensonge. — S'il n'en était pas ainsi, un candidat aurait le droit de dire à des électeurs :

« Messieurs, mon intention est de hacher le roi Louis-Philippe comme chair à pâté. »

Si les électeurs ne sont pas d'avis que le roi soit mis en pâté, — ils ne donnent pas leur voix au candidat, — et tout est fini.

Si, au contraire, ils désirent que le roi Louis-Philippe soit mis en pâté, — vous aurez beau obliger l'avocat à déguiser sa pensée, — il trouvera bien moyen de se faire comprendre; — et non-seulement il aura le vote de ceux qui désirent voir le roi en pâté, — mais aussi de beaucoup de ceux qui ne le veulent pas, et qui auraient voté contre cette motion si le candidat avait pu s'expliquer clairement et sans ambages.

Je ne sais, mais il me semble que, dans la guerre que se font la presse et le gouvernement, ils agissent — comme les seigneurs japonais quand ils ont une affaire d'honneur : — chacun des adversaires se donne à soi-même un coup de couteau, — pour humilier son ennemi par le sang-froid avec lequel il mourra. — J'ai lu cela dans des livres de voyageurs.

Mᵉ Ledru se plaint des priviléges, — il fait bon marché de son privilége d'électeur, qui ne lui coûte rien; mais il ne dit mot de sa charge d'avocat aux conseils du roi et à la cour de cassation, qui lui a coûté *trois cent trente mille francs.* — A la bonne heure! c'était là une belle offrande à déposer sur l'autel de la patrie. — Mais il y a privilége et privilége, — et c'est, en effet, une hideuse chose que les priviléges dont jouissent *les autres.*

Mᵉ Ledru prend en grand'pitié les *parias* de la société *moderne.* Où sont-ils, maître Ledru? — montrez-les du doigt, que je les voie et que je m'attendrisse sur eux avec vous. — Tout le monde aujourd'hui arrive à tout, — comme vous ne l'ignorez; — tenez, maître Ledru, vous en savez un exemple : — Il existe au Palais un avocat que l'on dit petit-fils de *Comus,* le célèbre prestidigitateur ; — ce n'est pas là une origine aristocratique, — je ne lui en fais pas un tort, — je serais plutôt disposé à lui faire un mérite de s'être créé lui-même ; — mais cet avocat, — qui est aujourd'hui avocat aux conseils du roi et à la cour de cassation et député, — doit bien rire en vous entendant parler des *parias* de la société moderne.

Ah! à propos, maître Ledru, — moi qui prétends que vous aviez le droit de faire votre discours, — je songe qu'il y a quelque chose qui a dû vous gêner un moment, — c'est que comme avocat aux conseils du roi et à la cour de cassation, — vous avez prêté *serment de fidélité au roi Louis-Philippe*, avant votre discours, et qu'il vous faut maintenant, après le discours, répéter ce même *serment de fidélité au roi Louis-Philippe* en qualité de député.

La comtesse O'Donnell est morte à Paris, le 8 août; — c'était une femme tellement spirituelle, qu'on lui eût pardonné d'être un peu méchante; — si excellente, si courageuse, si distinguée, — qu'elle n'eût pas eu besoin de son esprit pour être recherchée et aimée.

Elle exerçait une noble influence sur beaucoup des esprits les plus distingués de ce temps-ci ; — j'ai vu les plus intrépides au milieu des succès les mieux établis — demander avec inquiétude : « Qu'en pense madame O'Donnell? »

Sévère avec ses amis, dans l'intérêt de leur talent et de leur réputation, — elle les défendait en leur absence avec une noble énergie ; — elle était encore jeune et belle, — elle était aimée ; — eh bien! au milieu de tant de raisons de plaindre une mort si inattendue, — je n'ai pu encore trouver de pitié pour elle, tant j'en ressens pour ceux qui l'ont perdue

Octobre 1841.

M. Augustin, du café Lyonnais. — Bilan de la royauté. — M. Partarrieu-Lafosse. — La charte constitutionnelle. — L'article 12 et l'article 13. — Moyen nouveau de dégoûter les princes de la flatterie. — Bilan de la bourgeoisie. — M. Ganneron. — M***. — L'orgie et la mascarade. — Madame J. de Rots... — La chatte métamorphosée en femme. — Bilan de la pairie. — Bilan de la députation. — Une tombola. — Ce que demandent soixante-dix-sept députés. — Ce qu'obtiennent quarante-deux députés. — M. Ganneron. — Bilan des ministères. — M. Molé. — M. Buloz. — M. Duvergier de Hauranne. — M. Thiers. — M. Guizot. — Angelo, tyran de Padoue. — Un œuf à la coque. — M. Passy. — M. Dufaure. — M. Martin (du Nord). — Bilan de l'administration. — Les synonymes. — Bilan de la justice. — Bilan de la littérature. — Les Louis XVII. — La parade. — Louis XIV et les propriétaires de journaux. — M. Dumas et M. de Balzac. — Bilan de la police. — Facéties des enfants de Paris. — Trois minutes de pouvoir. — Bilan de l'Église. — Les bons curés. — M. Ollivier. — M. Châtel. — M. Auzou. — Bilan de l'armée. — Bilan du peuple. — Frédéric le Grand. — Le pays. — Bilan de la presse. — Dieu ou champignon. — La sainte ampoule et les écrouelles. — Bilan de l'auteur.

> On s'est saisi du maire, et il était sur le point d'être lapidé, lorsque *Augustin*, du café Lyonnais, s'est mis entre lui et le peuple, et a obtenu qu'on le lâchât. On a *exigé de lui* qu'il *quittât sa décoration* pour ne jamais la reprendre.
> (*Tous les journaux.*)

> . . . . . . Votre fille
> Voyait pour elle *Achille*, et contre elle l'*armée*.
>   RACINE.

OCTOBRE. — *A. M. Augustin, du café Lyonnais, à Clermont.* — Vous avez une belle position, monsieur Augustin, — je ne vous connais pas autrement, — et je ne sais si vous en userez, si vous en abuserez. — Permettez-moi, cependant, de me tourner vers votre gloire naissante, comme vers le soleil levant — et de vous dédier ce volume, — qui est le dernier de la seconde année des *Guêpes*, et qui contient le *bilan* de la France.

LA ROYAUTÉ.

Ab Jove principium.

Il n'y a plus de royauté.

Je vous défie, monsieur Augustin, de trouver au café Lyonnais un seul Français qui vous dise : « Je n'entends rien à la politique; » — tandis que vous en trouverez beaucoup qui vous avoueront qu'ils ne sont *pas forts aux dominos*; et qu'ils acceptent des *points* au billard.

(Cela vient peut-être de ce qu'au billard et aux dominos — on joue et on perd son propre argent, — tandis qu'à *la politique* on joue celui des autres.)

Cet homme rare que je vous demande, — cet homme qui, dis-je, n'entend rien à la politique, — vous ne le trouverez non plus dans aucune école, ni dans aucun collége, — ni dans aucun atelier. — Les Français sont naturellement si forts sur la politique, qu'ils n'ont pas besoin des études élémentaires — pour former leurs idées et leurs convictions.

Peut-être, me direz-vous ici, monsieur Augustin, que cela peut jeter quelques-uns d'entre eux dans des erreurs d'une certaine importance.

Je ne le nie pas tout à fait, — monsieur Augustin; — ainsi ils ont lu dans les *journaux* — que, d'après la charte, LE ROI joue le rôle que joue son buste en plâtre bronzé derrière le dos des maires, — qu'il *règne et ne gouverne pas*.

C'est-à-dire qu'il *règne* — comme une corniche *règne* autour d'un plafond.

Les Français n'ont pas pensé à regarder dans la charte si cela était parfaitement exact; ils auraient trouvé :

Art. 13. — Le roi est le chef suprême de l'État, — *commande* les forces de terre et de mer, — *déclare* la guerre, — *fait* les traités de paix, d'alliance et de commerce, — *nomme* à tous les emplois d'administration publique, etc.

Vous conviendrez avec moi, monsieur Augustin, — que la charte, pour laquelle tant de gens se sont fait tuer et en ont tué tant d'autres depuis quelques années, — vaut bien la peine d'être lue une petite fois dans la vie d'un homme politique, — comme l'est tout le monde ; — cette ignorance ferait croire à la postérité que, comme les Égyptiens, nous avons une langue sacrée, intelligible pour les seuls initiés, et que nous avons l'habitude d'écrire les lois en hiéroglyphes. — Disons à la postérité — que la charte est écrite en langue vulgaire, — avec les vingt-quatre lettres de l'alphabet ordinaire, — et que dans les codes elle remplit, en petit texte, quatre pages d'un format à peu près semblable à celui des *Guêpes*.

Donc, il est parfaitement établi que, d'après la charte, le roi doit faire le mort, — que toute manifestation de sa volonté, — que toute *participation* aux affaires, est une *violation de la charte*, et un manque de foi à ses serments.

Et, si la *charte* paraît dire le contraire, c'est qu'elle est payée par la police.

Charte, art. 12. — La personne du roi est inviolable et sacrée, ses ministres sont responsables. Au roi seul appartient la puissance exécutive.

On dit : « La France est perdue par le *gouvernement personnel*, »

C'est-à-dire, la participation du roi aux affaires. — La charte, il est vrai, défend d'attaquer la personne du roi par l'art. 12 ; — mais, comme *par l'art.* 13 elle défend au roi de s'immiscer en rien dans les affaires, c'est lui qui le premier viole la charte ; et, si on la viole contre lui, ce n'est qu'après qu'il l'a violée le premier contre nous.

Mais, me direz-vous, monsieur Augustin, l'art. 13 dit positivement le contraire.

Cela ne fait rien; — on a inventé en sus que les ministres devaient *couvrir* la royauté, — et on leur a reproché de la *découvrir*; sans songer que, par l'art. 12, — ils ne peuvent pas la *découvrir*, qu'ils la *couvrent* toujours de leur responsabilité.

Puis on a établi en principe que le roi est comme un chevreuil dans une broussaille; — tant mieux pour lui si on ne le voit pas; — mais, si les ministres (la broussaille) en laissent voir la tête ou la patte, — on a le droit de tirer dessus — (et vous avez vu qu'on ne s'en tient pas en ce genre au sens métaphorique).

Je n'ai pas besoin de vous rappeler, monsieur Augustin, combien de fois on a essayé d'assassiner le roi Louis-Philippe : — voici qu'un monsieur membre, dit-on, d'une des sociétés qu'il serait temps de ne plus appeler secrètes, après que depuis dix ans on n'a pas parlé d'autre chose, a tiré sur le jeune duc d'Aumale ; — un de ces jours on tirera sur les princesses.

La reine, assure-t-on, n'est jamais si heureuse que lorsque ses fils sont en Afrique, au milieu des maladies du pays, — exposés au fer et au feu des Arabes, — parce qu'alors ils sont à l'abri des dangers plus grands des rues de Paris.

Le *Courrier Français*, — un carré de papier dont le plus fort rédacteur en chef, — feu Châtelain, disait : « Voilà vingt ans que je fais tous les matins le même article avec le même succès « le *Courrier Français* — dit que l'*on a été imprudent de décerner une sorte d'ovation à un jeune prince : — car, à son avis, c'est là ce qui a éveillé la pensée de ce crime abominable.*

En effet, — voici un bon moyen de faire détester aux princes les adulateurs; chaque fois qu'un prince recevra une flatterie, qu'on tire dessus comme sur une bête fauve, et je réponds que les princes redouteront les flatteries.

De bonne foi — cependant, monsieur V*** de la P***, — si, chaque fois que le *Courrier Français* a *décerné des ovations* à mademoiselle Fitzjames, — cette danseuse maigre et verte que vous savez, — un spectateur lui avait tiré un coup de pistolet du parterre de l'Opéra, — n'auriez-vous pas trouvé cela un peu sévère?

Enfin, monsieur Augustin, il y a en France plus de cent cinquante journaux qui tous les jours prodiguent au roi les injures et les sarcasmes, et plus de cent cinquante mille personnes qui répètent ces sarcasmes et ces injures; — et vous savez, monsieur Augustin, que, dans les habitués des cafés, si quelqu'un laissait remarquer qu'il prononce le nom du roi sans y joindre quelque fâcheuse épithète, on ne tarderait pas à le soupçonner d'être un mouchard.

Ce n'est pas qu'au fond ces gens lui en veuillent beaucoup; car pensez-y un peu, et vous verrez que le roi n'a pas le pouvoir de faire quoi que ce soit à n'importe qui; — ce n'est pas qu'ils le connaissent,—mais c'est que cela a l'air intrépide et n'est pas dangereux.

Et moi-même, en voyant dans les journaux que le roi a fait donner un des plus beaux chevaux de ses écuries au lieutenant-colonel Levaillant, — en échange d'un cheval arabe de grand prix qui a été tué sous lui lors de l'attentat du faubourg Saint-Antoine, je ne puis m'empêcher de vous renvoyer au numéro du mois de mai 1840 des *Guêpes*,— où vous verrez des révélations édifiantes sur les chevaux et sur les écuries du roi.

En résumé, la couronne royale est devenue la couronne du Christ, dont chaque fleuron est une épine, — le sceptre est le roseau dérisoire qu'on met à la main du fils de Marie.

La royauté se meurt, — la royauté est morte.

Et les poëtes et les prosateurs, voyant ainsi la royauté morte en France, vont s'écrier partout :

— « C'est qu'il n'y a plus de *croyances*. »

Ne me laissez pas oublier, monsieur Augustin, de vous prévenir que ceci est une bêtise.

Passons à la bourgeoisie, — s'il vous plaît.

LA BOURGEOISIE. — C'est la bourgeoisie qui a renversé l'ancienne royauté et l'ancienne aristocratie ; le peuple n'y a contribué que de quelques coups de fusil tirés et reçus sans savoir pourquoi !

Et cela devait être ainsi.

La haine la plus vivace est celle qui a pour origine l'envie ; — l'envie est une sorte d'amour lâche et honteux ; — on n'envie comme on n'aime que ce qui a un certain degré de possibilité ; — le peuple n'enviait pas le faste et les dignités de l'aristocratie, parce que cela était trop loin de lui pour que ses yeux en fussent blessés.

La bourgeoisie s'est fait un roi bourgeois, — avec un chapeau gris pour couronne et un parapluie pour sceptre ; — puis les talons rouges de la finance, — les roués de comptoir, s'en sont donné à cœur joie ; ils se sont mis à jouer de leur mieux les rôles de ceux qu'ils avaient supplantés, manifestant ainsi qu'ils les avaient attaqués, — non par haine pour les renverser, mais par envie pour prendre leur place.

Les bourgeois sont entrés dans la société comme dans une ville prise d'assaut, — ils se sont emparés de tout, ils sont devenus tout : — gouvernement, comme députés, — l'armée, comme gardes nationaux, — la justice, comme jurés.

Ils se sont gorgés de tout, — ils ont mis de vieilles armoiries sur leurs voitures et sur leur papier à lettres : — il n'y a pas une femme de marchand qui se refuse la couronne de comtesse ; — on n'ose pas n'être que baron, à moins de l'être réellement.

Un de ces seigneurs de nouvelle date, ayant acheté de la vaisselle d'argent, la fait rouler par les escaliers pour la bossuer, et lui donner un aspect de vétusté, afin qu'elle ait l'air d'être depuis longtemps *dans sa famille*.

Une princesse de la finance, — madame J. de Rotsch..., a outrepassé la mode qui prescrit le luxe des appartements. — Quelqu'un admirait le nouvel arrangement de sa maison : « Je n'ai pas pu faire tout ce que je voulais,—dit-elle,—M. J. de R. n'a pas voulu dépasser cent mille francs pour ma chambre à coucher ; j'ai été obligée de m'y soumettre. »

Cette chambre à laquelle madame J. de R. se résigne est arrangée avec des dentelles dont les femmes les plus élégantes portent sur elles une demi-aune en grande toilette.

Les fauteuils de son salon, — où M. J. de R. n'a pas mis la même lésinerie, sont incrustés d'argent doré, au lieu de bronze.

Malheureusement pour eux — les bourgeois n'ont pas compris leur situation : ils ressemblent à la chatte métamorphosée en femme, qui, en voyant une souris, se jeta à quatre pattes et la poursuivit sous le lit. Ils ressemblent à ce laquais enrichi par la banque de Law, qui, tandis qu'on lui ouvrait *sa* voiture, fut assez distrait pour monter derrière. Ils ressemblent à ce garçon de café devenu millionnaire, qui, lorsqu'il était surpris par un bruit de sonnette, ne pouvait s'empêcher de crier — *voilà !*

Ils se sont accoutumés pendant longtemps à attaquer la royauté.

Aussi ils ne peuvent s'empêcher de se mêler un peu par air et par habitude aux nouvelles attaques dont elle est l'objet.

Ils ne voient pas, les malheureux, — que c'est leur royauté à eux,— que c'est eux qu'on attaque,— que c'est eux qu'on détruit.

Louis-Philippe est un roi bourgeois et le roi des bourgeois.

Ils devraient se relayer autour de lui pour défendre de tout ce qu'ils ont de courage et de sang chacun des poils de sa barbe : car, s'ils le laissent renverser, — que dis-je ? s'ils aident à le renverser, ils sont perdus à jamais, ils expieront leur usurpation grotesque et la mascarade et l'orgie à laquelle ils se livrent avec tant de confiance ; leur puissance deviendra un rêve pour eux-mêmes, et leurs enfants refuseront d'y croire.

Le journal le *National*, du reste, a déclaré qu'il n'y a *plus de bourgeois*, qu'il n'y a plus de *classes parmi nous*.

La royauté se meurt ; — la bourgeoisie se tue, — et les poëtes et les prosateurs vont disant partout : « C'est qu'il n'y a plus de *croyances*. »

Ne me laissez pas oublier, monsieur Augustin, de vous dire que ceci est une bêtise.

LA PAIRIE. — On appelle la Chambre des pairs — la chambre aristocratique, — comme on appelle *Tuileries* le jardin du roi, où on ne fait plus de tuiles depuis l'an 1564.

Il n'y a plus d'aristocratie réelle en France ; — l'abolition du droit d'aînesse détruit les grandes fortunes en terres et en argent, par la division ; il ne resterait donc que le relief des grands noms et la considération du corps. — Pour le relief des grands noms, les héritiers, pour la plupart, y mettent bon ordre ; pour la considération du corps, les journaux se chargent d'empêcher qu'elle ne soit excessive ; la Chambre des pairs s'amoindrit tous les jours, et de ceux de ses membres que la mort en ôte, et surtout de ceux que les ministères y mettent.

Et les poëtes et les prosateurs s'en vont disant : « Il n'y a plus d'aristocratie, parce qu'il n'y a plus de *croyances*. » — Vous savez, monsieur Augustin, ce que je vous ai prié de me rappeler.

LA DÉPUTATION. — Voici, monsieur Augustin, le grand triomphe de la bourgeoisie : — quatre cent cinquante messieurs sont censés représenter les électeurs, qui sont censés représenter le reste du pays. — C'était un moyen d'apaiser un certain nombre de bourgeois en leur donnant part au gâteau du pouvoir et du budget ; — car il faut ajouter à ceux qui sont élus tous ceux qui pourraient l'être, — et tous ceux qui élisent.

Dans la théorie du gouvernement constitutionnel, on avait pensé qu'en donnant à presque tout le monde une petite part du pouvoir on intéressait tout le monde à la conservation de l'ordre social ; — on avait compté sans ses nouveaux hôtes ; — la bouchée qu'on leur a donnée leur a montré la succulence du morceau, — et chacun veut le dévorer tout entier.

Autrefois, quand un fabricant de cachemires français avait fait sa fortune en mêlant à sa laine un peu plus de coton qu'il n'en avouait, — quand il se trouvait trop vieux pour les affaires, il passait le reste de sa vie dans le repos, à jouer aux dominos, à pêcher à la ligne.

Mais, depuis l'invention de la représentation nationale, — on a remplacé ces délassements innocents de la pêche à la ligne et du jeu de dominos par la Chambre législative. On est usé pour ses affaires à soi; mais on ne l'est pas pour faire celles des autres, qui ont toujours moins d'importance que les siennes propres.

Je sais qu'il y a pour répondre à ce que je vous dis là de grandes phrases toutes faites, — je les sais par cœur comme vous, — ne me les dites pas ; — si je ne les dis pas moi-même, c'est que je ne leur trouve aucun sens.

Une fortune acquise était le but de la vie ; — maintenant ce n'est plus qu'un échelon ; — payer le cens est un sacrement, un baptême politique ; — aussi veut-on faire fortune de bonne heure ; — aussi risque-t-on gros jeu dans l'industrie et dans les affaires; aussi voit-on un député et un agent de change, — M. Gervais et M. Joubert, — faire faillite dans la même semaine.

Aussi pouvait-on supprimer le jeu sans causer de grandes privations aux gens; et la fermeture des maisons autorisées n'a-t-elle pas fait beaucoup crier, — parce qu'on donnait en place une grande tombola d'honneurs, de places, de fortune, de croix, etc., etc. ?

Je vous l'ai dit, — il y a moins loin pour devenir ministre quand on est député que pour devenir député quand on est marchand de chandelles ; — comme l'était M. Ganneron. — Aussi la députation n'est-elle qu'une étape, et M. Ganneron se met-il, par moments, au nombre des députés mécontents, qui trouvent que les *affaires* ne vont pas, — je suppose qu'il ne parle pas des siennes.

M. Lebœuf a exigé que madame Lebœuf fût reçue à la cour.

Il y a des députés qui s'occupent d'améliorations matérielles... de leurs propres affaires. — En ce moment, soixante-dix-sept députés demandent soixante dix-sept places de préfet ; — c'est une des sessions où ils en ont demandé le moins.

Sur soixante-douze places de premiers présidents et de procureurs généraux de cours royales, on en a donné quarante-deux à des députés.

J'ai chargé trois de mes mouches, Mégère, Alecto et Tisiphone, de me faire le compte exact des députés qui ne demandent rien, ni pour eux, ni pour leurs parents, ni pour leurs amis ; je vous en donnerai le chiffre exact un de ces jours.

D'autres ont une ambition plus creuse ; ils veulent de la popularité et des éloges ; — ils ne veulent pas parler pour leurs quatre cent quarante-neuf collègues, ils veulent que la France les lise. — Ceux-là sont dans la dépendance des journaux ; il faut qu'ils se donnent à un parti.

Car les journaux font de tout cela ce qui leur convient. Voyez le même discours du même député, rapporté dans le *National* et dans les *Débats*. Dans l'un, — l'honorable membre prouve que... ; — dans l'autre, — M. un tel essaye de prouver... — Dans le premier, vous voyez le discours semé de parenthèses, telles que : (Sensation profonde), (Marques d'assentiment), (Écoutez, écoutez), et, à la fin, cette remarquable IMPROVISATION, etc., etc. — Dans l'autre journal, il y a aussi des parenthèses, mais elles sont différentes : (Interruption), (Marques nombreuses d'improbation) et — (Le bruit des *conversations particulières* nous empêche d'entendre la fin de cette longue *élucubration*), ou (La voix mal assurée de l'*orateur*, couverte par le bruit des *conversations particulières*, ne parvient pas jusqu'à nous).

Etc., etc., etc.

🐝 Les questions d'intérêt matériel trouvent la Chambre au moins inattentive et souvent déserte.

La sotte invention de la tribune, qui exige une longue habitude de la parole en public, empêche de parler les hommes spéciaux qui savent les choses, pour livrer toutes les discussions aux hommes qui ne savent rien, si ce n'est parler.

Il n'y a de suivi que les questions de ministère, c'est-à-dire celles qui ont pour but de savoir si une partie de la Chambre va entrer aux affaires, au pouvoir et au budget, sous le nom de M. Thiers, en renversant une autre partie qui tombera des affaires, du pouvoir et du budget — sous le nom de M. Guizot.

On a récemment imaginé les coalitions. — Une coalition est une alliance dans le genre d'une julienne, — ou plutôt du thé de madame Gibou; — alliance entre les partis les plus opposés, — les plus hétérogènes, qui n'ont entre eux d'autre rapport que celui de ne pas être au pouvoir; alliance qui a pour but de renverser le parti qui est au pouvoir, sauf à se disputer la place quand celui-ci sera par terre. Chacun des partis s'engage par des promesses, que celui qui, à la fin du grabuge, gagne la partie, a soin de ne pas tenir. Alors la fraction renversée vient, à son tour, se joindre à ceux qui l'ont renversée, mais n'ont pas obtenu sa place; et on renverse, à son tour, le dernier usurpateur.

Il n'y a aucune espèce de raison pour que les choses n'aillent pas toujours ainsi, — et il est moralement et matériellement impossible, depuis cette invention des coalitions, qu'un ministère vive plus d'une session sans être renversé, ou pour le moins modifié.

Si vous demandez aux grands moralistes, — en prose et en vers, — les causes de tout cela, — il vous répondront qu'*il n'y a plus de croyances.* N'oubliez pas, monsieur Augustin... vous savez?

LE MINISTÈRE. — L'homme qui gouverne n'est pas précisément celui qui est ministre, — c'est celui qui va l'être. — Avant le dernier ministère de M. Thiers, — il y avait six mois — (les *Guêpes* l'ont dénoncé en ce temps-là) qu'on n'obéissait qu'à lui, qu'il dirigeait tout, qu'il donnait des ordres aux préfets, qu'il faisait donner des croix et des places, et prononçait des destitutions.

Je vous en donnerai pour exemple M. Buloz, homme sans aucuns titres littéraires, — directeur de deux Revues et du Théâtre-Français, — nom inventé par M. Molé. — Vous le croyez peut-être très-perplexe, entre M. Duvergier de Hauranne, qui lui impose des articles hostiles au ministère, et M. Guizot, qui lui défend de les publier sous peine de perdre sa place? — Eh bien, pas le moins du monde; M. Buloz n'est point embarrassé : il publie un à un les articles de M. Duvergier, il promet à chaque article à M. Guizot de n'en plus publier, et il recommence.

Quand on dit d'un ministre : — « Il est vendu à l'étranger, — il trahit le pays, — il amoindrit l'autorité, — il écrase le peuple, » etc.,

Cela n'a rien précisément de bien injurieux; ce sont des paroles de convention, que celui qui les reçoit aujourd'hui disait hier à celui qui les lui donne;

Absolument comme lorsque, dans la pièce d'*Angelo, tyran de Padoue*, — madame Dorval jouait la *Thisbé*, et mademoiselle Mars *Catarina*. — Quelque temps après, mademoiselle Mars joua la Thisbé, et madame Dorval prit le rôle de Catarina.

Ce n'est jamais qu'une comédie et deux rôles; cela a cependant un assez grave inconvénient. Monsieur Augustin, permettez-moi de vous le signaler.

« La France, » « la patrie, » « la *gloire nationale*, » « la liberté, » « le maintien de nos institutions, » « le peuple, »

« les lois, » etc., etc.; chacun de ces mots n'est qu'un plomb, une balle ou un boulet, dont chaque personnage politique charge son pistolet, sa canardière ou son obusier, qu'il tire sur ses ennemis politiques, c'est-à-dire sur ceux qui occupent la place qu'il veut avoir ou qui veulent avoir la place qu'il occupe.

Les meilleurs moyens s'usent; — il faut en trouver d'autres. — Pour cela, on ne regarde pas plus à remuer le pays que cet égoïste dont parle un auteur grec, qui avait mis le feu à la maison de son voisin pour se faire cuire un œuf; l'important est que l'œuf soit cuit à point.

D'abord les petits moyens suffisaient; on attribuait au *gouvernement actuel*, c'est-à-dire au ministère, la pluie qui tombait ou qui ne tombait pas; — jamais on n'avait vu tant de chenilles que *cette année*, — la récolte serait mauvaise, — le pain très-cher, etc.

Ces petits moyens étaient bien assez grands pour les résultats auxquels ils tendaient : car tout cela, c'est toujours la question de cuire l'œuf à la coque; il ne s'agit que de savoir si M. Passy, ou M. Dufaure, ou M. Martin (du Nord) sera ministre.

Puis on y ajouta une petite émeute, — une émeute de rien, trois lanternes cassées, une pierre jetée à un commissaire.

Cela réussit.

La seconde fois, — il fallut six lanternes et deux commissaires; — puis, quand on eut inventé les coalitions, les partis extrêmes demandèrent des concessions; on agita le pays de telle sorte, qu'on fit monter la vase à la surface.

Et chaque fois les choses vont de mal en pis : pour un changement de ministère, on ne fait pas moins de trois ou quatre émeutes; et maintenant on y tue plus de monde que dans les fêtes et réjouissances publiques, où il y a toujours trois ou quatre morts et sept ou huit blessés.

L'émeute est plus fréquente, plus longue, plus meurtrière, et dégénère en guerre civile, toujours pour savoir si M. Dufaure ou M. Passy rentreront au ministère.

Le *National*, accusé d'avoir provoqué à la haine du roi, répond avec raison qu'il n'a fait qu'imiter en cela — M. Thiers, qui était au pouvoir hier, et M. Guizot, qui est au pouvoir aujourd'hui. Il cite leurs paroles, semblables à celles pour lesquelles il est mis en cause, et on l'acquitte; — peut-être eût-on dû au contraire faire le procès à M. Thiers et à M. Guizot; mais les lecteurs des *Guêpes* savent ce que je pense des procès de presse.

Mais ces pauvres grands hommes politiques, toujours occupés du seul soin de faire cuire leur œuf à la coque, continuent à mettre le feu à tout, bêtement traîtres qu'ils sont envers le pays et envers eux-mêmes: car, à force de se disputer et de s'arracher le pouvoir et de se faire aider pour le tirer à eux par des mains peu choisies, à chaque fois qu'ils le ressaisissent et l'enlèvent à leurs adversaires, ils doivent voir qu'il est plus sali et plus déchiré, qu'il en reste des lambeaux entre les mains de leurs alliés et dans la boue du champ de bataille, et qu'aujourd'hui déjà ce n'est plus qu'un déplorable lambeau.

Tout cela vient-il de ce qu'*il n'y a plus de croyances?*

Nous en reparlerons, monsieur Augustin.

L'ADMINISTRATION. — De cette mobilité du pouvoir il arrive nécessairement qu'il n'y a pas d'administration.

Les choses vont encore à peu près, parce que nous avons hérité de la vieille machine administrative impériale, qui était bien faite, et qui, semblable à un tourne-broche, continue à tourner, — que ce soit un chien de race qu'on mette dedans pour y remuer les pattes, ou un de ces hideux chiens devant la nomenclature desquels Buffon a reculé. — On n'est pas nommé à une place ou à des fonctions parce qu'on est capable ou qu'on a fait des études spéciales, mais parce qu'on est cousin de quelqu'un ou utile à quelque autre.

Il y a des vaudevillistes devenus préfets.

On a inventé le fonctionnaire indépendant, — rouage d'une machine où il tourne à sa fantaisie; — ceci n'a l'air que d'une bêtise. Mais c'est plus fort que ça n'en a l'air au premier abord, quand on sait que l'*indépendance* d'un *fonctionnaire* consiste à abandonner le ministre qui s'en va pour se tourner vers le ministre qui vient, et que c'est un nom honnête qu'on est convenu de donner à la trahison pour la commodité des personnes.

Est-ce au défaut de croyances qu'il faut attribuer cela? j'en sais plus de vingt qui me diraient oui. Vous savez ce que j'en pense, monsieur Augustin, et je sais ce que vous en penserez tout à l'heure.

LA JUSTICE. — Il n'y a plus de justice.

Le jury a été inventé sous prétexte de bon sens; il a voulu avoir de l'esprit, — il a manqué de bon sens.

Un juré est appelé à répondre sur cette question : « Un tel a-t-il fait ceci, — ou ne l'a-t-il pas fait? » — L'application de la peine ne le regarde pas, il ne doit la prendre en aucune considération. — Ce n'est pas ainsi que fait le jury; il décide dans sa volonté — s'il lui plaît ou ne lui plaît pas qu'un tel subisse telle ou telle peine; et à un appel à son bon sens et à sa conscience sur l'existence matérielle d'un fait, — il répond par des décisions aussi arbitraires que celle d'un cadi turc.

Un journal est accusé d'avoir attaqué la personne du roi, — il avoue à l'audience qu'il a prétendu attaquer la personne du roi.

Le jury interrogé répond que l'accusé n'a pas attaqué la personne du roi.

Le journal est acquitté et explique avec les autres journaux de l'opposition que le jury avait voulu donner une leçon au gouvernement.

Les journaux trouveraient sans doute fort mauvais que le gouvernement voulût donner une leçon au jury.

Cependant, s'ils approuvent que le jury, — qu'ils appellent *juges citoyens* et *justice du pays* quand ils sont acquittés, comme ils l'appellent *bourgeois sans lumières* quand ils sont condamnés; — s'ils approuvent que le jury juge d'après ses opinions politiques, — c'est-à-dire d'après le hasard qui fera que la majorité des douze juges appartiendra à leur parti; — il doivent admettre et louer également qu'un jury composé autrement le condamne pour *leur donner une leçon*. — Et alors il n'y a plus de justice, — il n'y a même plus de semblant de justice.

Rappelez-vous, d'autre part, ce que je vous ai dit, — que, sur soixante-douze places de présidents et procureurs généraux de cour royale, — il y en a quarante-deux données à des députés.

Rappelez-vous — que depuis que les marchands rendent la justice, l'assassinat est devenu un crime moins horrible que le vol, que le jury a trouvé des circonstances atténuantes dans plusieurs parricides.

D'autre part encore, — avant qu'un procès politique ne vienne à l'audience, il y a un mois que les journaux en parlent, flattent et menacent les juges; en un mot, grâce à la presse, il faut qu'un juge aime assez la justice pour lui sacrifier jusqu'à la réputation de la justice.

DE LA LITTÉRATURE. — Nous allons, un moment, s'il vous plaît, monsieur Augustin, parler de la littérature considérée comme puissance.

Elle n'existe pas comme puissance, et elle est en train de ne plus exister comme littérature.

La *presse*, — cela veut dire les journaux, — s'est inventée un jour elle-même; elle a fait semblant d'être la littérature, tant que cela a été utile à ses projets. Elle s'est servie de la littérature comme certains intrigants ont essayé de se servir de certains Louis XVII.

La littérature sert aujourd'hui au bas des journaux à faire la parade à la porte, — c'est le paillasse de la troupe.

Un poëte qui n'est que poëte vivra pauvre, mourra de faim et mourra inconnu.

Il ne peut pas dire comme Malherbe : — « J'ai toujours gardé cette discrétion de me taire de la conduite d'un vaisseau où je ne suis que passager. »

Il faut qu'il s'agrége à un parti politique ; il devra, de préférence, écrire quelques phrases contre les tyrans et l'esclavage — (vieux style), parce que les journaux du gouvernement ne sont lus par personne. — Il n'y a pas d'exemple d'éloges sans restrictions perfides donnés par un journal à un écrivain qui n'est pas de son parti.

Le gouvernement, de son côté, ne fait de cas que des journalistes. — Un roman, une pièce de théâtre, ne peuvent que détruire la société ; qu'est-ce que cela fait ? mais un journal renverse un ministère, et ceci est grave.

Les croix données à la littérature, — ce que je vous dis là n'est pas une plaisanterie, — mais un fait, monsieur Augustin ; — les croix données à la littérature ne viennent pas du ministère de l'instruction publique, mais du ministère de l'intérieur, et plus souvent encore du ministère des affaires étrangères, auquel est, en général, attachée la présidence du conseil.

La littérature est aujourd'hui indépendante ; — on méprise Boileau et Racine à cause des pensions que leur faisait Louis XIV. — Louis XIV ne trouverait pas aujourd'hui un écrivain qui accepterait une pension de lui. Il n'y a qu'une tache à cette indépendance : — c'est que les écrivains font antichambre chez les directeurs et propriétaires des journaux.

Quand la littérature n'était pas encore affranchie, un bon ouvrage faisait la fortune d'un homme.

Aujourd'hui, il faut travailler et vendre tous les jours ; — la plume n'obéit pas à l'esprit, mais à la faim ; — on n'a rien à dire, mais on a à dîner.

Les plus grands esprits de ce temps d'indépendance et d'affranchissement sont obligés de délayer leurs plus belles pensées dans des phrases inutiles. Les marchands de ce genre de denrée se sont rendu justice en avouant qu'ils ne pouvaient reconnaître certainement que l'étendue d'un ouvrage et non point son mérite. Il faut s'arranger pour étaler ce qu'on a d'esprit, de talent et de pensée, sur un nombre de pages suffisant pour en pouvoir vendre toute sa vie.

On fait des chefs-d'œuvre, — comme les cabaretiers font de la soupe le dimanche : — on ajoute toujours de l'eau au bouillon primitif.

On a supprimé la *postérité*, ce paradis des auteurs tombés ou affamés, — parce qu'il faut manger de son vivant.

Une petite anecdote pour vous distraire, monsieur Augustin ; c'est une petite médisance sur deux grands talents : M. de Balzac et M. Alexandre Dumas sont brouillés.

Au dernier voyage de M. Dumas, venant à Paris de Florence, d'où, à la surprise générale, il n'a rapporté aucune nouvelle décoration, — un ami commun leur fait passer la soirée ensemble ; — ils ne s'adressent pas la parole ; — vers minuit, M. de Balzac sort et dit en passant devant M. Dumas : « Quand je serai usé, je ferai du drame.

— Commencez donc tout de suite, » — répond M. Dumas.

LA POLICE. — Je ne vous parlerai de la police que pour mémoire, monsieur Augustin ; — le Français a horreur de la police ; — il s'ensuit que les gens honorables n'y veulent pas entrer — et que cette horreur, d'abord sans raison, finit par être assez juste.

Dans une émeute, si la police arrive au commencement, on dit : « On a donné, par une intervention maladroite, le caractère sérieux d'une émeute à un rassemblement inoffensif. » — Si la police attend que l'émeute se forme, on dit : « Au lieu de réprimer dès l'origine les cris de quelques gamins, la police, par sa coupable négligence, a laissé dégénérer un léger désordre en une émeute inquiétante. »

Je vous défie, quand un mouchard arrête un voleur, de dire à la mine quel est le voleur des deux.

Tâchez, cependant, de ne pas vous tromper ; car le voleur se fâcherait.

L'uniforme donné aux sergents de ville était une mesure morale et honnête.

Mais il aurait fallu que cette mesure eût été générale.

La presse aurait dû soutenir cette mesure de tout son pouvoir ; — loin de là, elle n'a que peu ou point blâmé les brigands qui en ont assassiné quelques-uns dans le faubourg Saint-Antoine ; mais je vous défie, monsieur Augustin, d'inventer une mesure, quelque généreuse, utile, libérale qu'elle soit, qui obtienne l'assentiment sans restriction des journaux. Il est donc resté une partie de la police et la plus grande partie, — qui procède comme les voleurs, — c'est-à-dire par surprise et par guet-apens.

Ces gens qu'on lâche dans les émeutes sans aucun insigne se meuvent indistinctement sur les curieux et sur les émeutiers, et frappent les uns et les autres avec une intolérable brutalité.

C'est de la sauvagerie : — tous les agents de l'autorité doivent être reconnaissables à des marques distinctives ; on doit punir avec la plus grande sévérité tout citoyen qui leur oppose la moindre résistance ; mais tout citoyen a le droit de tuer comme un chien tout homme qui, sans se faire reconnaître à un signe irrécusable comme agent avoué de l'autorité, porte la main sur lui pour le frapper ou pour l'arrêter.

Les gens qui manquent de délicatesse dans l'esprit, ou d'imagination ou de gaieté, — tâchent d'assommer les agents de la police.

Ceux qui sont plus gais se contentent de *farces* plus ou moins exagérées. — A Paris, surtout, la police a toujours tort ; il n'y a pas de position si élevée dans la police qui puisse sauver le magistrat qui l'exerce.

Dans les dernières émeutes, — la police avait fort à faire pour défendre le préfet contre les enfants du peuple qui voulaient absolument monter en croupe sur son cheval blanc. — A mesure qu'on en ôtait un, — il en regrimpait deux autres.

🐜 Le bourgeois de Paris, du reste, s'est fort habitué aux émeutes ; — quand elle n'est pas dans sa rue ni devant sa boutique, il n'y voit déjà plus un danger. Il viendra peut-être un jour où il n'y verra plus un spectacle. Or, les spectateurs forment la moitié d'une émeute, — la police y est pour un quart, — les vrais émeutiers pour l'autre quart.

Seulement, ceux-ci se sauvent, — et on ne prend presque que les spectateurs, qui, fiers de leur innocence, restent sur la place, où on les empoigne.

🐜 Un nommé Barbet, tonnelier, est amené devant le tribunal. — Il est accusé d'avoir porté le drapeau rouge :

« Ce drapeau était ma cravate. On voulait me la prendre à cause de la couleur pour en faire un drapeau. J'ai mieux aimé porter le drapeau que de me séparer de ma cravate, qu'on m'aurait volée. »

Qui sait où Barbet pouvait être conduit pour ne pas quitter sa cravate ? — Que l'émeute eût réussi, et M. Barbet pouvait devenir roi de France sous le nom de Barbet Ier.

Vous froncez le sourcil, — monsieur Augustin ; — Barbet vous semble un homme dangereux pour les droits que vous avez failli tenir de la nation.

Mais soyez sûr que tout ceci finira par une bouffonnerie de cette force-là.

🐜 J'ai connu un homme qui, à la révolution de Juillet, — voyant à l'Hôtel de Ville une table ronde où étaient assis des messieurs qui écrivaient, s'y assit dans un coin vacant, et apprit que par ce seul fait il faisait partie du gouvernement provisoire ; il se mit donc à écrire comme les autres ; mais il eut besoin de s'absenter trois minutes. Quelque gouvernement que l'on soit à l'improviste, quelque obligé qu'on se trouve de consacrer son temps à son pays, la nature a des lois inexorables ; — notre homme sort et laisse son chapeau à sa place.

Il reste trois minutes et rentre, — il n'était plus gouvernement. Un autre monsieur s'était assis à la place, et le repoussa du coude. — « Au moins, — dit-il, — rendez-moi mon chapeau. » — On lui rendit son chapeau.

L'ÉGLISE. — Il n'y a plus d'Église.

Ou au moins l'Église n'a plus ni force ni action. Il y a deux classes de personnes qui vont à la messe :

Les partisans de la légitimité, — parce que c'est une protestation contre les doctrines libérales ;

Les bourgeois parvenus et les danseuses, — parce que cela est comme il faut, et parce que l'ancienne aristocratie y allait.

Ah ! — il y a aussi... les gens pieux qui y vont pour prier Dieu.

Il y a deux classes de prêtres :

Ceux qui ont pris pour modèle les *bons curés* de M. de Béranger, — qui chantent à table, — prennent le menton aux filles et vont à la chasse ;

Ceux qui, au contraire, voulant s'opposer au flot du libéralisme, se sont renfermés dans les vieilles choses de l'Église, — parlent contre les juifs, contre les pharisiens, contre Luther, — traitent des questions de dogme, — ne se mêlent à rien des choses de ce temps-ci, — professent les doctrines qu'on n'attaque pas, parce qu'on ne s'en occupe guère, et une religion qui exerce précisément autant d'influence que celle du bœuf Apis, — ou celle de Teutatès.

Je n'appelle pas prêtre — M.***, qui n'est pas chrétien, — ni M. Châtel, qui, sacré évêque par un épicier de la rue de la Verrerie, a sacré Auzou, ancien comédien de la banlieue, lequel Auzou l'a excommunié, et, qui pis est, mis à la porte ;

Ce M. Châtel, primat des Gaules, — qui tour à tour dit la

messe dans une église de garçon, à l'entresol, — rue de la Sourdière; — dans un local, boulevard Saint-Martin, — où il remplaçait un rhinocéros et un éléphant, et dans l'écurie des pompes funèbres.

※ Je ne suis pas très-disposé à appeler prêtres non plus des hommes qui ont pris ce métier *comme un autre*, — pour faire leurs affaires, comme M. Ollivier, — hier curé de Saint-Roch, aujourd'hui évêque d'Évreux, qui attirait du monde dans son église au moyen de la musique de l'Opéra;

Ni celui de Notre-Dame-de-Lorette, qui *travaille* dans une église Musard si mal composée, que la police est obligée d'y tenir des sergents de ville;

Ni celui, — j'ai oublié son nom, — qui faisait annoncer dans les journaux (un franc la ligne), avec les sous-jupes-Oudinot, — que M. Lacordaire prêcherait dans son église *en costume de dominicain*;

Et, s'il n'ajoutait pas, comme le marchand de *crinoline*, *cinq ans de durée*, — c'est que ce n'est pas une qualité que l'on prise d'ordinaire dans les sermons.

※ La prêtrise est à ces gens-là ce que la farine est au paillasse Debureau : elle sert à les rendre plus grotesques.

※ L'ARMÉE. — Les *baïonnettes intelligentes* inventées pour l'armée par les journaux sont le digne pendant de l'*indépendance des fonctionnaires*. — L'émeute réussie de Juillet, où on a récompensé les soldats qui avaient passé du côté du peuple, et les émeutes manquées de Lyon et autres lieux, où on a puni ceux qui avaient fait la même chose, ont jeté quelque perturbation dans l'armée.

Les *journaux* ont loué l'insubordination et attaqué violemment la discipline.

Quand il a fallu réprimer des émeutes, on a dit que les soldats *assassinaient* le peuple.

Pour plaire aux journaux, il faut qu'ils trahissent leur sernent, manquent à leur honneur, et s'exposent à être fusillés de par un conseil de guerre, à Grenelle ; — pour ne pas trahir leur serment, ne pas manquer à leur honneur, et ne pas s'exposer à être fusillés à Grenelle, il faut qu'ils s'exposent à être appelés assassins dans les journaux et fusillés par le peuple au coin des rues. La position est difficile ; — quand, à Clermont, ils combattaient l'émeute, dont le recensement était le prétexte, on disait qu'ils assassinaient le *peuple ;* comme s'ils n'étaient pas le peuple aussi, et comme si, en fait d'impôts, ils ne payaient pas le plus lourd de tous, l'impôt de la vie et du sang !

En même temps que vous vous plaignez de l'armée, vous faites tous vos efforts pour rompre tous les liens de la discipline ; — mais, si vous réussissiez, c'est alors que l'armée serait redoutable et odieuse.

LE PEUPLE. — Il y a un mois, — dans un chapitre des *Guêpes* adressé à M. de Cormenin, — je lui demandais ce qu'était le peuple. — Cette question a été fort débattue dans les journaux depuis quinze jours.

Sur cette question comme sur les autres, — on a vu tomber

> Un déluge de mots sur un désert d'idées.
> FRÉDÉRIC LE GRAND.

Le peuple, comme partie du pays tranchée et séparée, n'existe pas. — Quand une chose existe, on doit pouvoir dire où elle commence et où elle finit.

Quelques dissentiments politiques qu'il y ait entre vous et moi, vous ne pouvez pas me nier qu'une pomme est une pomme. — Si vous me montrez un soldat, et que vous me disiez : « Voici un soldat, » — je ne puis pas vous répondre : « Ce n'est pas un soldat. »

Le *peuple* de certains journaux se compose des gens qui font des émeutes.

Le peuple de certains autres se compose des gens qui n'en font pas.

Le « pays » a absolument le même sens.

Le pays, comme le peuple, veut dire ceux qui pensent comme nous, — ou ceux par qui nous faisons tirer les marrons du feu.

Les journaux républicains appellent le *peuple* la classe *la plus nombreuse*.

Puis, un jour d'émeute, ils disent : « Le *peuple* est sur la place. »

Puis, l'émeute finie, on trouve que l'émeute se composait de trois cents hommes, — dont cent cinquante spectateurs, — cinquante gamins au-dessous de seize ans, — quarante voleurs, — et cinquante agents de police, — et une dizaine de pauvres diables de bonne foi qui croient combattre pour la *liberté* dont ils jouissaient sans contestation, et dont ils se sont privés pour quelques mois.

Le *National* a déclaré qu'il n'y avait plus de bourgeois, qu'ils étaient trop mêlés au peuple pour qu'on pût les reconnaître.

Disons alors que le peuple est également trop mêlé aux bourgeois pour qu'on puisse le discerner.

Pourquoi alors le *National* parle-t-il si souvent du peuple, par opposition aux bourgeois?

Les gens qui se font tuer dans les émeutes sont pris généralement sur les dix pauvres diables de bonne foi dont je parlais tout à l'heure.

On brûle un peu, — on pille pas mal.

Et alors vous lisez le lendemain dans le *Constitutionnel* que tout cela aura pour résultat heureux de ramener M. Passy aux affaires.

Le *Courrier Français* préfère M. Dufaure.

Le *peuple*, si respecté, — si prôné, si sanctifié par les partis; le peuple, pour lequel on fait tout, pour lequel on demande tout, est une assez heureuse invention. Si on disait, par exemple, qu'on prend ou qu'on demande telle ou telle chose pour M. Augustin, du café Lyonnais, M. Augustin, du café Lyonnais, dirait le lendemain : « Mais vous ne m'en donnez pas ! »

Tandis que le peuple... Qui est-ce qui peut dire : « Je suis le peuple ? »

Et d'ailleurs on peut toujours répondre : — « Vous n'êtes pas le peuple. »

Voyez, du reste, monsieur Augustin, relativement au peuple, le dernier numéro des *Guêpes*.

Songez seulement à l'importance qu'a une émeute aux yeux de la raison — en voyant que :

Un grand nombre des habitants des communes de Beaumont et d'Aubières se sont battus dans les rues de Clermont pour empêcher le recensement ; lequel recensement avait été fait dans les communes d'Aubières et de Beaumont depuis longtemps déjà, et n'y avait rencontré aucune opposition.

LA PRESSE. — C'est ici, monsieur Augustin, que vous avez à me rappeler quelque chose.

O moralistes ! — ô philosophes ! — ô poëtes ! — qui dites : « La société tombe en dissolution, — parce qu'il n'y a plus de croyances, — parce qu'on ne croit plus à rien. »

O mes braves gens ! plus de croyances ! Mais jamais il n'y a eu autant de crédulité ; jamais les hommes n'ont été aussi jobards et aussi gobe-mouches ; mais les peuples qui adorent et prient la fiente du grand *lama* sont des incrédules et des voltairiens auprès de nous.

Plus de croyances ! — Mais on croit à tout ; — mais on se dispute pour tout ; — mais on se bat pour tout.

Plus de croyances ! — à une époque où un pouvoir aussi singulier que celui de la presse est le seul pouvoir !

On ne croit plus à rien ! — Mais écoutez donc, monsieur Augustin.

La presse est un pouvoir qu'il faudrait comparer à Dieu si on ne connaissait pas les champignons, — car il ne procède que de lui-même.

La presse est un champignon qui s'est élevé un matin sur le *détritus* de tous les autres pouvoirs.

La presse est une puissance nourrie de toutes les autres puissances qu'elle a dévorées.

La liberté de la presse est engraissée du carnage de toutes les autres libertés.

Elle crève d'indigestion et de pléthore.

« On ne croit plus à rien, » dites-vous, parce qu'on ne croit plus à la sainte ampoule, parce qu'on ne prie pas Louis-Philippe de toucher les écrouelles; — on ne croit plus à rien, parce qu'on ne croit plus à nos vieux contes.

Vous dites qu'il n'y a plus de croyances, comme les vieilles femmes disent qu'il n'y a plus de galanterie et plus d'amour.

On ne croit plus à rien! — mais on croit à M. Léon Faucher. — mais on croit à M. Chambolle, — mais on croit à M. Jay.

Mais on croit aux journaux.

Mais on croit aux histoires de centenaires, de veaux à deux têtes, de mendiants millionnaires, toujours les mêmes qu'ils vous racontent quand il n'y a ni séances des Chambres, ni crime un peu corsé.

On ne croit plus à rien! — mais vous avez cru le journal le *Temps* quand il vous racontait que les Espagnols avaient saisi la *Victorieuse;* et, quand il a été obligé d'insérer le démenti du ministère, vous avez cru aux choses qu'il vous a racontées le lendemain.

On ne croit plus à rien! — mais, quand le *National* vous a dit :

» M. Pauchet, membre du conseil général d'Eure-et-Loir, a voté contre le recensement, »

On lui a répondu :

« M. Pauchet n'a pas voté contre le recensement, parce qu'il est MORT depuis plusieurs mois. »

Et vous avez cru ce qu'il a plu au *National* de vous dire le lendemain.

On ne croit plus à rien ! — mais vous avez cru que le duc de Bordeaux était mort, parce que le *Moniteur parisien* vous l'avait dit.

On ne croit plus à rien ! mais le journal le *Siècle* vous dit : « Le recensement va *commencer* à Paris ; nous ne nous y soumettrons pas, nos portes seront fermées. » On lui répond : « Mais, monsieur le *Siècle*, il y a quatre mois que vous êtes recensé — vous et votre imprimerie et vos bureaux, — et le lendemain vous lisez le *Siècle*, et vous croyez ce qu'il vous dit.

On ne croit plus à rien ! — mais vous croyez aux *pluies de crapauds*, — vous croyez au *serpent de mer*, — vous croyez aux *revenants*, — vous croyez au *chou colossal*, — vous croyez à tout ce que les journaux vous racontent.

Les journaux vous disent qu'il y a une émeute à la porte Saint-Denis, — vous allez voir l'émeute qui n'y est pas ; — mais la police, aussi naïve que vous, qui vient de son côté, vous prend pour l'émeute et vous empoigne.

Il n'y a plus de croyance ! mais trouvez-moi dans une religion, — chez les sauvages mêmes, — croyance plus bizarre à des dogmes plus absurdes.

Quoi ! vingt-quatre caractères, — vingt-quatre lettres, — arrangés de certaines façons et mis sous vos yeux sur un carré de papier, — suffisent pour vous rendre gais ou furieux !

Quoi ! ces vingt-quatre fétiches, ces vingt-quatre idoles, selon que celle-ci est mise avant celle-là, et celle-là avant celle-ci,— vous imposent toutes leurs volontés !

La presse est un pouvoir immense qui n'en reconnaît aucun au-dessus de lui, — ni aucun à côté de lui.

La presse demande compte de ses actions et de ses pensées au capitaine comme au législateur, à l'agriculteur comme au marin, à l'artiste comme au savant.

La presse est donc dirigée par les savants, les artistes, les agriculteurs, les marins, les capitaines, les législateurs les plus illustres, les plus infaillibles et reconnus par tout le monde comme les plus sages et les plus érudits—pour qu'ils osent ainsi parler d'en haut à tout le monde?

Non, la presse est dirigée par des écrivains — et non pas même par les écrivains les plus illustres du pays ; — il n'y en a pas dix dans tous les journalistes dont vous sachiez les noms.

Que le plus fort de tous ces autocrates parle dans une assemblée, — on ne l'écoutera pas ; — mais que ses paroles arrivent par la poste, imprimées sur un carré de papier, on ne s'avisera pas de les révoquer en doute, si ce n'est sur la foi d'un autre carré de papier.

Contrairement à la religion du Christ, l'esprit est une religion qui périrait par l'incarnation ; c'est un dieu qui doit ne se manifester que par le bruit de sa colère et de sa foudre, et qui est perdu quand il se montre lui-même.

Grand Dieu! toutes les puissances donnent leur démission, parce qu'il n'y a plus de croyances à une époque où les hommes ont la charmante naïveté de se laisser gouverner par vingt-quatre morceaux de plomb, du papier et de l'encre.

Mais ne faites donc plus de balles. La puissance militaire est morte comme les autres. Je vous ai dit que la presse l'avait mangée. Fondez donc toutes vos balles pour en faire des alphabets. Démolissez vos arsenaux et faites des casses d'imprimerie.

Quoi! il y a une puissance comme celle-là, et ce n'est pas la royauté qui la tient dans ses mains! — Ah! vous méritez ce qui vous arrive, et, qui pis est, ce qui vous arrivera.

Cette puissance, vous ne savez pas la prendre ; et vous lui donnez de la force, — vous lui créez des priviléges par vos sottes lois fiscales, par votre avarice insatiable : ne vous plaignez donc pas d'être fouettés, puisqu'on vous paye pour cela, puisque vous faites et vendez les verges.

Liberté illimitée à la presse, plus de timbre, plus de cautionnement, plus de procès, — et elle meurt apoplectique.

🐝 Vous ne savez pas la tuer, — vous ne savez pas la conquérir : — elle vous tuera.

Puis elle se tuera après ; car il faut aussi lui dire la vérité.

Elle peut tout contre les autres, — elle ne peut rien ni pour les autres, ni pour elle-même.

Elle tue, elle ne crée pas, — elle ne vit pas.

Elle mange tout et elle ne produit rien ; quand elle aura tout dévoré, — elle mourra d'indigestion ou de faim.

🐝 Ainsi donc, monsieur Augustin, — vous savez comment sont les choses, je crois vous les avoir montrées avec fidélité.

Permettez-moi de vous donner un conseil : tâchez qu'on tue le moins de monde possible, ne dégradez plus personne ; il y a bien assez de gens qui se dégradent eux-mêmes, vous pouvez bien attendre.

Croyez-moi, restez au café Lyonnais, — ne livrez pas votre modeste existence à tout ce brouhaha. — Qui sait si votre gloire n'a pas déjà produit pour vous des fruits amers, — et si on ne dit pas de vous, au café Lyonnais, — comme du héros d'un des spirituels dessins de Daumier, — que « vous connaissez le double blanc? »

🐝 L'AUTEUR. Les choses sont *au fond* comme elles ont toujours été, — comme elles seront toujours.

Les hommes ne sont pas si frères qu'on le dit ; à peine étaient-ils trois ou quatre au monde, qu'ils ont commencé à s'entre-tuer.

Et La Bruyère l'a dit :

« S'il n'y avait que deux hommes sur la terre, ils ne tarderaient pas à avoir dispute, quand ce ne serait que pour les limites. »

La perturbation actuelle vient de ce que le *peuple* est un peu comme l'ours du Jardin des Plantes : on lui jette au bout de son arbre un gâteau au haut d'une ficelle pour le faire monter, — puis, quand il monte, on retire la ficelle.

On lui a montré depuis onze ans le gâteau de trop près, — et il est d'autant plus irrité de ne pas le manger.

Que ce soient ceux-ci ou ceux-là, — les plus forts opprimeront toujours les autres, comme les gros poissons mangent les petits et sont eux-mêmes mangés par de plus gros. — Que ceux qu'on appelle le *peuple* aujourd'hui — deviennent ceux qu'on appelle le *pouvoir*, — ceux-ci joueront à leur tour le rôle du *peuple*, — qui jouera le rôle que joue le pouvoir aujourd'hui.

C'est pourquoi tout cela — m'est égal.

Novembre 1841.

Les papiers brûlés. — Service rendu à la postérité. — Une phrase du *Courrier français.* — PREMIÈRE OBSERVATION. — De la rente. — DEUXIÈME OBSERVATION. — L'infanterie et la cavalerie. — TROISIÈME OBSERVATION. — Les *que.* — QUATRIÈME OBSERVATION. — Une épitaphe. — CINQUIÈME OBSERVATION. — Réponse à plusieurs lettres. — M. de Cassagnac et le mal de mer. — De la solitude. — M. Lautour-Mézeray. — Abdalonyme. — M. Eugène Sue. — M. Véry. — Louis XIII. — M. Thiers et M. Boilay. — Deux mots de M. Thiers. — Un rédacteur entre deux journaux. — Encore le roi et ses maraîchers. — M. Cuvillier-Fleury. — M. Trognon. — M. de Latour. — Charlemagne. — La Salpêtrière. — La police et les cochers. — Les cigares de Manille. — Sagacité d'un carré de papier. — SIXIÈME OBSERVATION. — SEPTIÈME OBSERVATION. — HUITIÈME

OBSERVATION. — Sur l'égalité. — Un blanc domestique d'un noir. — Caisse d'Épargne. — Les mendiants. — Aperçu du *Journal des Débats*. — *Arbor sancta*, nouveau chou colossal. — NEUVIÈME OBSERVATION. — Jules Janin, poëte latin. — Une caisse. — Éducation des enfants. — DIXIÈME OBSERVATION. — La vérité sur Anacréon et sur ses sectateurs. — Une élection. — ONZIÈME OBSERVATION. — DOUZIÈME OBSERVATION. — Postscriptum.

NOVEMBRE. — Je commencerai cette troisième année par rendre un immense service à la postérité.

Comme hier, à la fin du jour, il s'élevait de la terre un brouillard froid et épais, je passai la soirée devant le feu à brûler des papiers; — j'ouvris successivement plusieurs cartons, et je fis un triage sévère, — en conservant quelques-uns et livrant aux flammes le plus grand nombre. Toutes ces pensées confiées au papier à diverses époques, par diverses personnes et dans des intentions différentes, formaient un pêle-mêle assez bizarre; — il y avait des promesses et des menaces : des paroles d'amitié, d'amour, de haine, de politesse, enfouies dans ces cartons comme dans la mémoire. En y plongeant la main et en chiffonnant et faisant crier le papier, il me semblait entendre s'échapper une multitude de petites voix qui toutes à la fois me répétaient ce que ces papiers en leur temps avaient été chargés de m'apprendre. — C'était une singulière confusion : Merci des belles fleurs que vous m'avez envoyées, mon ami. — CONTRIBUTIONS DIRECTES. Sommation avec frais. — M*** prie M. Karr de lui faire le plaisir de passer la soirée chez lui le..... — Je ne sais, monsieur, à quoi attribuer..... — Eh bien, oui, je vous crois... — Louis-Philippe, Roi des Français, à tous ceux qui... »

Et je les jetais au feu par poignées; puis je vins à rencontrer une liasse énorme de journaux, et je les brûlai tous sans examen.

Et je pensai que, sans doute, je n'étais pas le seul qui profitât des premiers jours où le foyer se rallume pour débarrasser sa maison de l'encombrement des journaux ; je me rappelai aussi à combien d'usages domestiques on les consacre d'ordinaire, — et je me dis : « Il viendra un jour où il ne restera plus aucun de ces carrés de papier si puissants aujourd'hui, — un jour où les savants d'une autre époque tâcheront inutilement d'en recomposer un de fragments déshonorés et de cornets épars, comme CUVIER a fait pour les animaux antédiluviens, tels que les *dinotherium giganteum*. »—Et, dans cette triste pensée, je résolus de laisser à mes arrière-neveux, dans mes petits volumes, qui vivront éternellement, ainsi que vous l'a appris leur éditeur dans son avis du mois dernier, — un fragment important d'un des plus redoutables de ces tyrans de notre époque, en l'ornant d'un commentaire destiné à en faire ressortir les beautés et à fixer le sens des passages qui pourraient présenter quelque obscurité à une époque plus avancée, ainsi qu'on l'a fait à l'égard de Virgile et d'Homère, qui certes n'ont jamais exercé sur leurs contemporains une puissance égale à celle du moindre des susdits carrés de papier. Ce passage ne peut être long ; on sait ce que c'est qu'un commentaire. Il y a tel hémistiche de Virgile sur lequel un seul commentateur a fait trente pages d'explications.

Je prendrai donc une phrase très-courte et très-récente du *Courrier français*.

« Pour que cet océan reprenne son niveau, il faut que les flots montent graduellement et lentement. »

Écoutez donc, mes guêpes, la voix de votre maître qui vous rappelle des jardins. — Voici la belle saison finie : — les feuilles des arbres roulent par les chemins, — la vigne marchande au vent ses feuilles jaunes, — le cerisier ses dernières feuilles orange. — La feuille de la ronce a pris dans les bois de riches teintes de pourpre. La séve paresseuse ne monte plus jusqu'au sommet des rameaux. — Les dahlias sont décolorés et presque simples, — les astres seuls et les chrysanthèmes de l'Inde montrent encore leurs fleurs : — les premières, étoiles inodores d'un violet triste ; — les secondes, houppes échevelées, exhalant une odeur qui semble appartenir à la boutique d'un parfumeur.

Une pluie froide appesantit vos ailes ; — rentrez, mes guêpes, et cette fois cherchez votre butin dans la poussière des vieux livres.

Première observation. — « Pour que cet océan reprenne son niveau, il faut que les flots montent graduellement et lentement. »

C'est de la *rente* qu'entend ici parler l'écrivain. — La rente est de nos jours une chose assez importante pour qu'il n'ait pas hésité à employer, à propos d'elle, une figure hardie et neuve, non pas précisément en elle-même, mais par son application. — Nous ne voyons pas, en effet, qu'aucun poëte ancien ait jamais comparé l'Océan au *cinq* ni au *trois pour cent* ; et cependant on ne peut pas leur reprocher d'avoir été trop sobres de comparaisons océaniennes.

Quelques personnes demanderont quel est le célèbre financier qui traite de la rente dans les colonnes du *Courrier français*. Nous sommes fâché d'avoir à dire pour la centième fois à nos lecteurs que ce n'est pas un financier ; on pourra m'opposer ces deux vers d'*Andrieux* :

« . . . . . Retenez de moi ce salutaire avis :
Pour savoir quelque chose, il faut l'avoir appris. »

Cette maxime spécieuse n'a aucun sens quand il s'agit des journaux. On est pour ou contre le pouvoir ; si on est pour, tout ce qu'il fait est bien fait ; — si on est contre, tout ce qu'il fait est mal fait : — il n'y a pas besoin d'être financier pour cela, — ce serait même une gêne.

Ce monsieur n'est pas non plus un marin ; autrement il aurait remarqué que, lorsque l'Océan n'a plus son niveau, ce n'est pas par l'abaissement des flots, mais bien au contraire par leur élévation, — et que les flots, remontant graduellement ou autrement, ne peuvent lui rendre ce niveau.

L'écrivain a écrit cela comme *madame de Pompadour* traçait à sa toilette sur la carte et envoyait à l'armée au *maréchal d'Estrées* des plans de campagne marqués avec des *mouches*. — Mais, comme l'a dit Voltaire, il vaut mieux frapper fort que frapper juste.

Passons aux remarques de détail.

Deuxième observation. — Pour.

Nous retrouvons ce mot dans plusieurs écrivains. — Mais nous ne pensons pas qu'aucun s'en soit servi aussi à propos que notre auteur. Donnons quelques exemples :

« Qu'on a de maux *pour* servir sainte Église (1) ! » — Marot.

« Il faut que l'homme, dans sa lutte avec la vie hostile, combatte *pour* arriver au bonheur. » — Schiller.

« Lorsque je cherche des noms *pour* les sentiments nouveaux que j'éprouve... » — Goethe, *Faust*.

« Messieurs, je suis *pour* les pauvres. Tous les habitants de Paris sont mes enfants ; *c'est* les pauvres *qu'est* les aînés. »
M. de Rambuteau, préfet de la Seine.

Cherchez dans Racine la scène entre *Achille* et *Agamemnon*,

---

(1) *Pour* fait ici partie d'un vers qui fait partie d'une épigramme licencieuse. Le *Courrier français* a mis *pour*, au contraire, dans une phrase on ne saurait plus décente, et dont la mère peut, sans danger, permettre la lecture à sa fille.

vous verrez *pour* répété quatre ou cinq fois en sept ou huit vers. — C'est un défaut que notre auteur a sagement évité : lisez et relisez sa phrase, vous n'y verrez *pour* qu'une seule fois.

Le capitaine D*** me disait : « Voici un des mille avantages du cavalier sur le fantassin : — si, après dîner, le fantassin prend un morceau de sucre et un morceau de pain pour son déjeuner du lendemain, — il a l'air d'un grigou et d'un meurt-de-faim ; le cavalier dit : C'est *pour* ma jument, — et personne ne le trouve mauvais. »

Troisième observation. — QUE.

« Ma chambre, ou plutôt une armoire *qu*'on a faite pour me serrer. » —CHAPELLE.

Κρεῖσσον τὸ μὴ ζῆν ἐστιν, ἢ ζῆν ἀθλίως

« Il vaut mieux ne pas vivre *que* vivre misérablement. »

PLUTARQUE.

« Attendez *que* je chausse mes lunettes. » — RABELAIS.

« Notre envie dure plus longtemps *que* le bonheur de ceux que nous envions. » — LA ROCHEFOUCAULD.

« Et vous n'aimez *que* vous quand vous croyez l'aimer. »

CORNEILLE, *Bérénice*.

« C'est à M. Rousselot, mon prédécesseur à la cour, *que* le public est redevable des premiers éléments de l'art de soigner les pieds. » — M. LAFOREST, pédicure du roi et de Monsieur, frère du roi. 1781.

« Pour être heureux, *qu*'est-ce donc qu'il en coûte ? » —VOLTAIRE.

De ce temps-ci le *que* est tombé dans une sorte de discrédit à cause des discours de S. M. Louis-Philippe, où les journalistes ont cru en remarquer plus qu'il n'est rigoureusement nécessaire. Il n'en est pas moins vrai que tous nos bons auteurs s'en sont servis, et que le rédacteur du *Courrier français*, est suffisamment autorisé par leur exemple. La malveillance lui reprochera peut-être de l'avoir employé deux fois dans cette phrase. Je citerai, pour le justifier, un exemple également applicable aux discours du roi :

« Ce *qu'*on nomme libéralité n'est le plus souvent *que* la vanité de donner, *que* nous aimons mieux *que* ce *que* nous donnons. » — LA ROCHEFOUCAULD.

Quatrième observation. — CET.

Notre auteur s'est bien gardé de commettre ici une de ces grossières erreurs si fréquentes dans la bouche ou sous la plume des hommes illettrés. Il a fait accorder le pronom *cet* en genre et en nombre avec le substantif auquel il se rapporte. Il n'a pas imité M. de B***, qui écrivait *cette* exemple, — *cette* horoscope.

Il a suivi, pour l'emploi de ce mot, *Ovide*, qui dit :

« Ablatum mediis opus in cudibus *istud.* »

« On m'enlève *cet* ouvrage encore sur le métier. »

Nous retrouvons ce pronom dans plusieurs écrivains, qui l'ont employé absolument dans le même sens.

Une femme priait *Scarron* de faire son épitaphe ; c'était un compliment qu'elle voulait obtenir, et *Scarron* n'était pas disposé à le donner. « Eh bien ! dit-il après s'en être défendu longtemps, — mettez-vous derrière cette porte ; — il m'est impossible de faire l'épitaphe d'une personne que je vois vivante sous mes yeux. » — Elle obéit, et, après avoir rêvé un moment, il dit :

ÉPITAPHE ;

« Ci-gît, derrière *cette* porte,
Une femme qui n'est pas morte. »

« *Cet* aigle en *cette* cage. » — Victor Hugo.

Cinquième observation. — Océan.

L'avocat Michel (*de Bourges*) a dit, en pleine Chambre des députés : — « Un *océan* inextricable. » — C'est une métaphore qui équivaut absolument à celle qui nous peindrait un *écheveau de fil en fureur*.

Me Michel n'est pas le seul avocat qui s'exprime ainsi. Consolons-le par l'exemple de deux hommes d'un grand talent.

Me Berryer a à se reprocher : — « C'est *proscrire* les *bases* du *lien* social. »

Et M. le vicomte de Cormenin a écrit : — « Le budget est un livre qui *tord les larmes* et *la sueur* du peuple pour en tirer de l'or. »

Ajoutons, pour consoler à leur tour ces deux messieurs, que Malherbe a dit :

« Prends ta *foudre*, Louis, et va comme un *lion*. »

M. de Cassagnac a dernièrement raconté, avec beaucoup d'esprit et je dirai d'éloquence, les effets du mal de mer ; — seulement il se trompe quand il dit que les anciens n'en ont pas dit un mot. Plutarque, cité par Montaigne, en parle dans le *Traité des causes naturelles*, et Sénèque a écrit à ce sujet :

Pejus vexabar quam ut periculum mihi succurreret. « Je souffrais trop pour penser au danger. »

Plus je multiplierais les exemples, — plus je prouverais que l'emploi que notre auteur a fait du mot *océan* est neuf et hardi.

Réponse à plusieurs lettres. — Beaucoup de gens me blâment de passer la plus grande partie de ma vie au bord de la mer. C'est incroyable tout ce qu'on a de sagesse pour les autres, — et comme on voit clair dans leurs affaires et dans leurs intérêts.

Quelqu'un m'écrivait dernièrement : « Vous n'êtes pas à Paris, vous n'allez pas dans le monde, — vous ne savez pas ce qui se passe. » — Et ce quelqu'un terminait sa lettre par me *faire part* de cinq ou six choses dont j'avais parlé un mois auparavant dans les *Guêpes;* choses qu'il n'avait apprises que de gens qui les tenaient de mes petits soldats ailés.

J'ai souvent cherché la cause qui fait qu'on est si fort irrité contre quelqu'un qui vit dans la solitude. Est-ce donc que les gens ont besoin de tant de spectateurs pour les belles choses qu'ils disent et qu'ils font, qu'ils ne vous permettent de vous absenter que pendant leurs entr'actes d'héroïsme et de grandeur ?

Est-ce que l'homme qui vit seul semble dire aux autres un peu trop orgueilleusement qu'il n'a pas besoin d'eux ?

Est-ce que l'homme qui vit seul est pour les autres un ami de moins à duper, à exploiter, à trahir, une victime dont on fait tort à leur avidité ?

Est-ce que l'homme qui vit seul paraît dire, en se retirant du *commerce* des hommes : Je ne veux plus vous donner mon amitié pour votre amitié, — mon esprit pour votre esprit, — mon dévouement pour votre dévouement, — ma bonne foi pour votre bonne foi, — parce que je vois que c'est un marché dans lequel je suis toujours dupe et toujours volé ?

Je me suis souvent demandé : Que cherche-t-on dans la société des hommes ? Est-ce un échange de services ? Vous savez bien que chacun ne fait ces échanges qu'avec l'espoir de gagner et de recevoir plus qu'il ne donne.

Est-ce la conversation ? Mais combien de choses vous dit-on qui vous intéressent ? — et, si vous avez le bonheur de rencontrer par hasard un mot qui vous soit agréable, par combien de phrases creuses vous faut-il l'acheter ! — D'ailleurs, n'avez-vous pas les livres, qui vous parlent quand vous voulez, — qui se taisent quand vous voulez, — qui vous parlent de ce que vous voulez, puisque vous pouvez en quitter un pour en prendre un autre, aussi brusquement que bon vous semble? Il ne vous reste à regretter de la conversation que le bruit de la voix : n'avez-vous pas le souvenir qui vous raconte des histoires et l'imagination qui vous raconte des romans?

Regretterai-je les insipides représentations des théâtres, — quand je vois le ciel et la mer, — et l'herbe et les fleurs, et les insectes ;—quand je suis entouré de miracles sans cesse renaissants ; — quand mes journées se passent douces et calmes, — sans craintes, sans désirs?

Tenez, — rappelez vos souvenirs, — souvenez-vous des bonheurs réels que vous avez rencontrés : —n'avez-vous pas songé alors à les aller cacher dans la solitude, par un instinct secret qui vous disait que l'homme heureux est un ennemi public et un voleur, et qu'il est prudent d'être heureux tout bas?

J'ai fait avec la société — comme les marchands avec les affaires : — quand ils ont fait fortune, *ils se retirent.* La fortune que j'ai faite se compose de l'indifférence et du dédain de tout ce qu'on se dispute, de tout ce qui est le but de votre vie, et la cause de tous vos chagrins et de toutes vos joies, de tous vos combats, de toutes vos défaites, de tous vos triomphes.

Je ne veux rien, — je ne désire rien : — combien y a-t-il d'hommes aussi riches que moi?

Pour en revenir aux *Guêpes*,—mes fidèles lecteurs n'ont pas besoin de savoir comment je sais les choses, pourvu que je les leur dise. — Il leur est égal que mes *Guêpes* traversent la Seine à Quillebeuf ou sur le pont des Arts,—qu'elles se reposent dans les fleurs sans parfum des terrasses parisiennes ou dans les ajoncs dorés des côtes de Bretagne et de Normandie. — Ma vie et mes goûts leur sont un garant de plus que je n'ai aucune raison ni aucun intérêt pour ne pas leur dire vrai dans les conversations que j'ai avec eux chaque mois.

Écoutez bien — et vous allez voir si je sais ce qui se passe au milieu de vous.

NOVEMBRE 1841.

M. LAUTOUR-MÉZERAY.—Les journaux vous disent tous, les uns après les autres, que M. *Lautour-Mézeray* vient d'être nommé sous-préfet à BELLAC.

Rendez-moi grâces, habitants de Bellac, je vais vous parler de votre sous-préfet, — je vais vous donner des sujets de conversation pour quinze jours ; — je vais vous dire — sa taille, ses habitudes et ses goûts.

Une de mes *Guêpes* (Grimalkin) arrive de *Paris*, de la *rue Pigale*, n° 19 *bis*, — c'est là que demeure encore votre sous-préfet au moment où je vous écris, — dans un joli appartement au rez-de-chaussée, donnant sur un jardin, qui est à lui, et qu'il cultive de ses mains, — comme faisait *Abdalonyme* quand Alexandre le Grand le choisit pour roi.

M. *Lautour-Mézeray*, — il y a une dizaine d'années, a créé le *Journal des enfants*. Cette entreprise, qui a eu entre ses mains un immense succès, — l'a fait passer pour un digne successeur de Berquin. M. Lautour, qui a aujourd'hui trente-six ou trente-huit ans, était alors fort jeune. Les pères de province lui écrivaient pour lui demander des avis particuliers pour l'éducation de leurs garçons ; — les mères venaient le consulter pour leurs filles.

Pendant ce temps, il prenait sa place à l'Opéra, dans la loge dite des *lions* — et il allait dîner au Café de Paris, dans une calèche traînée par deux chevaux bais. — A quelque temps de là, il créa le *Journal d'horticulture*. Il ne faut pas jouer avec l'horticulture : — M. Mézeray fut mordu ; il vendit sa calèche et ses chevaux, et acheta pour une calèche et deux chevaux des rosiers et des tulipes — qu'il se mit à cultiver avec amour.

Il n'abandonna pas pour cela sa place dans la loge des *lions*, ni ses dîners au Café de Paris ; — il n'était jardinier que le matin. — Seulement, comme il avait changé de luxe, et que le luxe aime à se montrer, au lieu d'être porté à l'Opéra par ses chevaux ; — qu'au bout du compte on est forcé de laisser à la porte, il y portait une fleur rare à la boutonnière de son habit.

On commença par en rire, puis on l'imita ; et c'est aujourd'hui une mode presque générale parmi les jeunes élégants. Seulement, comme il est fâcheux d'être éclipsé par ses imitateurs, M. Lautour s'est vu forcé de mettre des fleurs de plus en plus éclatantes. Mais à peine avait-il imaginé un nouveau bouquet, qu'un plagiaire effronté l'obligeait à en chercher un autre ; il affectionnait surtout les *passiflores*.

M. Lautour-Mézeray est généreux de ses fleurs : plus d'une élégante perdra, à son éloignement de Paris, des parures complètes de camélias naturels, qui, placés dans les cheveux, sur les épaules et sur la robe, faisaient un effet ravissant.

Les dames de Bellac sont appelées à hériter.

M. Lautour-Mézeray a fait des prosélytes. Mordu par le démon de l'horticulture, il a mordu, à son tour : 1° M. *Eugène Sue*, qui a fait construire une serre dans sa retraite de la rue de la Pépinière, et qui portait, l'hiver dernier, un camélia par-dessus les deux ou trois croix qui décorent sa boutonnière ; 2° M. *Véry*, un riche Parisien, qui a dépensé de grosses sommes à Montmorency.

Je suis fâché, — réellement, — habitants de Bellac, de n'avoir pas plus de mal à vous dire de votre sous-préfet : — cela vous amuserait davantage ; — mais voilà tout ce que j'en sais, — et j'ai la douleur de dire encore que c'est un homme d'un grand bon sens.

Je ne puis qu'ajouter, pour vous consoler, que la nature lui ayant refusé le don de l'improvisation, il ne vous ferait pas de longs discours, — quand même son bon sens ne l'en rendrait pas ennemi ; — ce qui fait que l'heureuse ville de Bellac se trouve seule sous le parapluie, pendant cette averse de discours, de paroles creuses et harangues saugrenues qui inondent la France, depuis que nous avons pour maîtres les avocats et les rhéteurs.

M. THIERS ET M. BOILAY. — Je sais encore que M. Thiers, qui, avant et pendant son ministère, avait accaparé presque tous les journaux, — les perd, en ce moment, peu à peu. — Le désintéressement n'aime pas attendre ; — il vient de subir une défection douloureuse. — M. *Boilay*, qu'il avait inventé, passe à l'ennemi avec armes et bagages. M. *Boilay* était celui de tous les écrivains de la presse qui convenait le mieux à M. Thiers ; — il allait, tous les matins, *causer* place Saint-Georges, et, le soir, il sténographiait, de mémoire, la pensée exacte du maître. M. *Boilay* a quitté le *Constitutionnel* pour le *Messager*, où il reçoit mille francs par mois. On parle d'arrhes, que les uns portent à vingt mille francs, les autres seulement à dix mille.

M. Thiers était obligé de *faire un mot* sur cette trahison, — on lui en prête deux. Quelques personnes prétendent qu'il a répété le mot de César : « *Tu quoque, Brute!* » C'est un mot dont on a usé et abusé. — J'aime mieux l'autre. — M. *Boilay*, — dit l'ex-ministre, « a fait comme font les cuisinières : aussitôt qu'il a su faire la cuisine, il a changé de maître. »

Je sais encore que S. M. Louis-Philippe continue à faire aux cultivateurs de Versailles une concurrence ruineuse pour ces derniers. Dans le volume du mois de mars 1841, j'avais raconté à M. *de Montalivet* ce qui se passait. Je lui avais dit les noms des jardiniers de Sa Majesté qui font ce trafic, — et les noms et les adresses des fruitiers et des marchands de comestibles auxquels ils vendent (détails que vous trouverez au susdit volume).

J'ajoutais qu'*Abdalonyme* avait été jardinier avant d'être roi ; — que *Dioclétien* le fut après avoir été maître du monde ; — mais que je ne voyais aucun prince qui eût cumulé les deux professions de roi et de maraîcher et qui les eût exercées simultanément. J'expliquais comment les jardiniers du roi, auxquels les fruits et les légumes de primeur ne coûtent rien, les donnent au commerce à un prix bien inférieur à celui que leur culture coûte aux cultivateurs, et que ceux-ci, par conséquent, ou ne peuvent plus placer leurs produits, ou sont obligés de les donner à perte.

Ma dénonciation eut d'abord d'heureux résultats : la vente ostensible des produits du potager royal cessa tout à coup.

Malheureusement, M. *Cuvillier-Fleury*,— ou M. *Trognon*,— ou M. *Delatour*, — auront trouvé un exemple pour justifier le commerce qu'on faisait faire au roi ;—et, en effet, — j'ai moi-même découvert que *Charlemagne*, — dans un de ses *Capitulaires*, ordonne de vendre les poulets des basses-cours de ses domaines et les légumes de ses jardins.

Et le potager a continué d'envoyer aux Tuileries vingt fois plus de fruits et de légumes de primeur qu'on ne peut y en consommer ; — et les jardiniers sont fondés à croire que, si on ne fait plus vendre, du moins on laisse vendre le surplus ; — car, de même qu'avant la défense qui a été faite les jardiniers trouvent chez les fruitiers, crémiers et marchands de comestibles une grande quantité de fruits et de légumes de primeur qu'on leur offre à un prix auquel ils ne peuvent, eux, les donner sans subir une perte énorme, — les marchands ont ordre de dire que tout cela leur vient de la Belgique; mais les cultivateurs demandent par où cela leur arrive. — Les diligences de Bruxelles n'ont pu le leur dire.

Je sais aussi, — Parisiens, — qu'il se fait au milieu de vous une belle et noble chose sans que vous en sachiez rien.

La Salpétrière est un hospice où on reçoit les vieilles femmes et les folles.

Il faudrait deux millions aux directeurs pour faire seulement les améliorations nécessaires. — C'est un établissement grand comme une ville et qui fait vivre six mille personnes, — et où sont les deux plus grandes misères de la vie humaine : la vieillesse et la folie.

Ces pauvres créatures, — secourues par une charité impuissante, — sont mal vêtues, — mal couchées ; — la maison n'est pas assez riche.

Les folles incurables ont depuis peu pour médecin M. *Tré-*

lat : — c'est un homme doux et persévérant, prenant en pitié ces malheureuses et cherchant ce qu'il pourrait donner de distractions à leurs maux, — puisqu'il ne peut les guérir. — Il a imaginé de les faire chanter ; — elles y ont pris goût, et s'en sont bien trouvées ; aujourd'hui elles apprennent à lire.

Cette pensée, conçue par la bonté du médecin, est exécutée par deux hommes qui accomplissent gratuitement une tâche d'une difficulté qu'on se représente facilement, — et s'astreignent au spectacle le plus attristant.

Ces pauvres folles aiment leurs professeurs et leurs leçons ; — elles accourent en classe dès qu'elles les voient entrer ; — celles qui n'y sont pas admises encore — n'ont d'autre ambition que d'y entrer.

Quelques-unes déjà lisent couramment et déchiffrent un peu la musique.

La musique est montrée par le collaborateur de M. Wilhem.

La lecture, par un instituteur, M. Teste, — le frère du ministre.

C'est un homme de soixante ans, — qui gagne sa vie par son travail, — n'a jamais rien voulu accepter de son frère, — et, n'ayant rien à donner, — trouve moyen encore d'être généreux en donnant son temps et son travail.

D'autre part, on les fait travailler à l'aiguille, ainsi que les aveugles et les sourdes-muettes. L'ouvrage que font ces malheureuses est fait parfaitement, — plus promptement que par les ouvrières de la ville ; mais *il manque des acheteurs*.

Voilà les annonces que j'aime à faire et que je ferai tant qu'on voudra.

LA POLICE ET LES COCHERS. La police — continue à justifier les reproches que je lui ai faits déjà bien des fois.

Elle rend une ordonnance sur un abus — et tout est fait.

Mais — Voltaire l'a dit : « Un abus est toujours le patrimoine d'une partie de la nation. »

L'abus ne dit rien, — laisse passer l'ordonnance comme une pluie de printemps, — et reparaît huit jours après; — pour l'ordonnance, il n'en est plus question.

Il y a six mois environ, on a enjoint à tout cocher de place de présenter à chaque personne qui monterait dans sa voiture une carte contenant le numéro sous lequel cette voiture est inscrite à la police.

D'abord quelques-uns se soumirent à cette formalité, puis ensuite ils se contentèrent de laisser dans un coin de leur voiture un paquet de ces cartes. Maintenant on s'épargne même ce dernier soin. Disons encore à M. Gabriel Delessert que ses devoirs consistent non-seulement à prendre des mesures utiles dans l'intérêt des habitants de Paris, mais encore à en surveiller l'exécution.

DEUX NOUVEAUX PARTIS. Les nouveaux cigares de Manille de la régie ne valent pas grand'chose; — ils n'ont d'autre intérêt que les deux partis qu'ils ont fait naître en France. — Absolument comme à Lilliput pour les œufs, — il y a les gros boutiens et les petits boutiens.

La régie a fait publier dans les journaux qu'on devait fumer les cigares de Manille par le gros bout.

Le Français, fier et indépendant, s'est révolté contre cette atteinte à sa liberté. — Beaucoup s'obstinent, pour vexer le pouvoir, à fumer les cigares de Manille par le petit bout. Il serait dangereux, dans certains estaminets, de faire autrement; — on passerait pour un courtisan et pour un agent de police.

Je connaissais depuis longtemps les cigares de Manille, qui sont bons, — forts et capiteux. — L. Corbière, mon ami, m'en faisait fumer depuis bien des années, quand je passais par le Havre. — C'est la régie qui a raison. On doit les fumer par le gros bout. — Je le dis hautement, quand je devrais me faire appeler encore *ami du château*.

Mais ceux de la régie ne valent rien; — et, si on me demande : « Êtes-vous gros boutien ou petit boutien ; fumez-vous les cigares de Manille par le gros bout ? » — je suis obligé de répondre, comme à l'égard des autres partis politiques :

« Je ne les fume par aucun bout. »

SAGACITÉ D'UN CARRÉ DE PAPIER. A propos — d'un article sur la presse, où je demande qu'on supprime le *timbre* et le *cautionnement*, et qu'on laisse tout journal dire, — sans exception, — tout ce qu'il veut, — sans jamais lui faire un procès sous aucun prétexte, — un journal de province qui s'appelle le *Patriote de Saône-et-Loire*, — tire la conséquence que « *je demande la censure.* »

Sixième observation. — REPRISE.

« A ton collet je vois une reprise,
Et c'est encore un souvenir. »
M. DE BÉRANGER, *le Vieil habit.* »

« Je n'ai pas encore dit une parole devant vous sans être reprise. » — *Comédie de* CATHERINE II.

Septième observation. — SON.

« Trois fois le hérisson a fait entendre *son* cri plaintif. »
SHAKSPEARE, *Macbeth.*

« Il orna de rayons *sa* blonde chevelure. » — LE TASSE.

« Quand nous résistons à une passion, c'est plus par *sa* faiblesse que par notre force. » — LA ROCHEFOUCAULD.

Huitième observation. — NIVEAU.

« Oui, Philippe-Égalité, songe bien que, si tu avais l'audace de t'élever au-dessus du reste des Français, songe que la faux de l'égalité est là pour rétablir le *niveau.* » — FAYE, *Discours à la Convention.*

Félicitons notre auteur de ne s'être pas servi du mot *niveau* pour faire une phrase aussi sauvage que celle de l'orateur de la Convention : — rien ne l'en empêchait ; cela même eût eu une sorte de succès ; — et il ne l'a pas fait, — il a employé le mot *niveau* dans son acception la plus innocente.

Vous voyez bien que je sais encore à peu près ce qui se passe, — pour un homme qui a, ce matin, pêché à la mer des morues et des limandes.

Comme l'autre jour j'allais à Paris, — il me revint à l'esprit tout ce qui se dit et s'écrit sous prétexte de l'*égalité*, et je me suis mis à regarder autour de moi pour vérifier certains soupçons sur ce que c'est que cette égalité et sur le besoin qu'en ont tous les hommes.

Nous étions cinq dans le milieu de la voiture, et je remarquai avec quel soin et quelle hauteur réclamèrent leurs droits ceux qui, étant venus les premiers, avaient retenu les quatre coins, et voyageaient ainsi mieux appuyés et d'une manière moins fatigante ; et, entre ces quatre privilégiés, il y avait cette remarque à faire que les deux qui avaient les deux premières places ne les auraient pas laissé prendre pour les deux autres qui étaient traînés en arrière.

Je ne vis là de partisan de l'égalité que moi, qui me trouvais avoir la plus mauvaise place ; — ceux qui allaient en arrière l'auraient de bonne grâce acceptée aussi, mais avec ceux qui tenaient les deux meilleurs coins et nullement avec moi ; — pour moi, j'aurais volontiers consenti à avoir une place égale à une des leurs ; mais j'aurais refusé une des places de la rotonde où étaient encaqués huit voyageurs, — qui auraient bien aimé, sans doute, à être aussi bien placés que moi.

Vers minuit nous descendîmes à *Rouen*, — où on prit un bouillon ; — nous remarquâmes à l'unanimité que les voyageurs du coupé s'étaient mis à table assez loin de nous avec une sorte de dédain ; — nous trouvâmes cet air parfaitement ridicule, — laissant aux voyageurs de la rotonde le soin de remarquer que nous avions vis-à-vis d'eux précisément le même air qu'avaient vis-à-vis de nous les gens du coupé.

On remonta en voiture, — et chacun s'arrangea pour dormir. — Comme nous arrivions à *Magny*, — le conducteur ouvrit la portière pour introduire un nouveau compagnon de voyage : — c'était une femme ; — alors nous nous empressâmes d'arracher les foulards dont nous avions couvert nos têtes pour la nuit, — de passer la main dans nos cheveux ; — de resserrer nos cravates ; — en un mot, — chacun de nous sembla ne rien négliger pour rehausser ses avantages naturels et éclipser ses compagnons aux yeux de la nouvelle arrivée.

Notre compagne était jolie, — elle aurait pu s'en dispenser ; car en voyage c'est déjà être assez jolie que d'être femme ; — elle semblait fort réservée, — elle répondit poliment à quelques questions permises, mais assez froidement pour qu'on cessât de lui parler. — Les hommes alors causèrent entre eux, — non pour causer, mais pour être entendus d'elle, — chacun s'efforçant d'obliger son interlocuteur à lui servir de compère, — ou de confident de tragédie classique, — pour faire une plus éclatante exhibition de lui-même.

L'un tira une fort belle montre d'or.

Un autre dit :

— Je suis arrivé trop tard au bureau, — et je n'ai pu avoir de place de coupé.

— Monsieur, dit un troisième, — M. ***, député, — me disait dernièrement...

— Savez-vous, — répliqua le premier, — si *Dumas* est de retour ? — Il doit être furieux contre moi : — il y a un siècle que je ne suis allé le voir.

— Parlez-moi d'une route comme celle-ci. — L'année dernière je voyageais *en poste*, — *en Suisse* : — il n'y avait pas moyen de faire plus de deux lieues à l'heure, — malgré les *pourboires*.

— J'espère trouver *mon cabriolet* au bureau. — *Mon domestique* est prévenu de mon retour.

Etc., etc., etc.

Pour moi, je m'aperçus, en examinant bien, que le silence majestueux dans lequel je m'enveloppais n'était qu'une autre manière de jouer le même rôle que mes compagnons, — et que j'espérais tout bas — que la voyageuse — remarquerait combien de sottises je m'abstenais de dire.

Au relais de Poissy, plusieurs mendiants entourèrent la voiture.

— Mon bon monsieur, disait l'un, je suis estropié d'une main.

— Moi des deux, — disait un autre.

— Et moi, — je suis épileptique, disait un troisième.

— Il n'est pas si épileptique que moi, — reprenait le premier.

La voiture partit au galop, et je me dis : « Ceux-ci ne veulent même pas de l'égalité d'infirmités. »

Je vous dirai tout à l'heure à quoi je pensai pendant le reste du voyage.

J'ai eu autrefois un domestique noir, — qui se plaignait sans cesse de ne pouvoir tout faire à la maison, — petite maison cependant. — Un jour, impatienté de ses jérémiades, — je crus devoir lui dire avec le ton le plus épigrammatique :

— Eh bien, prends un domestique.

Deux jours après il me dit :

— Monsieur, j'ai trouvé mon affaire.

— Et quelle affaire? — demandai-je, — car j'avais oublié mon sarcasme.

— Eh! le domestique que monsieur m'a dit de louer.

J'étais pris; je voulus faire les choses de bonne grâce. — D'ailleurs, si le drôle m'avait joué un tour, je pensais le déconcerter en n'ayant pas l'air de m'en apercevoir.

Je répondis que c'était bien, — et le jour même le domestique d'*Apollon Varaï* entra en fonctions. — Au bout de huit jours nous y étions parfaitement habitués l'un et l'autre ; — et quand je disais : « *Varaï*, envoie *ton domestique* porter cette lettre, » ce n'était plus une plaisanterie ni pour lui, ni pour moi. — Quant à lui, du reste, il avait le sérieux imperturbable d'un singe, auquel il ressemblait sous beaucoup de rapports. Une chose m'intéressait singulièrement dans leurs relations, — c'est la rigueur extrême avec laquelle le noir traitait son domestique. — J'étais souvent obligé d'intercéder pour le pauvre blanc, — et *Varaï* me disait :

— Monsieur, si vous l'écoutez, il ne fera rien ; il est très-paresseux.

Varaï, cependant, s'était débarrassé sur lui de toutes les corvées. C'était le blanc qui cirait et mes bottes et celles du noir quelquefois. — Je disais à Varaï :

— Ton domestique a mal ciré mes bottes. — On a été trop longtemps dehors.

Et Varaï descendait faire un bruit affreux.

Un jour, — je sonnai Varaï, — et je lui dis :

— Donne cette lettre à porter à ton domestique.

— Monsieur, — me répondit Varaï, — je la porterai moi-même.

— Et pourquoi cela ? demandai-je.

— Monsieur, — c'est que je l'ai chassé ce matin.

— Ah ! diable ! — Et en as-tu un autre ?

— Non, monsieur, celui-là m'a trop ennuyé ; j'aime mieux n'en plus avoir.

RÉSUMÉ. — On demande l'égalité, — comme on promet aux femmes de se contenter d'une tendresse platonique.

Si nous voulons arriver sur un échelon où sont ceux avec lesquels nous réclamons l'égalité, ce n'est pas pour y être à côté d'eux, mais pour les pousser et pour les rejeter à l'échelon inférieur que nous occupions.

L'égalité ne peut pas plus exister dans les positions et dans les fortunes qu'elle n'existe dans les forces du corps et dans les forces de l'esprit.

J'avertis donc mes contemporains qu'il est parfaitement bête de se faire tuer pour l'égalité, et parfaitement féroce de tuer les autres sous le même prétexte, — attendu que l'égalité n'existe pas et ne peut exister, — et que, si elle existait, vous n'en voudriez à aucun prix.

Je leur dirai encore qu'il est dangereux de donner des noms honnêtes aux passions honteuses, — ou de les leur laisser donner par des gens qui comptent les exploiter : — l'avidité et l'envie ne pourraient paraître sous leur nom véritable ; — le nom d'égalité les met parfaitement à l'aise.

C'est ainsi que ce qu'on appelait autrefois *faire danser l'anse du panier* — s'appelle aujourd'hui *mettre à la caisse d'épargne*. Le *vol* se cachait, la *prévoyance* se montre avec orgueil.

SUR LES MENDIANTS. — Voici les réflexions qui m'occupèrent de Poissy à Paris. — Je ne veux pas vous parler des mendiants politiques et littéraires : — grâce à la lâcheté des hommes en place, — il n'y a plus de mendiants que sur le patron de celui de *Gil Blas*, — c'est-à-dire appuyant leur humble requête d'une escopette chargée et amorcée. La plupart des positions secondaires et beaucoup des autres ont été accordées à des menaces et à des attaques conditionnelles dans les journaux. — J'ai eu occasion d'en citer bien des exemples, depuis deux ans que paraît mon volume mensuel.

Je veux parler des mendiants des rues.

On a défendu la mendicité à Paris.

On a eu raison, — il n'y a que deux sortes de mendiants :

1° Ceux qui ne peuvent pas ou ne peuvent plus travailler, la société doit y pourvoir : — ce n'est pas seulement une justice, c'est une économie. — Un vieillard ou un infirme qui vit en communauté coûte quinze sous par jour ; — l'aveugle isolé donne vingt sous par jour à la femme qui le conduit, — il faut donc que sa journée lui rapporte au moins quarante sous. — Qui les donne? Vous et moi.

2º Celui qui ne veut pas travailler, — qui existe d'une perpétuelle souscription nationale, — semblable à celles que l'on fait de temps à autre pour élever des tombeaux de marbre aux grands hommes, — ou réputés tels, que l'on a laissés mourir de faim.

Au milieu de cette agitation continuelle, de ce mouvement de fourmilière, que chacun se donne pour *gagner* sa vie, — vie de luttes, d'incertitudes, d'anxiétés. — lui seul ne fait rien, — reste tranquille au coin de sa borne, au soleil ; — tous ces gens qui remuent, — qui se hâtent, — sont ses esclaves et ses tributaires, — ils travaillent pour lui et lui payent une dîme.

Ceux-là sont une lèpre, — et la prison où on les contraint au travail est une léproserie où on met la lèpre sans le lépreux.

Mais..... — diable de mot qui vient presque toujours après l'éloge, — comme l'insulteur après le triomphe des généraux romains ; — mais, — pourquoi des priviléges, — pourquoi, tandis que la police correctionnelle envoie tous les jours vingt mendiants pris sur le fait à la maison de refuge de Saint-Denis, — pourquoi certains mendiants exploitent-ils seuls, — avec privilége et sans concurrence, — la charité et le dégoût publics ?

Pourquoi un tronc d'homme, — traîné sur une charrette par un cheval, — jouant de l'orgue et promenant sur la foule de gros yeux effrontés se promène-t-il publiquement dans Paris, et mendiant depuis plus de dix ans? Pourquoi était-il encore, il y a quelques jours, dans la rue Vivienne?

Pourquoi un petit homme, déguisé en paysan breton, avec un chapeau semblable à celui des charbonniers et une large ceinture rouge, — aborde-t-il, depuis quinze ans, les passants dans la rue, — sous prétexte de leur demander la lecture d'une adresse ou d'un papier,—et en réalité pour demander l'aumône?

Pourquoi, depuis sept ou huit ans, — une femme, couverte d'un vieux châle brun, accoste-t-elle les gens le soir, entre onze heures et minuit, sur le boulevard, — non loin du passage des Variétés, — en disant :

— Monsieur, quelque chose pour mon pauvre petit enfant, auquel je ne puis plus donner le sein faute de nourriture.

Une première fois, — cette requête me toucha, — je lui donnai quelques secours. — Trois ans après, me trouvant au même endroit, à la même heure, — je la rencontrai encore; — elle avait son même châle brun, — et me dit :

— Monsieur, quelque chose pour mon pauvre petit enfant, auquel je ne puis plus donner le sein faute de nourriture.

— Comment! dis-je dans un accès de naïf étonnement, — il tette encore?

Elle me quitta en murmurant.

A propos de pauvres plus intéressants.

A propos des ouvriers et de leur misère, le *Journal des Débats* a trouvé un remède : — c'est qu'ils mettent à la caisse d'épargne.

Cet aperçu rappelle le mot vrai ou faux qu'on rapporte de Marie-Antoinette : « S'il n'y a pas de pain, on mangera de la brioche. »

L'autorité a du reste fréquemment des aperçus aussi heureux.

A l'époque du choléra, — le préfet de police fit afficher UN AVIS *au peuple*; dans cet avis il *conseillait* au peuple — d'éviter la mauvaise nourriture et de boire du vin de Bordeaux.

Les journaux populaires et amis du peuple ne sont pas plus heureux : — ils ne trouvent de remède à la faim que dans la réforme électorale, et un peu aussi dans l'émeute. — Ce dernier procédé est encore le plus puissant : — les pauvres diables qui s'y font tuer n'ont plus besoin de rien, — et ceux qu'on met en prison sont nourris aux frais de l'État.

On s'étonne souvent de voir les gens qui exploitent le peuple — le prendre juste aux mêmes appeaux par lesquels ses pères ont été attrapés : — c'est que l'expérience d'autrui ne sert pas du tout, et que l'expérience personnelle ne sert guère : — un aveugle qui a perdu son bâton fait une chute, — cela ne l'empêche pas d'en faire une seconde au premier trou qu'il rencontre.

D'ailleurs, qu'est-ce que l'expérience ?

Le vieillard n'a pas plus d'expérience pour la vieillesse que n'en a pour la jeunesse l'homme qui entre dans la vie ; — le vieillard n'a d'expérience que celle qui ne peut plus lui servir ; — la plus grande sagesse à laquelle l'homme puisse arriver ne peut s'appliquer qu'à un temps qui ne lui appartient plus.

On s'occupe, du reste, d'une réorganisation des ouvriers par l'institution de prud'hommes. — C'est une mesure qu'il faut louer.

ARBOR SANCTA. — Comme le mois dernier — je vous parlais — de vos *croyances* — à cette époque d'*incrédulité*, — je vous rappelais le *chou colossal*. — Savez-vous ce qu'a produit ce souvenir? — une grande défiance des annonces des journaux? Nullement : l'idée à un monsieur de renouveler la plaisanterie.

Il y a deux ou trois ans, — on vit, à la quatrième page de tous les journaux de toutes les couleurs, un éloge pompeux d'un nouveau *chou*. — Je vous ai souvent fait remarquer la touchante unanimité des organes de l'opinion publique quand il s'agit de choses se payant *un franc* la ligne.

Ce chou était le vrai chou : — les choux qu'on avait vus jusque-là n'étaient que des ébauches, des embryons de choux, — *le chou colossale de la Nouvelle-Zélande* — servait à la fois à la nourriture des hommes et des bestiaux, et donnait un ombrage agréable pendant l'été ; — c'était un peu moins grand qu'un chêne, — mais un peu plus grand qu'un prunier. — On vendait chaque graine un franc.

On en achetait de tous les coins de la France. — Je me permis quelques plaisanteries à ce sujet. — « Ah! le voilà encore, — dit-on, — il ne veut croire à rien. »

Je croyais, au contraire, beaucoup à la crédulité d'une partie de mes contemporains, et à l'effronterie de l'autre partie.

Au bout de quelques mois, — les graines du chou colossal de la Nouvelle-Zélande avaient produit deux ou trois variétés de choux connues et dédaignées depuis longtemps; — la justice s'en mêla, — je ne sais trop pourquoi, — car c'est ainsi à peu près que *travaille* le commerce. — Le vendeur voulut soutenir que ses graines étaient réellement les graines du *chou colossal de la Nouvelle-Zélande*, — mais que le terrain de ce pays ne leur convenait pas, — ou qu'on les avait changées en nourrice.

Toujours est-il qu'à peine avais-je rappelé cette mystification, — on vit paraître dans les journaux, — quatrième page, — une gravure représentant un chêne — et une note ainsi conçue :

« Les pépiniéristes, — les horticulteurs et tous les amateurs des jardins — trouveront à Paris, rue Laffitte, 40, — une *collection* de graines de l'ORGUEIL DE LA CHINE, arbre importé par un planteur de la Louisiane en France, où il va devenir avant peu l'ornement de tous les jardins.

« Cet arbre se *reproduit de graines*, — et on le sème d'octobre à novembre. »

C'était moins bien fait que le chou colossal : — on n'aime pas semer des arbres qui ont besoin d'une dizaine d'années pour croître; — une seule chose me parut intelligente, — c'est le soin d'annoncer que *ce chou* se semait d'octobre à novembre, — pour brusquer le débit.

Je ne sais si on a acheté beaucoup de ses graines, — mais il paraît qu'il en reste encore, — car voici le mois d'octobre fini, — et conséquemment l'époque des semis passée, — selon la note, — et je vois encore l'annonce à la quatrième page des journaux ; seulement on supprime cette particularité que l'arbre se sème d'octobre à novembre, — et on donne deux noms à l'arbre : *Orgueil de la Chine*, — *Arbor sancta*.

On ne sait pas encore ce qui lèvera de cette graine, — peut-être des choux ; — toujours est-il que j'estime que, comme l'autre, c'est encore de la graine de niais, — ce qui n'a peut-être pas empêché d'en acheter beaucoup.

Pendant que je suis sur l'horticulture — remarquons cette note dans plusieurs journaux à propos de l'exposition de l'orangerie du Louvre :

« Nous avons remarqué de *jolies* plantes, telles que le *strelitzia reginæ*, — le *tillandria pyramidalis*, — le *bursaria spinosa*, qui *répand une odeur fétide*.

LE JURY. — Il est arrivé du jury précisément ce que je vous avais annoncé : — le *National* avait trois procès.

Pour le premier, il a été acquitté : — le jury s'appelait *juges citoyens, justice du pays*, — et *il donnait une leçon au pouvoir*.

Deuxième procès. — Huit jours après le *National* est condamné : — le jugement s'appelle *une méprise et une de ces erreurs funestes qui n'accusent rien, si ce n'est l'insuffisance et la faiblesse de la raison humaine*.

Troisième procès. — Huit jours après, le *National* est acquitté : — le jury redevient *juges citoyens et justice du pays*. — Le jugement est de nouveau *une leçon donnée au pouvoir*.

LA TOUSSAINT. — A propos du prétexte que donnait la Toussaint d'économiser un numéro sur les abonnés, — les journaux, même les plus irréligieux, n'ont pas paru — par scrupule : — ils ont continué, comme de coutume, à user de l'hypocrite formule que j'ai déjà fait remarquer :

« Demain, jour de la Toussaint, les ateliers étant fermés, le journal ne paraîtra pas. »

En vain je leur ai dit que c'est un gros mensonge et qu'il serait plus juste de dire : — Demain, le journal ne paraissant pas, les ateliers seront fermés. » — Il n'y a que la *Quotidienne* qui ait adopté une formule franche : « Les bureaux de la *Quotidienne* étant fermés, le journal ne paraîtra pas. »

Neuvième observation. — IL.

Notre auteur ne s'est pas servi du mot *il* à la légère; il savait le parti qu'en avaient tiré nos meilleurs écrivains, qui s'en sont tous servis; — son *il* vaut n'importe quel *il*, quel qu'en soit l'auteur; — je le préfère même à un *il* de Voltaire qui se trouve enclavé dans une phrase peu euphonique.

« Non, *il* n'est rien que *Nanine* n'honore. »

« *Il* ne faut pas être timide, de peur de commettre des fautes. » — VAUVENARGUES.

« Le premier venu peut représenter une muraille : *il* n'a qu'à se couvrir d'un enduit de plâtre. — SHAKSPEARE.

« Pour l'amour, *il* divise les femmes en deux classes : les belles et les laides. » — Madame DUBARRY.

Il y a dans des femmes qui ne sont ni si belles ni si agréables que d'autres un charme invincible qui captive les hommes et étonne et indigne les autres femmes, qui ne peuvent s'en rendre compte, parce que ce charme ne s'exerce que sur les hommes. C'est que telle femme est bien plus femme que telle autre. De même qu'entre deux bouteilles de vin du même volume il y en a une qui contient bien plus d'arome et d'essence de vin que l'autre, de même il y a dans telle femme bien plus de femme que dans une autre.

NOVEMBRE 1841.

Janin a fait sur madame Sand un vers latin :

« Fœmina fronte patet, vir pectore, carmine musa. »

« Femme par la beauté, homme par le cœur, muse par le talent. »

Je dis homme par le cœur, contrairement au sentiment de***, qui prétend que *vir pectore* veut dire qu'elle n'a pas de gorge.

« Il n'en est pas moins vrai que je vous donne un démenti. » — M. Cousin à M. Molé en pleine Chambre des pairs.

Non ponebat enim nummos ante salutem. — « Il ne mettait pas l'argent au-dessus de la vie. »

En général, on aime trop l'argent et on en dit trop de mal. — Les hommes en médisent comme d'une maîtresse avec laquelle on est brouillé.

L'argent a son mérite, je ne trouve d'ennuyeux que les moyens de l'avoir.

Nous ne pouvons nous souvenir sans tressaillement de la première fois qu'on ouvrit devant nous une *caisse*, une vraie *caisse* en fer, avec de gros clous et une serrure à secret; une de ces caisses qui coûtent si cher, qu'une fois que nous l'aurions payée, nous n'aurions plus rien à mettre dedans. Il y avait dans cette caisse des billets de banque, de l'or et de l'argent de toutes sortes. Nous nous rappelons encore parfaitement les paroles qui retentirent à nos oreilles pendant que le caissier y fourrait la main et agitait l'or et les billets de banque. Par moments, c'était un bruit confus de voix claires et aiguës ou fêlées, et un frottement de papiers; d'autres fois, une seule voix prenait la parole, puis toutes reprenaient ensemble; et, quand la caisse fut fermée, nous entendions encore un sourd murmure. Mais voici ce que nous nous rappelons :

UNE PIÈCE DE DIX SOUS, *d'une petite voix flûtée.* Un bon

petit livre relié en parchemin, — un Horace chez les bouquinistes, — une contre-marque au théâtre de la Gaîté.

PLUSIEURS PIÈCES DE DEUX SOUS, *d'une voix de cuivre.* Des aumônes aux pauvres aveugles, des petits cierges à faire brûler devant la chapelle de la Vierge à l'église.

UNE PIÈCE DE CINQ FRANCS. Une bouteille de vin d'Aï, une bouteille d'esprit et de gaieté, une bouteille d'insouciance, une bouteille d'illusions.

TROIS PIÈCES DE CINQ FRANCS, *à l'unisson.* Un beau bouquet pour la femme que l'on aime, des camélias rouges comme ses lèvres; — le bouquet, entre tous ceux qu'on lui a envoyés le matin, sera préféré, soigné, conservé, et le soir, au bal, on le tiendra à la main : les rivaux seront furieux. Et, en sortant, au moment où on cachera de belles épaules sous un manteau de moire grise, on rendra à l'heureux son bouquet, sur lequel il aura vu, pendant le bal, appuyer une bouche charmante; et le baiser, il va le chercher toute la nuit sur les pétales de rubis des camélias.

UN LOUIS D'OR. La discrétion de la femme de chambre de celle que tu aimes; la femme de chambre elle-même, si tu veux, et si elle est jolie; — un dîner avec un camarade que l'on n'a pas vu depuis longtemps, et que l'on rencontre sur le boulevard, marchant dans l'ombre pour que le soleil ne trahisse pas les coutures blanchies d'un habit trop vieux; — les souvenirs de l'enfance au dessert, la jeunesse, les illusions, la gaieté, le souvenir des premières amours.

UN BILLET DE CINQ CENTS FRANCS. Veux-tu ce beau bahut gothique, à figures de bois richement sculptées?

TROIS BILLETS DE MILLE FRANCS, *d'une petite voix grêle et chiffonnée.* Veux-tu, dis-moi, ce beau cheval aux jarrets d'acier, que tu admirais l'autre jour, et qui donnait tant de noblesse au cavalier qui le montait, sous les fenêtres de la femme que tu aimes?

Veux-tu ce châle de cachemire vert, qu'un autre va donner demain, et qui sera le prix de bien douces faveurs?

BILLETS DE MILLE FRANCS, *dont nous ne dirons pas le nombre, attendu que les uns trouveraient que nous n'en mettons pas assez, — les autres que nous en mettons trop.* Veux-tu une femme vertueuse, veux-tu des vierges au boisseau, veux-tu des myriades d'épouses invincibles? Ne souris pas avec cet air d'incrédulité : celles qui refuseraient de l'argent accepteront des fleurs, des plaisirs, des sérénades, des fêtes ; elles accepteront l'admiration de ton luxe et la beauté qu'il te donnera.

Veux-tu des princesses?

Veux-tu des reines?

Veux-tu des impératrices?

UNE CENTAINE DE BILLETS DE MILLE FRANCS, *mis en paquet.* Veux-tu des prairies à toi, des arbres à toi, de l'ombre à toi; des oiseaux, de l'air, des étoiles à toi ; veux-tu la terre, veux-tu le ciel?

BEAUCOUP MOINS DE BILLETS. Veux-tu des consciences d'hommes incorruptibles; veux-tu, veux-tu de la gloire, des honneurs, des croix; veux-tu être grand homme, veux-tu être homme incorruptible; veux-tu être demi-dieu, dieu, dieu et demi?

Suite de la neuvième observation. — « *Il* a l'oreille rouge et le teint fleuri. » — MOLIÈRE.

« *Il* ne mérite aucune indulgence. » — M. DESMORTIERS, procureur du roi. (Note mise de sa main au bas d'une condamnation à la prison de la garde nationale contre votre serviteur.)

« Jean s'en alla comme *il* était venu. » — LA FONTAINE.

Les enfants prononcent I.

Disons à ce propos que voici en quoi consiste la première éducation des enfants.

1° — On lui apprend une langue entière qu'il oublie à six ans pour en apprendre une autre. — Avec le même soin et le même temps on aurait pu lui en apprendre deux dont il pourrait se souvenir. — Cette première langue, cette langue provisoire, nous l'avons tous parlée.

Nanan, — *tonton*, — *dada*, — *toutou*, — *tété*, — *tuture*, — *memère*, — *sesœur*, — *dodo*, — *faire dodo*, — *coco*, — *tata*.

Qu'il faut remplacer par *viande*, — *oncle*, — *cheval*, — *chien*, — *sein*, — *confiture*, — *mère*, — *sœur*, — *lit*, — *dormir*, — *soulier*, — *tante*.

2° — Quand l'enfant, qui a deux mains, veut se servir de la main gauche, on le gronde et on le bat s'il se défend contre l'infirmité qu'on veut lui infliger; cette sottise énorme équivaut à l'amputation d'un membre.

A force de ne se servir que de la main droite, on a arrangé tous les exercices et fabriqué tous les instruments pour cette main : de sorte que la main gauche, dont on ne se sert pas, finit par être réellement plus faible et plus maladroite que l'autre.

Et on rit beaucoup des sauvages qui se mettent des anneaux au nez !

Dixième observation. — FAUT.

L'auteur aurait pu, comme bien d'autres, remplacer *il faut* par *il est nécessaire;* — mais on a déjà pu apprécier son énergique concision : — il a craint de mériter le reproche que *Brutus* faisait à *Cicéron*, dont il appelait l'éloquence — *fractam et elumbem*, — cassée et éreintée. Il a pensé à *Montaigne*, qui dit, en parlant des longues phrases de certains orateurs ou écrivains : « Ce qu'il y a de vie et de moelle est estouffé par ces longueries. »

Et il a mis *il faut*, — qui est, de toutes les façons que possède la langue française, le tour le plus vif et le plus concis pour exprimer son idée.

Cherchons quelques exemples d'un choix d'expression aussi heureux.

« *Il faut* qu'un seul commande. » — Homère.

« Aux écus et aux armoiries des gentilshommes, il ne serait pas convenable de voir une poule, une oie, un canard, un veau, une brebis, — ou autre animal bénin et utile à la vie : *il faut* que les marques et enseignes de la noblesse tiennent de quelque bête féroce et carnassière. »

Un ancien — *de Vanitate scientiarum*.

Δεῖ πινειν μετρίως, « *il faut* boire avec mesure. » — Anacréon.

Parbleu ! je profiterai de la circonstance — pour parler un peu d'Anacréon. Beaucoup trop de gens ont été trouvés la nuit au coin des bornes, qui s'en consolaient et n'en avaient nulle honte, — prétendant leur cas un simple ébat *anacréontique*.

Or, les trois mots que je viens de vous citer sont le titre d'une petite pièce d'Anacréon : — ces trois mots sont déjà assez significatifs ; — voyons, cependant, de quelle mesure entendait parler Anacréon.

« Esclave, dit-il, mets dans ma coupe cinq mesures de vin et dix mesures d'eau. »

Δέκ' ἐγχεάς ὕδατος, τά πέντε δ'οἴνου

boisson qui me paraît être assez voisine de l'eau rougie.

J'aimais encore mieux, à vous dire franchement mon avis, les soupers où on se grisait et où on chantait — que les banquets politiques où on ne se grise pas moins et où on traite des intérêts sérieux, où l'on improvise des constitutions et des grands hommes ; j'aimais mieux de bonnes grosses figures rouges, réjouies, débraillées, que des figures grimaçant la dignité et faisant de longs discours ennuyeux, empruntés à un journal, qui les reproduira le lendemain.

Hélas ! — la pauvre chanson, — cette création des Français, — elle est devenue une *ode*, et elle en est morte ; — toutes ces sociétés chantantes — *des enfants du délire, des fils anacréontiques d'Apollon*, qui n'étaient que ridicules, qui s'amusaient et qui n'ennuyaient personne, ont été remplacées par les gueuletons, où on parle, où on ne s'amuse pas, où on ennuie les autres, et d'où il sort des phrases boursouflées pour lesquelles nous sommes depuis onze ans en pleine guerre civile.

Le hasard m'a fait apprendre où en est réduit le *Caveau*, cette espèce d'académie plus buvante et chantante et souvent plus spirituelle que l'autre.

Le Français né malin a créé l'un après l'autre le *vaudeville* et la guillotine — et *les cultive* simultanément, pour me servir de l'expression d'un avocat cité par les *Guêpes* : « C'est en Italie qu'on *cultive* le poignard, mais en France jamais. »

Observation pleine de justesse. — Rappelez les grands crimes : — vous y verrez employer — le marteau, — le compas, — le couteau, — l'alène ; — mais jamais le poignard.

C'est un bienfait que nous devons à la police, qui défend de tuer. . . . . . . avec un poignard, — sous peine de quinze francs d'amende en sus de la mort.

Pour en revenir à la guillotine, les partisans de la gaieté française — prétendent que le Français l'a inventée, il est vrai, mais pour faire des chansons sur ce sujet nouveau, — le *vin*, les *belles*, l'*amour*, commençant à s'user ; ainsi qu'en peuvent faire foi un grand nombre de couplets badins de ce temps-là, — et que ce n'est que par cas fortuit que l'invention a été un peu détournée de son but primitif.

Quoi qu'il en soit, — il y a eu des phrases où la gaieté française a paru éprouver du malaise et a subi des interruptions qui ont fait craindre à quelques *joyeux drilles* qu'elle ne disparût tout à fait. —Ils ont pensé qu'il convenait de lui créer un temple et un asile où elle pût se retirer dans les moments difficiles. — Ils se sont nommés *vestales* de ce feu sacré, — et, sous le titre bien connu de *membres du Caveau*, ils se sont réunis à jour fixe pour l'empêcher de s'éteindre et faire des libations.

Il n'y a pas bien longtemps, j'entrais pour dîner dans un cabaret; — je ne tardai pas à m'impatienter de la lenteur qu'on mettait à me servir. Je m'en plaignis au garçon.

— Voilà dix fois que je vous appelle, — vous avez l'air tout effaré, — vous allez, vous venez. — Que se passe-t-il donc dans cette maison?

— Monsieur, c'est que c'est le dîner du Caveau.

— Comment! le Caveau existe encore?

— Oui, monsieur, et il dîne; — vous ne tarderez pas à entendre ces messieurs.

— Entendre? est-ce que réellement ils chantent?

— Certainement.

— Peut-on voir la salle?

— Oui, — il n'y aura personne avant un quart d'heure.

Je suis le garçon et j'entre dans la salle du banquet.

Il y avait une vingtaine de couverts. Sur la table, en forme de surtout, étaient les vases de porcelaine avec des pyramides de fruits magnifiques, — des temples de carton doré portant des pastilles, etc., etc. — Je me récriai sur la beauté des fruits: — il y avait des oranges monstrueuses, des grenades, — des ananas.

— Je le crois bien, monsieur, que vous les admirez, me dit le garçon; c'est qu'ils sont beaux aussi, — et chacune de ces corbeilles sera comptée soixante-dix francs sur la carte *de demain*.

— Comment! demain?—Vous me disiez que le banquet était pour aujourd'hui.

— Oui, le banquet du Caveau; — mais il y a une noce demain: — les convives d'aujourd'hui n'y toucheront pas, — c'est seulement pour le coup d'œil ; — ces fruits ont été achetés pour la noce de demain, — aujourd'hui c'est un décor.

Je détournai les yeux de ces fruits : semblables aux fruits de carton des dîners de théâtre, — ou plutôt semblables aux fruits de Gomorrhe, qui remplissaient la bouche de cendre,— ceux-ci eussent vidé la poche de trop d'écus et trop *enflé* la carte.

— Au moins, dis-je,— je vois que ces messieurs ne négligent pas le vin.

— C'est à la forme des bouteilles que monsieur voit cela ?
— Oui, certes.
— Ce sont bien des bouteilles à vin de Bordeaux, monsieur a raison, — mais on a mis dedans du piqueton à quinze sous.
— Comment ! brigand...
— Il n'y a pas de brigand, — c'est convenu avec eux, — ce sont eux qui le veulent. Ils ne donnent que cent sous par tête, *vin compris;* — et ils sont contents, pourvu que le festin *ait l'air* somptueux : aussi voyez ce poisson.
— Il est magnifique.
— On l'a servi hier à une *société*, — la *société* en a mangé la moitié : — aujourd'hui on l'a retourné, et on le sert à ces messieurs du Caveau.
— C'est un profil de poisson.
— Comme vous dites. — Mais, j'entends du monde.

Sous la Restauration, les gens qui, aujourd'hui au pouvoir, jouent le rôle que jouait la Restauration, — jouaient alors précisément le rôle que joue aujourd'hui l'opposition.

Aux époques d'élections,— on envoyait des commis voyageurs politiques courir les campagnes — et endoctriner les fermiers. — Trois jeunes gens, entre lesquels était D***, fondateur de la *Gazette des Tribunaux*, aujourd'hui mort, — allaient en Normandie appuyer l'élection de je ne sais qui; — on les reçut à ravir chez un gros fermier; on les fit chasser le matin; — ces messieurs n'y étaient pas habitués, ils rentrèrent à deux heures pour le dîner, complétement harassés. — On commença alors un de ces dîners normands, qui laissent loin derrière eux les festins décrits par Homère. — Celui-ci dura six heures, — c'est un repas moyen; j'en ai fait de huit heures. — On but, Dieu sait combien; nos trois amis étaient morts de fatigue et d'eau-de-vie. — D***, qui était chargé de porter la parole, avait prononcé un discours suffisamment subversif, et s'était endormi.

Le second, qui devait chanter une chanson patriotique, s'était assoupi pendant le discours de son collègue; — D*** seul veillait, mais il se sentait la tête lourde et du sable dans les yeux. Cependant il s'aperçut que les Normands avaient gardé toutes leurs forces, — et n'étaient gris qu'au point bien juste où on traite, dans les banquets, les affaires de l'État. — Il poussa du coude le chanteur, — mais l'autre ne dormit que de plus belle. — D*** ne savait pas une seule chanson du genre exigé; — cependant, quand vint son tour, — il vit qu'il fallait s'exécuter, et, après s'être recueilli, il chanta :

> Le général Kléber,
> A la porte d'Enfer,
> Aperçut un Prussien
> Qui passait son chemin.

Ceci, messieurs, est une allusion à l'invasion et au gouvernement qui nous a été imposé par les baïonnettes étrangères.

RERAIN.

> Larifla, flafla, larifla.

DEUXIÈME COUPLET.

> Le général Marceau,
> Qui n'était pas manchot,
> Dit : « C'est pas étonnant,
> J'en ferais bien autant. »

Oui, messieurs, s'écria D***, Marceau ne disait pas assez : — la France est la première des nations, elle doit avoir le sceptre du monde.

REFRAIN.

Larifla, flafla, larifla.

Il y a une vingtaine de couplets. — A chaque couplet, le refrain se répétait en chœur, et on buvait un verre d'eau-de-vie de cidre ; — l'enthousiasme allait croissant, comme vous pouvez le supposer. On arrive au dernier.

Le général Vendamme.

D*** s'arrêta et dit au maître de la maison : « Faites retirer les domestiques. »

Sur un signe du fermier, les domestiques sortirent ; — D*** se leva et regarda derrière les portes s'il n'en était pas resté quelqu'un ; assuré sur ce point, il revient à sa place et dit son couplet en baissant la voix :

> Le général Vendamme,
> Ayant perdu sa femme,
> Dit : C'est bien malheureux
> De les pleurer tous deux.

Ceci, messieurs, est un regret de la mort de l'empereur, — oui, messieurs, la gloire de l'Empire n'est pas encore éteinte, elle n'est qu'éclipsée par une dynastie qui pèse sur le pays.

— L'empereur n'est pas mort, — dit un des fermiers.
— Vive l'empereur ! — crièrent les autres.

REFRAIN.

Larifla, flafla, larifla.

Onzième observation. — QUE.

Ceci est le second QUE *que* nous avons déjà reproché à notre auteur ; — il est souvent bien difficile d'éviter le *que*, — nous venons nous-mêmes d'en placer un immédiatement après un autre (QUE *que*), que l'oreille ne peut... bien ! en voici un troisième à présent.

Douzième observation. — LES. (*Au numéro prochain.*)

POST-SCRIPTUM. — En général, on gourmande beaucoup un auteur qui parle de lui-même ; — il semble, au premier abord, difficile d'accorder ce blâme avec la curiosité qu'ont les gens de savoir les plus petits et les plus intimes détails de la vie et les habitudes des hommes qui s'élèvent... tant soit peu au-dessus de la foule par le hasard ou par le talent. Ces deux choses cependant proviennent de la même cause. On aime à trouver dans les hommes auxquels survient la célébrité des coins par lesquels ils rentrent dans les proportions communes, — des côtés par lesquels on reprend sur eux l'avantage qu'ils ont pris d'autres côtés. La curiosité qu'on a pour eux n'est donc nullement bienveillante, — et elle ne peut être satisfaite par les indications qu'ils donneraient eux-mêmes ; — il vaut mieux que les renseignements soient moins certains, pourvu qu'ils soient plus fâcheux. Il n'est fable si grotesque sur un homme en vue qui ne soit accueillie par le public, et avec une confiance sans bornes.

Aussi, dans mes premières observations sur l'œuvre du *Courrier Français*, ai-je un regret très-vif de ne pouvoir parler que de l'ouvrage, faute de connaître l'auteur : il vous eût été agréable de savoir, par exemple, s'il a le nez trop long ou trop court, s'il a une épaule un peu haute, ou une jambe un peu courte ; vous aimeriez que son père fût portier et qu'il eût des dettes.

Je sais bien que, si je vous le disais, vous le croiriez sans scrupule et que vous n'admettriez aucune preuve du contraire, quelque convaincante qu'elle pût paraître ; ces renseignements qui ravalent les gens sont suffisamment prouvés par le désir qu'ont ceux à qui on les donne qu'ils soient véritables.

J'aurais voulu, au moins, vous dire quel tic l'auteur a eu en écrivant ; car les uns tambourinent sur la table, les autres roulent du tabac dans leurs doigts ; — celui-ci siffle entre ses dents ; — celui-là se gratte le front. M. Victor Hugo marche en faisant ses vers ; — M. A. de Musset fume ; — M. Antony Deschamps s'enfonce les poings dans les yeux ; — M. Janin parle d'autre chose avec les gens qui sont autour de lui ; — M. de Balzac boit des soupières de café ; — M. Gautier joue avec ses chats ; — M. de Vigny passe ses doigts dans ses cheveux ; — M. Paul de Kock renifle du tabac ; — pour votre serviteur, il tourmente ses moustaches et les tire jusqu'à se faire mal.

Malheureusement, — je n'ai aucun moyen de vous donner des renseignements de ce genre sur notre auteur, — et je comprends tout ce que mon travail a d'incomplet. — En effet, comme je vous le disais tout à l'heure, on aime à tempérer l'admiration qu'on croit ne pouvoir refuser à un homme par quelque chose d'horrible ou de ridicule qu'on sait de lui, ce qui rétablit l'équilibre ; et, tout en nous le montrant supérieur par un côté, nous rend cette supériorité d'un autre côté. Il n'est pas un seul homme, si élevé qu'il soit au-dessus des autres, que nous ne nous croyions supérieur à lui en quelque point.

N'ai-je pas moi-même, tout à l'heure, dans ma première observation sur le fragment que je commente, abusé de mes habitudes sur les côtes de Normandie pour chicaner mon auteur sur une petite erreur au sujet des causes qui agitent ou qui calment la mer, et n'avais-je pas, il faut l'avouer, pour but, beaucoup moins de vous éclairer que de prendre moi-même un avantage sur cet écrivain, et de me venger des éloges que je suis forcé de lui donner, en le rabaissant sur un point où j'ai une supériorité du moins apparente ?

Décembre 1841.

Les tombeaux de l'empereur. — M. Marochetti. — M. Visconti. — M. Duret. — M. Lemaire. — M. Pradier. — Un nouveau métier. — L'arbre de la rue Laffitte. — Les annonces. — Les réclames. — Un rhume de cerveau. — Un menu du *Constitutionnel*. — D'un acte de bienfaisance qui aurait pu être fait. — Les départements vertueux et les départements corrompus. — M. Ledru-Rollin. — Un nouveau noble. — M. Ingres et M. le duc d'Orléans. — Les prévenus. — L'opinion publique. — Suite des commentaires sur l'œuvre du *Courrier français*. — M. Esquiros. — Le secret de la paresse.

Quand un journaliste parle de la *presse* en général, — c'est tout ce qu'il y a de vertueux, d'honnête, de désintéressé, de respectable.

C'est la seule majesté qu'il soit possible de reconnaître. — Les lois doivent plier devant elle; — c'est un crime de se défendre contre ses attaques; — elle a raison sur tout et contre tout. — La presse est infaillible.

Nous pourrions un peu démêler ce faisceau serré et en examiner chaque brin et chaque fascine l'un après l'autre, — mais laissons ce soin à la presse elle-même.

La presse se divise en deux grands partis : 1° ceux qui sont pour le gouvernement, c'est-à-dire qui veulent obtenir d'*amitié* les places et l'argent;

2° Ceux qui sont contre le gouvernement, c'est-à-dire qui veulent prendre de force l'argent et les places. Chacun de ces deux partis traite l'autre fort mal.

Prenons un journal ministériel : Les journaux de l'opposition sont des anarchistes, — des révolutionnaires, — des fauteurs de troubles et de désordres.

Un journal de l'opposition, parlant des journaux ministériels, — les appelle des journaux corrompus et vendus au pouvoir, — des oppresseurs du peuple ; — puis, si d'autre part vous recueillez les jugements portés sur les hommes parvenus de la presse par ceux qui ne sont pas parvenus, si nous admettons en principe que la presse est infaillible, nous sommes fort embarrassés quand elle se trouve ainsi divisée. Chacun des deux partis est de la presse qui est infaillible, il faudrait donc croire et admettre ce qu'ils disent tous les deux l'un de l'autre.

Je ne compte pas vous entretenir du tombeau de Napoléon ; — quatre-vingt-trois projets de tombeau ! Il n'y avait, selon moi, qu'un tombeau, — pour l'empereur, — celui que la destinée lui avait donné dans une île presque déserte, sous un arbre.

Puis ensuite, — comme la pensée semble comme les vents avoir plusieurs couches à diverses hauteurs ; au point de vue de la gloire humaine, de l'orgueil national, — c'est-à-dire au-dessous du point de vue poétique, — il fallait l'enterrer à Saint-Denis, là où il avait fait faire deux portes en bronze pour son tombeau ; et enfin, au point de vue de l'admiration contemporaine de ses soldats, il fallait le mettre sous la colonne de la place Vendôme.

Je ne parlerai donc pas des quatre-vingt-trois projets qui tous ont la prétention d'être exécutés aux Invalides ; d'ailleurs, qu'est-ce que ces concours où la plupart des artistes les plus distingués d'un pays ne se mêlent pas ? — Lemaire est à Pétersbourg. — Pradier en Italie. — Duret bien plus loin, car il est au fond de son atelier, où il boude. — M. Visconti a conçu un projet qui ne manque pas de grandeur.

M. Marochetti en a présenté un qui paraît réunir plusieurs suffrages, — mais qui présente en même temps une petite difficulté qui pourrait bien faire reculer le jury d'examen : — il faudrait commencer par enlever la voûte et le dôme des Invalides.

🐝 Au commencement de la saison, on a eu à enregistrer cinq ou six morts funestes de savants, — d'artistes, etc., — sans compter les propriétaires et les pauvres diables, victimes de leur propre maladresse à la chasse, ou de celles de leurs compagnons ; — ceci coïncidant avec la diminution progressive du gibier, — donne pour résultat qu'il se tue beaucoup moins de perdreaux que de chasseurs.

On lit ceci dans un journal — (*N. B.* C'est un sarcasme) :

« Nos escadres de la Méditerranée, qui *offusquaient l'Angleterre*, ont été dispersées et désunies. Mais le *Moniteur* s'empressait hier de nous offrir une *glorieuse compensation* à cette humiliation maritime : il résulte d'un rapport du prince de Joinville, daté de Terre-Neuve, que nous n'avons pas cessé *d'occuper un rang des plus brillants* sous le rapport de la pêche de la morue et des harengs. »

De même qu'en fait de modes d'habits on voit succéder les gilets trop longs aux gilets trop courts; — de même, en fait de mode de langage, au chauvinisme qui, sous la Restauration, montrait toujours un soldat français triomphant des armées coalisées de l'Europe, — a succédé, aujourd'hui, un autre ridicule qui consiste, de la part des journaux, à montrer toujours la France humiliée et foulée aux pieds. Un journal un peu répandu doit au moins deux fois la semaine raconter qu'un Français a reçu des coups de pieds à Pétersbourg, qu'un autre a été empalé à Constantinople, et un troisième mangé quelque autre part ; tant ces honnêtes journaux se complaisent dans une humiliation que le plus souvent ils inventent. Mais ici, on peut voir d'une manière manifeste ce que c'est que la politique de ces pauvres carrés de papier.

Ils seraient fort étonnés si on leur disait : « Mais cette pêche du hareng et de la morue est une des branches de commerce les plus importantes ; mais c'est la vie de populations entières ; mais il y avait plus de vingt ans qu'on n'avait pas fait une bonne pêche : il y avait plus de vingt ans qu'un nombre prodigieux de familles vivaient dans la misère et dans les privations.

Oui, certes, c'est une belle compensation à une diminution d'appareil militaire, et de fanfaronnades inutiles.

Mais on dit que je fais des paradoxes quand je crie, comme je le fais depuis trois ans, que le premier besoin du peuple, c'est de manger.

🙢 Ah! si vous voyiez, comme moi, ces pauvres pêcheurs de la Normandie et de la Bretagne ; — leurs durs travaux, — leurs journées et leurs nuits de fatigues avec la mort sous les pieds ; — si vous voyiez, comme moi, toutes ces blondes familles de dix enfants, à peine vêtus, à peine nourris, quand leur père revient sans rapporter de quoi souper, remerciant Dieu de ce qu'il n'a pas permis qu'il fût englouti dans les vagues de l'Océan ; vous ne trouveriez pas que ce soit une nouvelle si peu importante, si ridicule même, celle qui vient vous dire que cette année la pêche du hareng a été favorable, et que tous ces gens-là mangeront.

🙢 Je me rappelle un temps où Henry Monnier n'avait pas de plus grand plaisir que de chercher les métiers bizarres et inconnus auxquels se livrent certaines gens. Il a fait ainsi de singulières découvertes. En voici un qu'il n'a pas trouvé, et que ni lui ni moi n'aurions inventé.

Les habitants de la campagne ne sont guère exposés, en fait de maladies, qu'à des pleurésies et des fluxions de poitrine, — on leur ordonne des sangsues. — Le village d'Augerville-Bayeul est situé à cinq lieues de Havre, — d'où il tire ses sangsues. Au Havre chaque sangsue coûte sept sous. C'est fort cher.

Une brave femme du pays a imaginé de louer des sangsues, — elle en a acheté une vingtaine et elle s'est faite bergère de ce noir troupeau, — elle les soigne et les entretient; quand un malade a besoin de sangsues, elle en loue la quantité demandée à l'heure ou à la saignée; — l'opération faite, on lui rapporte ses sangsues. — Si quelqu'une de ses sangsues meurt ou fait une maladie entraînant incapacité de travail, elle se fait payer la valeur de la morte, — ou convenablement indemniser de la perte qui résulte de l'indisposition de son animal.

Le monsieur qui annonçait dans les journaux — *des graines de l'orgueil de la Chine* à vendre, — rue Laffitte, 40, — a profité de l'avis que je lui ai donné dans le volume du mois dernier.

Je faisais remarquer que les annonces publiées pendant le mois d'octobre — portaient que cet arbre — se semait *d'octobre à novembre*, — et que les annonces insérées dans les journaux — omettaient cette particularité.

Qu'a fait le monsieur, — le planteur de la Louisiane ? — Il a continué à publier des annonces à la quatrième page des journaux; — seulement dans ces dernières annonces publiées tout le long du mois de novembre, — l'orgueil de la Chine — (en chinois *arbor sancta*) ne se sème plus du tout d'octobre à novembre, — il se sème maintenant de la *mi-octobre jusqu'à la mi-mars*.

Pas avant, — pas après.

Mais que feront ces braves gens qui, sur la foi de la première annonce, — ont acheté et semé de la graine de l'orgueil de la Chine ?

Ces gens-là, dites-vous ?

Oui.

Eh bien, — ils en achèteront d'autre, qu'ils sèmeront maintenant de la mi-octobre à la mi-mars.

Parbleu! l'ami Mars est venu là fort à propos et s'est montré un véritable ami pour prolonger le délai pendant lequel le planteur de la Louisiane — espère duper le public, — avec l'assistance des carrés de papier de toutes les couleurs et de toutes les opinions, — un franc la ligne.

Sérieusement, — carrés de papier, — croyez-vous jouer là un rôle bien honorable, — que d'être ainsi complices de toutes les friponneries contemporaines, — de tous les charlatanismes, — de vous établir compère de tous les marchands d'orviétans?

Vous répondez : « *On* sait bien que la quatrième page des journaux est livrée aux annonces — et que nous ne sommes pas responsables de ce qu'elles disent. »

On? qui est-ce que ce *on ?* — vous, — moi..., et ce n'est pas ici le lieu de dire que je m'y suis laissé prendre plus d'une fois.

« Et, d'ailleurs, ajoutez-vous en général, la signature des gérants précède les annonces, ce qui explique, clair comme le jour, que nous ne garantissons pas au public la vérité des annonces que nous insérons. » Très bien ; — mais alors, gens si vertueux pendant trois pages, pourquoi cette facilité de mœurs à la quatrième page? pourquoi ne pas mettre en gros caractères en haut de votre quatrième page :

« Ceci est un mur public — où on affiche ce qu'on veut, — moyennant la somme de... — Nous ne garantissons pas ce qu'il plaît aux marchands d'y mettre ; — ce sont eux qui parlent — et qui crient ainsi leur marchandise — à une distance où leur voix ne parviendrait pas. »

Vous ne l'avez jamais fait, carrés de papier, vous ne le ferez pas ; bien plus, quand vous avez pensé qu'*on* commençait à soupçonner que ce pouvait bien être cela, vous avez imaginé la *réclame;* la réclame est une annonce mieux déguisée, là le journal ne se contente pas de ne pas dire qu'il ne garantit pas le vérité de ce qu'il publie.

Là, il assume toute la responsabilité de la chose ; là, il prend la parole, il se fait crieur public, il annonce lui même les marchandises plus ou moins honteuses, et il donne son opinion à lui, il dit *je* ; par exemple, c'est dix sous de plus.

Il dit : « *Nous* ne saurions trop recommander la pommade de M. un tel.

« *Nous* avons vu des effets surprenants de la poudre de madame de Trois-Étoiles.

Le tout signé du nom de chaque rédacteur ou gérant responsable.

Pendant que nous parlons des annonces, — disons que le *Journal des Débats*, ce rigoriste — qui prêche la morale, publie à sa quatrième page des annonces dont je ne puis pas imprimer ici le contenu, — et une gravure — représentant une femme qui se livre à des danses pcohibées par la police, et qui, tout en dansant, appuie son pouce sur son nez et fait tourner sa main sur ce pivot pour narguer un garde municipal qui la regarde.

Il est un mal horrible, — un mal qui, en quelques instants, fait de l'homme le plus spirituel une buse et un idiot ; — je veux parler du rhume de cerveau. Un rhume de cerveau fait horriblement souffrir, et rend en même temps parfaitement ridicule. — Un jeune homme est obligé d'attendre la nuit, dans un jardin, un entretien longtemps désiré et demandé. — Tout ce qui l'entoure invite à la plus douce et à la plus poétique rêverie ; — la lune monte à travers les arbres, — les clématites exhalent de suaves odeurs. — Il entend des pas légers et le frôlement d'une robe, — c'est elle ! — son cœur bat si fort, qu'il semble qu'il va rompre sa poitrine pour s'échapper. — Enfin, il pourra donc lui dire tout ce qu'elle lui a inspiré depuis qu'il la connaît ; — il va lui révéler tout ce trésor d'amour qu'il a amassé dans son âme, — et les premiers mots qu'il prononce sont ceux-ci : « Ah ! badabe, cobe je vous aibe ! »

Le malheureux s'est enrhumé à attendre sous les arbres. Un autre a à prononcer un discours en public, — un toast à porter dans un gueuleton patriotique ; — il répète son toast d'avance et s'entend avec effroi dire : « Bessieurs, dous dous sobes réudis dans ude intention purebent patriotique, — ou : « Je debande la bort des tyrans. »

Comment faire? Son discours lui a coûté bien du mal — et ferait tant d'effet ! — à coup sûr on le mettrait dans le journal. — Il va trouver un médecin.

— Bossieur, il faut que vous me rendiez un grand service.

— Volontiers, monsieur, si cela dépend de moi.

— J'aibe à le croire, bossieur ; — j'ai ud' affreux *rhube de cerbeau*.

— Ah ! ah ! un coryza ?

— Un rhube de cerbeau !

— Oui, — j'entends bien, — c'est ce que nous appelons un coryza.

Le malade est flatté de voir que la science s'est occupée assez spécialement de son mal pour lui donner un nom inconnu du vulgaire ; — il se voit d'avance guéri.

— Bossieur, — c'est que, pour ud' adiversaire, je suis bembe d'un dider, et il d'y a pas boyen d'y banquer.

— Cela n'empêche pas de manger, — seulement les aliments vous paraîtront moins savoureux.

— Bossieur, s'il s'agissait seulebent de banger... ça de be ferait rien, — je be boque des alibents, — mais c'est que j'ai un discours à prodoncer, — et vous compredez qu'avec bon rhube de cerbeau, — on d'entendra pas le boindre bot.

— Alors, c'est fort désagréable.

— Qu'est-ce qu'il faut faire, bossieur, pour bon rhube de cerbeau ?

— Pour votre coryza ?

— Oui, — bossieur, — on b'avait dit de redifler de l'eau de Cologne.

— Ça n'est pas mauvais.

— Ça n'est pas bauvais, bais j'en d'ai rediflé trois verres et ça de va pas bieux. — On m'avait dit également de be bettre du suif de chandelle autour du dez.

— On en a vu de bons effets.

— Je be suis bis deux chandelles entières sur la figure et ça de va pas bieux. — Qu'est-ce qu'il faut faire, bossieur?

— Il faut essayer d'une fumigation.

— Et ça be guérira-t-il?

— C'est possible.

— Cobent! ça d'est pas sûr!

— Non, monsieur.

— Et vous d'avez pas d'autre boyen?

— Des bains de pieds.

— Ah! et ça be guérira-t-il?

— Peut-être, — d'ailleurs, ça n'est jamais bien long, attendez que ça se passe.

Et le malade s'en va persuadé que les médecins, comme certains parrains de complaisance, se sont contentés de donner un nom au rhume de cerveau, — sans se soucier de ce qu'il deviendrait à l'avenir;

Qu'ils sont très-forts sur la lèpre qu'on n'a plus, et sur la peste qu'on n'a pas; — mais qu'ils ne savent rien sur les rhumes de cerveau et sur les cors aux pieds.

※ Le *Constitutionnel*, en parlant d'un repas donné par M. O'Connell, a fait une énumération qui a lieu d'étonner de la part d'un journal qui compte au nombre de ses fondateurs des hommes qui passent pour savoir manger.

On lit dans le menu du *Constitutionnel* : « Cent pommes de pin » (*pine apple*, que le *Constitutionnel* traduit par *pommes de pin* — veut dire *ananas*. Il y a de quoi rompre la bonne harmonie qui existe, d'après certains journaux, ou qui n'existe pas, d'après certains autres, entre la France et l'Angleterre, en prêtant de semblables nourritures à nos voisins). Le *Constitutionnel* ajoute : « Trente plats d'orange et *autres tourtes.* »

Ce mot me rappelle une locution semblable d'un portier que j'ai eu et qu'on appelait M. Gorrain. « Monsieur, disait-il, malgré les crimes des jésuites, il ne faut pas oublier que c'est à eux que nous devons l'importation des abricotiers, des dindons et d'une multitude d'autres fruits à noyau. »

L'autre jour, — dans une maison — où on lisait le journal à haute voix, le lecteur arriva à cette anecdote :

« Le roi était attendu hier, vers une heure, au château des Tuileries. — Tout à coup des cris : Au secours ! un homme se noie ! se font entendre, — dix batelets se détachent de la rive, — on saisit un homme qui allait disparaître, — on le porte au bureau de secours, — puis chez le commissaire de police, — où cet homme déclare que c'est la misère qui l'a poussé à cet acte de désespoir. »

Le lecteur s'arrêta.

— Continuez donc, lui dit la maîtresse de la maison.

— Mais c'est tout ; il y a un point.

— Mais non ; — il est impossible que le roi n'ait pas fait donner des secours... Tournez la page.

— Je la tourne, et je lis : « Nous ne saurions trop recommander à nos lecteurs le mou de veau... »

— Assez... Comment, le roi ?

— Il ne passait peut-être pas précisément à ce moment-là ; — et puis, on peut ne pas lui avoir dit la chose.

— C'est égal, il n'a pas eu de bonheur cette fois-là.

Il est évident que la presse est l'origine de l'horrible désordre qui mine la société. — Quelques niais demandent à ce sujet des lois répressives. — Je l'ai dit vingt fois, — c'est, au contraire, le moment de lui mettre la bride sur le cou. — Laissez la presse libre, — sans cautionnement, — sans timbre, —sans procès, — dans deux ans la presse sera morte ou réformée et moralisée. — C'est une gageure que je tiendrais en mettant ma tête pour enjeu.

Toutes ces sociétés secrètes sont comme les *mans* qu'on trouve dans la terre, où ils rongent les racines ; le soleil, le jour et l'air les font mourir.

⁂ Si la presse était libre, — les communistes, les égalitaires, qui sais-je, moi, chacune des trente ou quarante républiques dont se compose le parti républicain aurait son journal et développerait ses idées. — Vos lois répressives de la presse donnent à tous les journaux de toutes les opinions des limites égales dans l'expression de leurs opinions, — qui rendent leur langage presque identique, de telle sorte qu'ils se trouvent combattre ensemble, — et dans les mêmes rangs contre vous, — pour des causes toutes différentes, ou ennemies.

Laissez chacun arborer l'étendard qui lui plaît, — et vous verrez cette grande armée de l'opposition que, par vos sottes lois répressives, vous réunissez malgré elle sous un seul et même drapeau d'une couleur bizarre formée du mélange de tant de nuances,—vous la verrez se diviser en petites cohortes, chacune sous son véritable étendard, avec ses couleurs, combattant pour son compte, — et contre ses alliées d'aujourd'hui.

Le procès fait à M⁰ Ledru-Rollin, et qui se termine par la condamnation de cet avocat, — est encore une sottise. — Votre gouvernement représentatif est un mensonge — si un candidat ne peut exprimer sa véritable opinion. — J'admets ici que M⁰ Ledru, ou tout autre avocat, ait une véritable opinion.

Ne comprenez-vous pas, d'ailleurs, que M⁰ Ledru ou tout autre, forcé par vos lois à l'hypocrisie, — réunira les suffrages de toutes les nuances qui avoisinent la sienne, — au lieu d'être réduit à ses véritables sectaires ?

⁂ Le *National* a eu un nouveau procès ; — cette fois il a

été acquitté.— Il a appelé encore ce jugement une leçon donnée au pouvoir.

M. Ledru-Rollin a été condamné. — On a dit que c'était une erreur du jury.

M. Quesnaut, candidat ministériel, échoue à Cherbourg. — Gloire aux électeurs,—leur bon sens et leur patriotisme sauvent la France.

M. Hébert, autre candidat ministériel, est nommé à Pont-Audemer à une grande majorité. — On crie à la corruption, — à la vénalité, — à l'ignorance.

Ainsi, il y a des départements entiers corrompus et des départements vertueux ; — cela vient de l'eau ou de l'air : — on n'en sait rien.

Cela est décidément par trop leste,—et le gouvernement maintient des lois répressives contre les journaux !— Mais laissez-les donc faire,—je vous le répète,—laissez-les deux ans,—laissez-les un an, — et la presse sera morte ou réformée.

Un M. Doyen, âgé de quatre-vingt-six ans, vient de faire entériner par la cour royale des lettres patentes qui lui confèrent le titre de baron ;—ces lettres ne sont que la confirmation d'un titre qui remonte à 1628. — C'est s'aviser un peu sur le tard, et cela ressemble un peu à ce que faisaient les seigneurs qui voulaient mourir dans un habit de moine de quelque ordre religieux,—supposant sans doute qu'ainsi déguisés ils ne seraient pas reconnus à la porte du paradis et y entreraient plus sûrement ; — pour ce qui est de M. Doyen, le lendemain de l'entérinement de ses lettres patentes, il était déjà, et pour ce fait, exposé aux avanies de quelques journaux.

Au premier abord, on pourrait s'étonner de voir à la même époque tant de manifestations de mépris pour les titres et les honneurs, — et tant d'avidité pour s'en affubler ; — c'est que les gens qui crient le plus ont moins de haine pour les dignités que pour ceux qui les possèdent ; que ce mépris est tout en paroles et n'est qu'une façon de dire de l'envie.

❧ Quand Jésus-Christ chassa les marchands du temple, — c'était avec une corde ; — on a employé des moyens plus doux pour M. Ollivier, qu'on a fait évêque. — On assure que c'est sur les instances réitérées du directeur de l'Opéra, qui voulait se débarrasser d'une dangereuse concurrence : — Saint-Roch, succursale de l'Académie royale de musique sous M. Ollivier, est redevenu une église sous M. l'abbé Fayet.

❧ M. Ingres, un peu enflé des éloges qu'on lui a récemment donnés avec une sorte de frénésie, — s'est laissé longtemps supplier par M. le duc d'Orléans de faire son portrait ; — il a fini par céder aux instances du prince royal, à trois conditions : 1° que M. le duc d'Orléans poserait chez lui, M. Ingres ; — 2° qu'il revêtirait tous les jours l'uniforme adopté et qu'il poserait au moins cent cinquante fois ; — 3° que le portrait ne lui serait payé que trois mille francs. — M. le duc d'Orléans a accepté toutes ces conditions, et même la dernière.

❧ On doit s'élever avec indignation contre le système appliqué en France aux *prévenus*.

D'après les statistiques des tribunaux, sur cinq accusés il n'y a pas deux condamnations ; — donc, un prévenu a trois chances contre deux pour être dans quinze jours : — un homme que la société a injustement arrêté, — emprisonné, — flétri aux yeux de bien des gens, — gêné et peut-être ruiné dans ses affaires, — humilié et désespéré, — un homme pour lequel il n'est pas de réparations trop grandes.

Le prévenu doit être traité avec tous les égards possibles ; — s'il est plus tard reconnu coupable, — la loi le punira ; — mais, s'il est déclaré innocent, — comment réparerez-vous votre erreur ? tâchez donc du moins qu'elle ait les conséquences les moins fâcheuses qu'il vous sera possible.

Personne n'a le droit d'infliger un mauvais traitement à un prévenu, — quelque léger qu'il soit — un prévenu doit être transporté, — s'il y a lieu, — avec toutes les aises imaginables et aux frais de la société.

Que le prévenu soit homme de la presse ou cordonnier, — c'est tout un ; — tant qu'il n'est pas condamné, il est innocent, il a droit à tous les égards qu'on aurait pour un innocent, bien plus : à ceux qu'on aurait pour un innocent injustement accusé.

D'ailleurs, s'il est coupable, son châtiment, sous quelque forme que ce soit, ne doit pas commencer avant que la loi l'ait prononcé.

C'est une chose qu'on ne saurait trop rappeler à messieurs de la justice dans tous les degrés de la hiérarchie, — c'est une honte pour un pays tout entier qu'il n'y ait pas de lois qui puissent préserver un innocent des ignobles traitements qu'on fait subir aux prévenus.

Un matin que j'étais avec M...y, — il lui prit une sainte colère contre la phraséologie des journaux et contre la crédulité de ceux qui les lisent. Il nous en tomba un sous la main qui parlait de je ne sais plus quelle *mesure* que l'*opinion publique flétrissait*.

Nous nous demandons d'abord : — Qu'est-ce que l'opinion publique ? et qu'est-ce que le carré de papier que voici ? Qu'entend-on par ces paroles, « l'opinion publique, » l'opinion publique veut-elle dire l'opinion de *tout le monde ?*

Non, par deux raisons : la première, c'est qu'une mesure ou n'importe quoi qui serait blâmé par *tout le monde* ne pourrait pas subsister un instant ; il faut donc excepter au moins de *tout le monde* : 1° ceux qui prennent la mesure ; 2° ceux qui la soutiennent ; 3° ceux qui en profitent.

La seconde raison, est que voici cinq autres carrés de papier : — trois approuvent la mesure et se disent les organes de l'*opinion publique* ; — deux autres, — aussi organes qu'eux de l'*opinion publique*, — n'en disent pas un mot.

— Il y a donc plusieurs opinions publiques sur le même sujet ?

Le résumé de notre discussion — fut qu'il n'y a pas d'opinion publique ; — qu'il n'y a pas assez de bonheur dans le monde pour que tous en aient une part ; — que celui des uns n'existe qu'au détriment des autres. Que, par cela qu'une mesure nuit à certains intérêts, elle sert merveilleusement à certains autres.

Que l'*opinion publique* se fait comme les *émeutes*, comme la *foule*.

Quand les journaux disent qu'il y a une émeute quelque part, les bourgeois et les ouvriers vont voir l'émeute, — les gendarmes s'y transportent pour la réprimer ; ceux-ci prennent les curieux pour l'émeute, et les bousculent, les curieux s'irritent et se défendent, — et l'émeute se constitue.

Les gens qui vont voir une pièce où on leur dit qu'il y a *foule* — ne s'aperçoivent pas qu'ils forment eux-mêmes cette foule, qu'ils venaient voir autant que la pièce.

Beaucoup de gens s'empressent de se ranger à ce qu'on leur dit être l'opinion publique, — surtout quand elle est contraire au gouvernement ; parce que, tout en obéissant à leur instinct de moutons de Panurge, ils ont un certain air d'audace sans danger qui flatte le bourgeois. — Ils seraient bien effrayés parfois s'ils savaient qu'ils sont à la tête de l'opinion dont ils croient suivre la queue, — et qu'ils seraient seuls de *leur opinion publique* — s'il n'y avait pas d'autres bourgeois pris dans le même piége.

Une chose tourmentait surtout M...y, c'était de savoir où on *flétrit les mesures :* car, — disait-il, — si chacun des membres de l'opinion publique, — qui doivent être nombreux, — se contente de flétrir ladite mesure chez lui, — comment le journal qui paraît ce matin a-t-il pu rassembler, dans l'espace de quelques heures, toutes ces flétrissures éparses d'une mesure prise hier matin, — pour pouvoir en former un total qui lui permette de présenter le nombre de flétrissures qu'il a réunies comme équivalant à une opinion publique ?

Il doit y avoir un endroit où on flétrit les mesures, — comme il y a une halle à la viande, — comme il y a une Bourse ; — il doit y avoir un endroit où on flétrit les mesures, — comme il y a un endroit où on en prend, — au bout du pont Louis XV.

Il faisait beau ; — nous nous mîmes en route pour une grande promenade. — Aux Tuileries, il y avait beaucoup de monde autour d'un bassin ; — M..y s'approcha pour voir si ces gens étaient réunis pour flétrir la mesure. — Ce n'était pas cela ; ils n'avaient pas même l'air de savoir qu'il y eût une mesure ; — ils donnaient des miettes de pain aux cygnes, — qui livraient leurs ailes entr'ouvertes au vent printanier, — semblables à de petits navires à la voile.

Dans un autre coin du jardin, beaucoup de gens qui, comme tout le monde, ont droit de considérer leur opinion comme partie intégrante de l'opinion publique, — appréciaient, en lisant les journaux, la mesure — qu'ils étaient censés avoir flétrie la veille.

Nous nous approchâmes d'un groupe fort serré, — à l'endroit appelé la Petite-Provence, — mais c'étaient des gens qui se chauffaient au soleil ; — personne n'y parlait — de la mesure.

Sur les quais, — quelques Français vendaient des gâteaux de Nanterre, quelques autres en achetaient ; — les uns fouettaient leurs chevaux, les autres regardaient couler l'eau.

De l'autre côté du pont, un monsieur lisait un livre mis sur le parapet à l'étalage d'un bouquiniste, et faisait une corne à la page où il restait de sa lecture, qu'il comptait continuer le lendemain.

Personne n'avait l'air de flétrir la mesure. — Ah ! — voici bien du monde rassemblé devant l'Institut. — Nous perçons la foule avec peine ; — c'étaient deux cochers qui se battaient.

Nous demandâmes pourquoi c'était, — parce qu'après tout ce pouvait bien être à cause de la mesure : — l'un des cochers la flétrissant, l'autre ne la flétrissant pas ; — mais ce n'était pas cela : l'un avait pris une demi-botte de foin à l'autre ; — le volé fut rossé.

Nous prîmes alors la rue Guénégaud en suivant trois hommes qui en entraînaient un autre.

— Qu'a-t-il fait? demanda M...y.

— C'est à cause des mesures, répondit le passant interpellé.

M...y avait un air triomphant :

— Venez, me dit-il, il s'agit cette fois de la mesure.

On fit entrer notre homme au n° 9, sous une porte ronde.

— Le voilà chez David, dit alors l'homme auquel M...y avait adressé sa première question.

— Et que fait-on chez David? demanda M...y.

— C'est la *fourrière*, répondit l'homme.

— Est-ce là qu'on flétrit les mesures? demanda M...y.

— C'est là qu'on les vérifie.

— Comment?

— Oui, cet homme qu'on emmenait a été surpris par les agents à vendre à faux poids. — On l'amène chez David. — Si David trouve que ses mesures ne sont pas justes, — il met en fourrière les poids, les balances et tout le bataclan. — C'est sans doute ce que vous appelez flétrir les mesures.

Ce n'était pas encore là ce que nous cherchions. — Découragés, nous montâmes en voiture et nous allâmes à Saint-Ouen, comme nous faisions souvent. — Là, grand nombre de Parisiens pêchaient à la ligne. — J'appelai Bourdin, un batelier de mes amis, — qui avait l'obligeance de garder mon canot.

N. B. J'apprends que le gouvernement l'a saisi et confisqué comme n'ayant pas les dimensions qu'il lui plaît d'exiger par une ordonnance qu'il aurait dû rendre avant que je fisse faire mon bateau ; — et les journaux disent qu'on désarme et qu'on disloque la flotte, — tandis qu'au contraire on prend des moyens quelque peu extrêmes pour posséder un plus grand nombre de bâtiments. — O mon pays ! si mon canot peut servir à ta gloire, — s'il peut surtout augmenter l'effectif de ta flotte, — faire trembler la perfide Albion — et faire taire les journaux, — je te l'offre de grand cœur.

Mais réellement, — pour un *ami du château*, ainsi que m'intitulent certains carrés de papier, — on me traite assez mal ; — le roi me donne douze francs par an — pour son abonnement aux *Guêpes*, — et on prend mon canot, qui m'a coûté cent écus.

J'appelai donc Bourdin, — Bourdin me mena près de ce pauvre canot, qui était caché dans les saules ; — il était fort joli, ma foi, — tout noir avec une bordure orange, — et le plus rapide de ces doux parages ; — nous montâmes dedans, — et je laissai dériver jusqu'à Saint-Denis. — Nous étions heureux comme deux poëtes que nous étions. C'était un spectacle ravissant ; — la rive était bordée de grands peupliers, droits comme des clochers, — de saules bleuâtres, — de fleurs de toutes sortes, de spirées avec leurs bouquets blancs, de campanules bleues ; — sur l'eau il y avait des nénufars jaunes et des anémones aquatiques. — Parfois un martin-pêcheur traversait la rivière droit et rapide comme une flèche en poussant un cri aigu ; — à peine si nous avions le temps de voir son plumage vert et bleu. — Nous regardions tout cela, — et nous écoutions les bruits de l'air et de l'eau, — et, à l'heure où le soleil se couchait derrière l'église Saint-Ouen, — nous arrivions à l'île Saint-Denis, dont M. le maire, — M. Perrin, — un autre ami à moi qui joint à ses fonctions municipales celles de restaurateur, et qui cache modestement son écharpe tricolore sous un tablier de cuisine, — nous donnait un dîner excellent et un vin de Bordeaux que M...y, qui s'y connaît, déclarait irréprochable.

... J'oubliais la mesure..., personne ne la flétrissait, personne ne la connaissait.

Je voulais seulement vous dire ce qu'il faut croire de ces phrases stéréotypées dont les journaux sont si prodigues.

※ SUITE DES COMMENTAIRES SUR L'ŒUVRE DU COURRIER FRANÇAIS. — Il faut que je termine mes commentaires sur l'œuvre du *Courrier Français*.

Nous en étions à :

LES.

Douzième observation : — LES.

Les, article pluriel, —

« *Je* n'est qu'un singulier, *vous* est un *pluriel.* » — MOLIÈRE.

« *Pluriel,* terme de grammaire qui s'emploie pour caractériser un des nombres destinés à marquer la quotité. »

GIRAULT DUVIVIER.

Je trouve la définition un peu moins claire que la chose définie, mais c'est ainsi que procèdent tous les grammairiens ; — Vaugelas est le premier qui ait écrit *pluriel*, avant lui on disait et on écrivait *plurier*.

On trouvera sans peine des exemples d'articles s'accordant aussi bien avec leurs substantifs, — mais je ne pense pas qu'on en puisse trouver qui s'accordent mieux. Comparez et jugez.

« *Le* larcin, — *l'*inceste, — *le* meurtre *des* enfants et *des* pères, — tout a eu sa place entre *les* actions vertueuses. »

« Ta lyre, qui ravit par de si doux accords,
Te donne *les* esprits dont je n'ai que *les* corps. »
CHARLES IX à RONSARD.

« *La* belle serviette et *le* torchon doré. »
(Poëme de la *Madeleine*.

« Il s'agit des cheveux blonds de la pécheresse dont elle essuya les pieds du Christ.

III.

« Je hais *le* philosophe qui n'est pas sage pour lui-même : Μισω σοφιστην, etc. » — EURIPIDE.

Treizième observation. — FLOTS.

« L'auteur n'a pas répété *Océan*, — il n'a pas mis *vagues* ni *lames*, il a parfaitement distingué les nuances qui existent entre ces mots. — *Flots* est, des trois synonymes, celui qui engage le moins ; les autres ont un sens plus précis. Il a pour autorités plusieurs bons écrivains.

« Quel respect ces *flots* mugissants ont-ils pour le nom du roi ? » — SHAKSPEARE, la *Tempête*.

« Le *flot* qui l'apporta... — RACINE.
« Fendant le *flot* ému sous la brise qui passe. »
Alphonse ESQUIROS.

M. Alphonse Esquiros est un bon jeune homme, — autrefois poëte rêveur, ne manquant pas d'une sorte de naïveté un peu affectée, mais assez gracieuse ; — c'est une de ces natures simples, semblables au fleuve limpide d'Horace :

« *Liquidus puroque simillimus amni*, »

qui reflète dans son cours tout ce qu'il voit sur ses bords, — les grands peupliers et les petites herbes, le soleil et les étoiles, — la barque qui glisse et l'oiseau qui passe.

La poésie d'Alphonse Esquiros avait des qualités naturelles, — mais elle manquait d'originalité, — elle reflétait trop ses lectures du moment ; — je l'ai vu, tour à tour, sans cependant copier servilement, imiter la manière de M. Hugo, — celle de M. de Lamartine et celle de cent autres. Il y a quelques mois, il publia une nouvelle fantastique inspirée de la *Larme du diable*, de M. Th. Gautier, charmante création inspirée par le *Faust* de Goëthe.

A cette époque parut je ne sais quel livre de M. de Lamennais, — Esquiros le lut, et fit l'*Évangile du peuple*; — le parquet se saisit de l'affaire, et on mit Esquiros en prison; — comme M. de Lamennais; — c'était pour Esquiros pousser l'imitation plus loin qu'il ne l'avait cru.

S'il y avait en France un ministre de l'instruction publique, — il aurait connu Esquiros, — il l'aurait fait venir et lui aurait dit : « Vous faites de jolis vers aux arbres et à la lune, ne vous mêlez pas à ces choses; quand vous imitez, n'imitez pas les gens que l'on met en prison. »

C'est ce qu'on ne fit pas, et on prit le crime d'Esquiros au sérieux, — et on le mit à Sainte-Pélagie.

Qu'arriva-t-il de là? qu'il prit à son tour au sérieux le martyre et la persécution; que les journaux, qui n'avaient jamais parlé de lui tant qu'il n'avait eu que son talent, le louèrent beaucoup quand il fut mis en prison, — ce qui prouva pour la millième fois que ce n'est pas du talent, mais de la prison, qu'ils font cas.

Et encore que ce pauvre enfant innocent et doux comme une fille — s'ennuie, — s'attriste, pleure, — réclame le soleil et l'air, — fait de jolis vers là-dessus en retour desquels, comme martyr, persécuté *pour le peuple*, il reçoit de mauvais lieux communs emphatiques.

Quatorzième observation. — REMONTENT.

Il n'y a ici qu'un petit défaut, — c'est que, pour que sa phrase eût un sens, l'auteur aurait dû dire *descendent*; cependant le mot est correctement orthographié.

Quinzième observation — GRADUELLEMENT.

Je n'ai trouvé ce mot employé qu'autour des mirlitons.

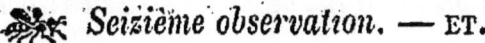

« Je sens que *graduellement*.
« Mon amour est plus violent. »

Seizième observation. — ET.

Il y a plusieurs façons d'écrire ce mot : est, — haie, — hé, — hait. — Notre auteur ne s'y est pas trompé, et a parfaitement choisi celui de ces mots qui convenait à sa phrase.

Dix-septième observation. — LENTEMENT.

« Il faut aller *lentement* à accuser ses amis. »
SAINT-ÉVREMONT.

Ces deux adverbes, — graduellement et lentement, — sont peu agréables à l'oreille; — mais des écrivains fort châtiés n'ont pas cru devoir éviter des consonnances semblables.

« Elle se tenait à cheval *dextrement* et *dispostement*. »
BRANTÔME.

« *Conséquemment* il perd la somme, ou il est *incontestablement* déchu de son droit. » LA BRUYÈRE.

Certes, commettre une faute avec La Bruyère, — ce n'est plus une faute, c'est une beauté.

Qu'est-ce que les puristes d'ailleurs, — et qu'est-ce que la langue ?

L'académie-dictionnaire 1798 — ne veut-elle pas qu'on prononce *quatre-z-yeux?*

PASCAL ne dit-il pas — « elle a couru de *grandes* risques ? »

Et l'ACADÉMIE, — en faisant remarquer que *risque* est masculin, — n'excepte-t-elle pas — cette locution : A *toute* risque ?

Et MOLIÈRE, dans le *Florentin*, — *rebarbaratif?*

Et VAUGELAS, *sens* dessus dessous?

Et M. DE PONGERVILLE, de l'Académie; — dans le dialogue familier, — sens *sus* dessus ?

Et BOSSUET : C'est là que règne *un pleur* éternel?

Je termine ce travail — en constatant que l'œuvre que nous venons d'examiner est un des morceaux les plus remarquables sous les deux rapports de la pensée et du style — qu'ait produits jusqu'ici la littérature politique des carrés de papier se disant *organes de l'opinion publique* ou *boulevard des libertés*.

LE SECRET DE LA PARESSE. — Il y a deux ennemis irréconciliables, acharnés, mortels, — comme le sont les gens forcés de vivre ensemble : — ce sont le corps et la pensée, — la partie matérielle et la partie intellectuelle de notre être.

Tout le monde a éprouvé, au moment de se mettre au travail, — une sourde hésitation, suite d'une lutte entre l'esprit qui veut et le corps qui ne veut pas : — tous les poëtes anciens en ont parlé; — quel est l'homme d'ailleurs qui n'a pas entendu mille fois au dedans de lui le dialogue suivant :

LA PENSÉE. Les formes incomplètes et sans contours qui passent devant moi avec des nuances douteuses et changeantes — semblent prendre un corps et une couleur, — le nuage se dissipe, le chaos a cessé de s'agiter, tout se met en ordre; travaillons.

LE CORPS. Il fait un beau soleil, — peut-être le dernier de l'année, — on trouverait, j'en suis sûr, encore une violette en fleur sous les feuilles sèches ; — nous devrions aller nous promener dans le jardin.

Cette proposition maladroite, sans précautions oratoires, n'obtient d'ordinaire aucun succès; c'est comme si l'on disait à un homme qui a soif : « Voilà un excellent morceau de pâté. » La pensée ne daigne pas seulement répondre, — elle s'obstine à vouloir travailler et à contraindre le corps à prendre la plume.

Celui-ci, qui est paresseux, comme vous savez, — comprend alors qu'il ne faut pas heurter de front cette fantaisie de travail, — mais qu'il faut, au contraire, y rattacher d'une manière indirecte la distraction qui doit plus tard la détruire.

LE CORPS. Le grand air rafraîchit la tête et fait du bien à l'imagination, et puis, il y a tant de souvenirs pour vous, ma belle, dans ces fleurs que vous m'avez fait planter, — et que vous me faites arroser l'été, — que vous serez d'autant mieux disposée au travail quand vous les aurez revues quelques instants.

LA PENSÉE (à part). Peut-être ce butor a-t-il raison. — Allons au jardin.

Dès lors la pensée est perdue ! Une fois au jardin, la malheureuse se divise à l'infini : — elle suit la feuille qui s'envole ; ce rosier dépouillé lui rappelle un bouquet qu'elle a donné il y a longtemps ; — chaque arbre, chaque plante, est habité par un souvenir comme les hamadryades de la poésie antique.

Tous l'entourent, la caressent, l'occupent, et le travail est oublié.

C'est ce qui arrive chaque fois qu'elle essaye une bataille en plaine avec le corps, qui a pour lui la paresse, — la plus puissante de toutes les passions, — celle qui triomphe de toutes les autres et les anéantit.

La pensée ne l'emporte pas ; elle peut s'élever à son insu à une hauteur où il ne puisse plus l'atteindre. — Il faut qu'elle ruse, — qu'elle le trompe, pour le jeter dans une de ces occupations d'habitude, auxquelles il peut se livrer seul sans son concours à elle.

LA PENSÉE. Or çà, mon bon ami, voyons donc si vous saurez bien me tailler cinq ou six plumes ?

Tailler des plumes est une chose que la main fait d'elle-même.

Pendant que le corps taille des plumes, la pensée s'échappe furtivement ; mais quelquefois le corps saisit le premier prétexte venu pour ne pas tailler de plumes.

LE CORPS. Vous en aurez six toutes neuves, ma mie. — J'aime mieux faire des armes.

LA PENSÉE. Y pensez-vous, mon bon ami ? vous exténuer comme hier ! j'en suis encore malade, — ou prendre un rhume de cerveau, — et j'en mourrai. — Je ne vous cache pas même que je vous trouve un peu pâle aujourd'hui ; — et, puisque vous ne pouvez pas rester en place, — promenez-vous dans la chambre en long et en large.

Si le corps est assez sot pour se laisser prendre à cette fausse sollicitude, — pendant qu'il s'agite machinalement dans cet étroit espace, — la pensée, qui n'a que faire à cela, s'envole et lui échappe.

Il y a, il est vrai, des corps innocents et niais qu'on peut occuper et distraire avec la moindre des choses : ils se laissent prendre à jouer du piano sur leur table; — un poëte de mes amis a un corps qui s'amuse à s'arracher un à un les cils des yeux.

Mais il en est de plus récalcitrants, — ceux-là se défient de toute occupation qui leur est indiquée par la pensée, il faut qu'elle ne compte que sur un hasard extérieur, — sur un de ces bruits monotones qu'on entend sans l'écouter; le vent qui souffle dans les feuilles, — une cloche qui tinte, — la pluie qui bat les vitres, — la mer qui gronde au loin.

Ces bruits le bercent, et il s'endort comme Argus aux sons de la flûte de Mercure; — puis tout à coup il se réveille en sursaut, — et il s'aperçoit que la pensée l'a laissé là, — il la regarde, — il la suit d'un œil hébété, — comme l'enfant entre les mains duquel vient de glisser une fauvette, — il la voit sur la plus haute branche d'un acacia secouer ses plumes au soleil, — il l'entend chanter librement.

Et le pauvre corps, qui s'ennuie alors de n'avoir plus l'esclave intelligente qui lui invente des plaisirs et l'aide à les conquérir, passe par les conditions qu'elle veut lui imposer pour la faire redescendre, — octroie une charte, — et consent à écrire sous sa dictée.

Janvier 1842.

Règlement de comptes. — Un pèlerinage. — M. Aimé Martin. — M. Lebœuf et *une* trompette. — Un colonel et un triangle. — Jugement d'un jugement. — Le colin-maillard. — Les cantonniers des Tuileries à la place Louis XVI. — Les nouveaux pairs. — M. de Balzac et une petite chose. — La quatrième page des journaux et les brevets du roi. — M. Cherubini. — Le général Bugeaud. — A quoi ressemble la guerre d'Afrique. — Une bonne intention du duc d'Orléans. — La Chambre des députés. — Consolations à une veuve. — Un joli métier. — Aménités d'un carré de papier. — Une besogne sérieuse. — Correspondance. — Un secret d'influence. — Les écoles gratuites de dessin.

A la fin de l'année, — il faut, quand on le peut, — régler ses comptes.

Je trouve deux notes sur mon agenda :

La première contient ces mots : « Pèlerinage annuel à Honfleur; »

La seconde : « Ne pas oublier de faire un peu de chagrin à M. Aimé Martin. »

Le pèlerinage à Honfleur ne me prendra que deux heures avant de retourner à Paris.

Il s'explique par un beau distique que je fis autrefois, — et dont je n'ai gardé que le premier vers, parce que le second renfermait des longueurs :

« Des malheurs évités le bonheur se compose ! »

L'homme le plus ennuyeux que j'aie jamais rencontré est un certain***, aubergiste à Honfleur; — j'ai eu à supporter ses familiarités et sa conversation opiniâtre pendant vingt-quatre heures que j'ai passées chez lui; — mais qu'est-ce que la familiarité avec un homme qui est là et qui s'efforce d'y mettre quelques bornes, — en comparaison de celle qu'il étale à l'égard des absents qui ne peuvent se défendre?

— Goûtez-moi ce vin, — mon cher ami, — me disait-il, — Méry n'en voulait pas d'autre quand il venait ici; — ah! ah! — vous ne voulez pas qu'on détache les huîtres, — c'est absolument comme Eugène Süe; — le connaissez-vous? — c'est un de mes bons amis; — et Hugo — donc! — c'est ici qu'il a fait le *Gamin de Paris*, son dernier vaudeville; — connaissez-vous Bérat? c'est un charmant sculpteur, vous n'êtes pas sans avoir vu son lion de marbre aux Tuileries?

Et, quand je sortais, il me suivait — et ne me quittait qu'avec peine pour dormir, de telle sorte que mon voyage avait un but qui fut tout à fait manqué.

Depuis ce temps, je vais tous les ans à Honfleur *ne pas voir****.

Je m'embarque au Havre, — j'arrive à Honfleur, — je suis tout près de lui, — je me rappelle bien l'ennui qu'il m'a causé dans ses moindres circonstances, et je savoure avec friandise la joie d'en être débarrassé; — il est là, — à vingt pas de moi, — je pourrais le voir et je ne le vois pas, — je pourrais l'entendre et je ne l'entends pas.

Je ressens ce bien-être du convalescent qui vient de se raccrocher aux branches de la vie, — je regarde de loin la maison de*** comme le naufragé regarde la mer, aux fureurs de laquelle il vient d'échapper, — et moi qui ai si peur de l'ennui! — moi qui ne peux le supporter un instant!

Ailleurs, — à Paris, — ne pas voir***, c'est un plaisir émoussé, — on ne le sent pas plus que la joie de la santé quand on se porte bien; — c'est au château de Chilon, — en sortant de ce souterrain plus bas que le lac qui baigne ses murs; — que j'ai savouré la joie de la liberté; — c'est après avoir vu le roc usé par les pas des prisonniers — que j'ai senti ma poitrine se dilater à la pensée que j'étais libre !

C'est à Honfleur — qu'on peut apprécier tout le plaisir de ne pas voir ***; — c'est dans ces rues, où il a passé peut-être un moment avant vous, — que vous comprendrez ce qu'il y a d'heureux à ne pas le rencontrer; — c'est une sorte d'assaisonnement qui ajoute à tout une saveur inusitée.

Gravissez la côte de Grâce, — jetez les yeux sur la mer, — et, si vous connaissez ***, après vous être dit : « Je vois la mer ! » — dites-vous : « Et je ne vois pas *** ! — et vous sentirez tout ce que le second plaisir ajoute au premier.

Pour moi, le souvenir de l'ennui que m'a causé cet homme n'a rien perdu de son âcreté : — je hais la couleur de la chambre que j'ai habitée chez lui, — je hais ce que j'y ai mangé; — j'aimais autrefois les éperlans, — maintenant je les trouve ennuyeux, — parce que j'en ai mangé avec lui, — et je n'en mange jamais.

C'a été pour moi une consolation dans une infinité de traverses et de tourments. — Oui, disais-je — au milieu des plus grands ennuis; — *mais* je suis à cinquante lieues de ***.

Pour M. Aimé Martin, — nous en parlerons une autre fois.

M. Lebœuf, député, — recevant l'autre jour la lettre de convocation pour l'ouverture de la Chambre, — dit à son domestique :

— Qu'est-ce qui apporte ça... *une trompette?*

— Oui, monsieur.

— Faites-*la* asseoir et rafraîchir.

Un autre de nos honorables est colonel de la garde nationale; — un monsieur, électeur, lui recommandait, pour obtenir je ne sais quoi, son fils, qui fait partie de la musique dans la légion que commande le député; — le pauvre colonel ne connaissait pas plus le fils qu'il ne connaissait le père, — il savait seulement qu'il était électeur.

— Et comment se nomme M. votre fils, demanda-t-il (moyen adroit pour savoir en même temps le nom du père).

— Il s'appelle Gobinard.

— Gobinard?

— Oui... Gobinard.

— Ah! oui, Gobinard... j'y suis... Gobinard... très-bien!... Gobinard... je me rappelle parfaitement... Gobinard... Et qu'est-ce qu'il est, M. votre fils, — monsieur Gobinard?

— Il est triangle.

— Ah! oui, — oui, — oui, — Gobinard, parbleu! Gobinard... charmant triangle!... charmant triangle! maintenant je me le rappelle parfaitement, — charmant triangle!

Les pairs ont rendu leur jugement dans l'affaire du coup de pistolet tiré sur les princes. L'auteur du crime et deux de ses complices sont condamnés à mort, — les autres à la détention. — M. Dupoty, rédacteur du *Journal du Peuple*, a pour sa part cinq ans de prison. — On a beaucoup parlé, du moins dans les journaux, de cette dernière condamnation. J'ai à dire aussi mon opinion, que je n'ai exprimée que très-incomplétement — le mois dernier.

M. Dupoty a été condamné comme complice de l'attentat de Quénisset, qui a tiré un coup de pistolet sur les princes. — Eh bien! dans mon âme et conscience, — devant Dieu et devant les hommes, — comme disent les jurés, — *non*, M. Dupoty n'est pas complice de l'attentat de Quénisset.

La lettre qui lui a été adressée par Launois, dit Chasseur, un des conjurés, ne prouve absolument rien; il n'est pas un homme dirigeant ou écrivant quelque chose qui s'imprime et paraît périodiquement qui ne reçoive une foule de lettres de ce genre, et, si on faisait chez moi une perquisition, je suis persuadé qu'on y trouverait vingt chiffons de papier plus compromettants que la lettre adressée par Launois à M. Dupoty.

Mais à cette première question, que je résous négativement, j'en ajouterai une seconde :

Oui, — M. Dupoty est coupable d'avoir, par ses écrits, poussé au mépris des lois et du gouvernement établi, — aux conspirations et aux émeutes ; — *mais* précisément autant que le *Constitutionnel*, le *Courrier français*, — le *Temps*, le *Siècle*, en un mot, que tous les journaux de l'opposition, quelque timide et détournée que soit l'expression de la guerre qu'ils font au gouvernement existant, les uns pour le renverser et prendre sa place, — les autres pour *l'obliger à choisir* des ministres dans leurs amis.

Et, — pour dire toute ma pensée, —je trouve,—sinon moins criminels,—du moins beaucoup moins bêtes, — ceux qui jettent dans le pays des ferments de discorde avec l'intention de le bouleverser, ceux qui jettent des torches dans la maison pour la brûler, que ceux qui agitent tout le pays pour amener un petit revirement entre M. Dufaure et M. Passy,—que ceux qui mettent le feu à la maison pour y allumer leur cigare.

M. Dupoty a été pris comme l'on est pris au colin-maillard ou au pied de bœuf.

Si l'on veut admettre ce système, il faudra remonter bien haut, et je ne sais vraiment où on trouvera une complète innocence.

Moi même, quand j'ai reproché à M. de Strada de laisser le roi sortir avec des chevaux dont quelques-uns ne valent pas cinquante francs ; quand j'ai, à plusieurs reprises, signalé à M. de Montalivet l'abus qu'on faisait du potager royal, — ces atteintes légères ont fait admettre plus facilement des attaques plus fortes, faites par d'autres journaux, et que l'on eût trouvées de trop haut goût sans cette transition.—Le *Constitutionnel* conduit tout doucement les esprits au *Courrier Français*, le *Courrier Français* (quand mademoiselle Fitz-James n'est pas rengagée) les reçoit, leur fait faire un pas et les livre au *Siècle*, le *Siècle* les mène au

Temps, le *Temps* au *National*, le *National* au *Journal du Peuple*, le *Journal du Peuple* au *Populaire*, le *Populaire* au *Moniteur républicain*, le *Moniteur républicain* aux discours de cabaret.— Chaque journal, échelonné comme les cantonniers sur les grandes routes, pave et ferre de ses phrases sa part d'un chemin qui conduit de la royauté à l'émeute et à la révolution, — DES TUILERIES A LA PLACE LOUIS XVI.

Il n'y a pas de loi sur la presse qu'on ne puisse éluder. — Chaque loi répressive est le barreau d'une cage ; et, quelque serrés que soient les barreaux d'une cage, il y a toujours entre eux un espace, et la pensée, plus mince et plus ténue que la vapeur, passe facilement entre deux.

Vous ne tiendrez pas la presse avec des lois. — Il n'y a que l'arbitraire qui ait quelques chances d'en venir à bout, et encore l'arbitraire ne peut que remplacer les barreaux de la cage par les murs de la prison. Si la pensée est ténue comme la vapeur, la compression la rend terrible comme elle, et elle risque fort de faire éclater vos murs.

D'ailleurs, il ne faut pas que les gens, au pouvoir aujourd'hui, oublient leur origine. Quand on veut opposer une digue à un torrent, il faut la construire sur un terrain sec, que n'aient pas encore envahi les eaux : et vous, vous êtes le premier flot du torrent, c'est lui qui vous a poussés, qui vous a portés où vous êtes, — et qui est arrivé en même temps que vous. Vous ne pouvez l'arrêter. Peut-être, si vous l'aviez laissé passer, se fût-il divisé en une multitude de petits filets d'eau et de ruisseaux murmurants. Mais, par vos lois absurdes, vous avez forcé fleuves et ruisseaux de couler ensemble et d'accroître, sans cesse, la force invincible de leurs flots.

Le réquisitoire de M. Hébert est composé précisément des mêmes arguments que les considérations qui précèdent les ordonnances de juillet 1830.

Il faut que je vous le dise encore une fois, — il fallait

laisser la presse libre — sans cautionnement — sans timbre — sans procès, — vous auriez cinq cents journaux, dont chacun aurait de cent à cent cinquante abonnés. — Je crois l'avoir suffisamment prouvé dans le numéro d'octobre.

Il fallait, d'autre part, inventer pour la littérature ce qu'on a inventé pour l'armée ; — il fallait, c'est-à-dire, le bâton de maréchal dans la giberne du soldat, — c'est-à-dire un espoir fondé d'arriver par le talent, et par le talent seul, aux hautes positions du pays.

Vous avez précisément — fait le contraire ; — un écrivain, quel que soit son génie, n'existe pas à vos yeux s'il n'écrit pas dans les journaux, — et s'il n'écrit pas contre vous.

Vous n'avez rien que pour deux classes d'écrivains, — et ces deux classes sont renfermées dans une seule : les journalistes. — A ceux qui vous harcèlent et vous menacent, vous jetez les gros morceaux, — puis aux pauvres diables qui se rangent tristement, et faute de mieux, sous votre bannière, vous donnez à ronger les os que laissent vos adversaires repus.

Depuis longtemps on méditait la nomination d'une vingtaine de nouveaux pairs.

On avait murmuré les noms de MM. Hugo, — Casimir Delavigne, — Horace Vernet.

Les nominations ont paru, — il n'y a rien pour les arts ni pour la littérature. Pourquoi ? c'était montrer aux jeunes écrivains une voie autre que celle du journalisme, — c'était séparer la presse de la littérature, — c'était abaisser la première de toute l'estime que vous montriez pour la seconde.

Mais non : vous aimez mieux dire, par vos actes, que les écrivains n'auront rien que par la violence et par le désordre.

Vous refusez de leur donner dans la société un intérêt qui les porte à combattre pour elle ; — vous voulez qu'ils défendent la place et vous les tenez hors des murailles.

On lit dans le dernier ouvrage de M. de Balzac :

« Il a demandé pour son gendre le grade d'officier de la Légion d'honneur ; fais-moi le plaisir d'aller voir le mamamouchi quelconque que cette nomination regarde, et de veiller à *cette petite chose.* »

Pourquoi M. de Balzac n'a-t-il pas la croix depuis longtemps ? Il ne l'appellerait pas une petite chose ; — un homme du talent de M. de Balzac fabrique des pensées pour bien des gens ; il ne fallait que lui rendre justice, et vous ne le verriez pas, pour sa part, discréditer un de vos moyens d'action et de gouvernement. Vous n'en avez cependant pas trop, et ceux que vous avez ne sont pas si peu usés qu'ils n'aient besoin de quelques ménagements.

❧ Vous ne lutterez contre la presse qu'avec la presse.

Vous n'avez dans la presse que des ennemis et des domestiques. Vous n'y avez ni alliés ni amis.

❧ J'ai souvent querellé les journaux sur leur quatrième page ; il serait injuste de ne pas signaler une industrie identique qu'exerce le gouvernement : je veux parler des *brevets.*

Il n'y a pas d'invention saugrenue, — de préparation honteuse, — qui se fasse faute d'un *brevet du roi.*

Le public prend ledit brevet pour une approbation spéciale de Sa Majesté, et tombe dans le panneau. — On ne sait pas assez qu'un brevet du roi n'est qu'un reçu de huit ou quinze cents francs, selon la durée que l'exploitant veut donner à son affaire ; — qu'on ne demande à quiconque sollicite un brevet d'autre condition que de verser la somme ci-dessus mentionnée.

Ceci n'est qu'un guet-apens dont le gouvernement est aussi complice qu'on peut l'être ; il ne peut ignorer la fausse idée qu'ont les gens d'un brevet, — et il la laisse s'accréditer : — il n'a jamais dit, par l'organe de ses journaux ni autrement, ce que c'était réellement qu'un brevet. — C'est pourquoi je le dis aujourd'hui.

J'ai déterré un bouquin que je destine en présent à mon ami

le docteur Alph... L. — Ce bouquin a été imprimé avec brevet et privilége du roi, donné le quatrième jour de novembre 1668, *signé par le roi et son conseil.*

Il a pour titre :

Remèdes souverains et secrets expérimentés, de M. le chevalier Digby. — Paris, chez Guillaume Cavelier, au quatrième pilier de la grande salle du Palais. — MDCLXXXIV. Avec brevet et privilége du roi.

Je transcris littéralement une des recettes que j'y ai trouvées préconisées, toujours avec privilége du roi.

Remède infaillible pour arrêter le sang d'une plaie ou un saignement de nez, — éprouvé par la comtesse d'Ormont.

« Prenez deux parts de mousse qui vient sur les têtes des morts, et que ce soit une tête humaine ; — tirez-la en la séparant et la rendez plus menue que pourrez avec les doigts ; — mêlez-la avec une part de mastic en poudre, — puis, réduisez tout en onguent avec de la gomme tragogante trempée en eau de plaintain et eau de rose, — ensuite l'étendez sur du cuir de la longueur du pouce et non si large, et le mettrez sur la veine du front descendant sur le nez. »

On ne se figure pas comme le chevalier Digby, auteur de ce livre, et M. le docteur Jean Molbec de Tresfel, médecin auquel le privilége est accordé, — usaient, dans divers cas, de la tête de mort, apprêtée de façons variées. — Dans un article fort curieux où ils parlent légèrement de la thériaque, *panacée longtemps en faveur,* ils donnent la véritable recette de l'orviétan.

L'orviétan se compose de cinquante et une drogues différentes, entre lesquelles on trouve :

« De l'os du cœur de cerf pilé, un dragme.

» De fenouil, une demi-once.

» Un cœur de lièvre séché au four.

» Gentiane, une once.

» Crâne humain, une demi-once, etc. »

Ce que je trouve le plus curieux, c'est qu'après le remède indiqué contre le saignement de nez que je viens de rapporter — les auteurs en donnent un autre *également bon*, et que je considère comme beaucoup plus simple.

« Prenez de l'herbe nommée *bursapastoris*, — flairez dessus et la tenez dans la main. *Il suffira de la porter sur soi en la poche.* »

S'il suffit de la porter en la poche, pourquoi alors se donnerait-on la peine de la flairer? — et, à plus forte raison, pourquoi irait-on s'amuser à gratter des têtes de morts? — Je vous livre les deux recettes comme je les trouve, — avec brevet et privilége du roi; — elles sont *également* bonnes, — vous pouvez choisir, — je ne vous donne pas de conseil; — mais, *si j'étais que vous*, je préférerais la seconde.

M. Lebœuf était à dîner dans une maison; — il voit un vieillard à l'air refrogné, à côté du maître de la maison. — Il demande à son voisin de droite :

— Qui est ce monsieur?

— Cherubini, — répond le voisin en mangeant et la bouche pleine.

M. Lebœuf entend : *C'est Rubini.*

Après dîner, il s'approche de M. Cherubini, l'homme le plus *féroce* de France, et lui dit gentiment :

— Il faut avouer, monsieur, que vous ne paraissiez pas votre âge à la scène. — Est-ce que vous n'allez pas nous chanter quelque chose tout à l'heure?

M. Cherubini lui lance un regard froid et mortel comme une pointe d'acier, — lui tourne le dos, et s'en va au maître de la maison, auquel il dit presque haut, en lui montrant M. Lebœuf:

— Quel est, etc.

Mais je ne puis répéter ce que dit en cette circonstance M. Cherubini.

Quand M. Bugeaud a été envoyé en Afrique, les *Guêpes*

seules, au milieu de l'indignation des journaux, ont osé prédire les succès qu'il y obtiendrait. Dernièrement, M. Bugeaud avait, dit-on, demandé un congé pour assister au commencement de la session. — On l'a cru en disgrâce, et les journaux, qui avaient tant blâmé son départ, ont alors commencé à crier contre son retour. — Il n'y avait pas assez d'éloges pour M. Bugeaud, brouillé avec le château : — il allait passer à l'état de héros invincible. — Quand on a su qu'il ne revenait pas, et qu'il n'était nullement en disgrâce, — l'enthousiasme s'est refroidi aussi subitement qu'il s'était allumé.

Puisque nous parlons des affaires d'Alger, disons un mot de ce gouffre d'hommes et d'argent : — la Chambre des députés aime mieux faire à perpétuité à la terre d'Afrique une rente de six mille cadavres français — que d'accorder une fois le nombre d'hommes suffisant pour en finir.

La situation des Français en Afrique est précisément celle d'un joueur qui a deux dames quand son adversaire n'en a qu'une ; — celui qui a deux dames a évidemment l'avantage, — mais il ne pourra, faute d'un pion, prendre la dame que son adversaire promène sur la grande ligne du damier ; — il aura toujours l'avantage, mais il ne gagnera jamais la partie.

Le caractère et le goût des peuples changent avec l'âge. — La France a aimé longtemps la gloire militaire, — aujourd'hui elle aime l'argent, et elle veut de l'économie ; la gloire est chère, on n'en a pas au rabais ; il n'y a pas moyen d'allier ces deux passions.

Dans le golfe de Lyon, deux braves marins, Layec et Hervé, du navire la *Marianne*, — ont péri en sauvant l'équipage de la *Picardie*.

M. le duc d'Orléans a fait remettre à M. Achille Vigier, député du Morbihan, une somme de deux cents francs destinée aux veuves de ces deux héros.

Deux cents francs ! — C'est de quoi retarder la mendicité de quelques mois pour les veuves de deux hommes qui sont morts de la mort la plus belle et la plus héroïque.

Il faut savoir gré à M. le duc d'Orléans de sa pensée, et le plaindre de n'avoir pas près de lui des personnes qui puissent en diriger l'application.

Mais, — voyez-vous, — jamais les hommes n'accorderont autant d'admiration et de respect à l'homme qui sauve son semblable qu'à celui qui le tue.

Le vieux proverbe « qui aime bien châtie bien » doit être retourné, et n'a été imaginé que pour donner un air vertueux de reconnaissance à l'affection naturelle qu'ont les hommes pour ceux qui leur font du mal ; — il faut dire « aime bien qui est bien châtié. »

On n'aime que les gens et les choses dont on souffre, — il n'y a d'amour réel que l'amour malheureux, — il n'y a de patrie que pour les exilés.

Entre deux amants, — s'il y en a un — (et il en est toujours ainsi, ajoutons : *presque*, pour ne pas trop faire crier) qui accable l'autre de douleurs et de tortures, c'est celui-là qui est aimé et adoré ; — l'autre, pour prix du dévouement et du sacrifice de toute la vie, consent tout au plus à se laisser aimer.

※ Voici la session ouverte, — *le besoin s'en faisait sentir* pour les journaux ; — le procès de la Chambre des pairs était terminé, — ils ne savaient plus comment remplir leurs colonnes ; — quelques centenaires commençaient à poindre ; — un veau à deux têtes était né dans le département de l'Ardèche ; — j'attendais à chaque instant le *grand serpent de mer* qui, depuis treize ans qu'un petit journal l'a inventé, ne manque jamais de faire une apparition chaque année dans les journaux, dans l'intervalle d'une session à l'autre. Quelques feuilles commençaient à se livrer à de bizarres excès : un journal auquel il manque cinq lignes est capable de tout ; il n'y a ni parents ni amis qui soient à l'abri de ses attaques : il fera cinq lignes contre lui-même s'il le faut.

Un de ces carrés de papier s'est mis à raconter que le neveu de Colombier, — l'un des condamnés dans l'affaire Quénisset — apprenant qu'il allait être condamné comme complice de l'attentat du 13 septembre, — s'était noyé de désespoir ; — les autres feuilles se sont emparées des cinq lignes que cela produisait.

Le lendemain, — le jeune homme s'est présenté au premier carré de papier, et a demandé une rectification ; — on l'a ressuscité le troisième jour avec d'autant plus d'empressement, que cela faisait cinq autres lignes.

Cette session qui s'ouvre est la dernière de la législature actuelle. — Espérons que les membres qui la composent vont en finir avec les niaiseries qui sont, depuis l'invention du gouvernement dit représentatif, — décorées du nom de politique ; — qu'on s'occupera pour la dernière fois de l'*amoindrissement* du pouvoir de M. Passy et de M. Dufaure, de la réforme électorale, etc., etc., et de toutes ces choses qui produisent tant de phrases et ne produisent que cela.

Espérons que les départements se lasseront de vivre sous le despotisme des estaminets de Paris, — les seules localités qui aient un intérêt sérieux aux discussions oiseuses qui remplissent les sessions ; — qu'ils cesseront d'envoyer à la Chambre des prétendus représentants qui ne s'occupent que de tripotages de ministères, — et, sous prétexte d'*intérêts* généraux, ne tiennent aucun compte des intérêts particuliers, qui sont néanmoins nécessaires pour former un *intérêt général* quel qu'il soit. — Ceci est aussi absurde que si on contestait cette formule à la *Cuisinière bourgeoise* : « Pour faire du café à la crème, ayez de la crème et du café. »

Espérons que chaque département comprendra qu'il est temps

de donner à ses représentants des mandats circonstanciés, c'est-à-dire de rogner un peu un libre arbitre que n'a jamais un ambassadeur, et d'imposer à tout député ses conditions; par ce moyen, on arrivera à des sessions sérieuses où on fera les affaires réelles du pays; — car on doit commencer à comprendre que cet hypocrite dédain pour les intérêts matériels ne s'applique qu'aux *intérêts matériels des autres*, et cache plus ou moins adroitement le soin qu'on prend de ses intérêts matériels à soi.

Mais je ne commencerai à prendre au sérieux la Chambre des députés que lorsqu'on aura brûlé publiquement la tribune; — tant qu'elle existera, il n'y aura que les avocats qui feront et qui mèneront les affaires, et voilà trois ans que je vous explique comment ils les font et comment ils les mènent.

❦ Madame *** a perdu son mari; — madame ***, célèbre par les ridicules du sien, a cru devoir lui envoyer une lettre de condoléance qui se termine ainsi : « Permettez-moi de vous féliciter, ma chère amie, de ce que vous portez le nom d'un homme qui ne peut plus faire de sottises. »

❦ Ah çà ! — je faisais réellement là un joli métier. Les lecteurs de nos petits livres savent avec quel touchant désintéressement j'ai annoncé, il y a longtemps déjà, que je ne faisais pas partie de la Société des gens de lettres, et que je ne prétendais recevoir aucun argent pour la reproduction des morceaux qu'il conviendrait aux journaux de me prendre.

Cette déclaration, qui me paraissait franche et sans arrière-pensée, a eu, — à ce que j'apprends, — de déplorables résultats pour quelques journaux innocents qui en avaient profité pour faire quelques citations qu'ils croyaient gratuites.

Il n'en est pas ainsi.

Je reçois de M. Pommier, agent central de la Société des gens de lettres, une épître ainsi conçue :

« Monsieur, je viens d'établir le compte des droits de reproduction que j'ai touchés pour vous, et je tiens à votre disposition la somme de cent soixante-cinq francs soixante-seize centimes qui vous est due. — Agréez, etc. »

D'où il ressort qu'à mesure qu'une honnête feuille, trompée par nos protestations, avait l'imprudence de copier quelques pages des *Guêpes*, M. Pommier arrivait avec sa quittance et la faisait financer.

Cette manœuvre, que M. Pommier et moi nous avons pratiquée jusqu'ici fort innocemment, est connue parmi les voleurs de Paris sous le nom de *chaulage*.

Je crois que nous devons y mettre un terme.

Dans l'origine de la Société des gens de lettres, — cédant à quelques amitiés et à quelques sollicitations, j'avais acquiescé aux statuts de ladite Société; mais je me suis abstenu de paraître à aucune séance, — et j'ai adressé à M. Pommier une lettre qu'il a oubliée ou qu'il n'a pas reçue, dans laquelle je lui signifiais ma décision négative.

Je pense que M. Pommier pensera, — comme moi, — que nous n'avons qu'un parti à prendre pour tâcher de reconquérir l'estime de nos contemporains, c'est de restituer aux feuilles victimes les sommes indûment perçues, en joignant à la somme indiquée dans la lettre de M. Pommier celle qui, probablement, aura été retenue pour ma part de contributions aux frais et dépenses de la Société.

Je prie les susdites feuilles victimes d'adresser à M. Pommier des réclamations que, sans aucun doute, il ne leur laissera pas le temps de faire.

Si parmi les journaux il en est à la reconnaissance plus ou moins volontaire desquels je dois mettre des bornes, — il en est d'autres qui me traitent tout différemment.

J'ai eu l'honneur d'être dernièrement le sujet d'une polémique assez vive entre deux journaux belges.

L'un, le *Précurseur*, qui donne tous les mois un extrait des

Guêpes, — croyait devoir accompagner cet emprunt d'une note où il affirmait à ses lecteurs — qu'attendu que je ne suis pas un écrivain sérieux, — un écrivain politique, ce que j'écris ne doit être pris que comme une charade, une énigme, un rébus, ou tout autre hors-d'œuvre innocent que certaines feuilles donnent à leurs abonnés, et que mes idées et mes opinions ne peuvent être considérées que comme non avenues.

Le *Fanal*, que je remercie beaucoup de sa bienveillance, a bien voulu me défendre un peu. — Le *Précurseur* a répondu en ces termes :

« Nous reproduisons, il est vrai, *chaque mois*, quelques passages des *Guêpes*, mais le succès de cette production est *notre excuse*. — Les lecteurs de journaux aiment quelquefois à se dérider, et les piqûres de ces guêpes qui volent *à l'aventure*, atteignent *au hasard*, s'acquittent de ce devoir avec beaucoup de succès. — Il ne s'agit pas ici de la *justesse des pensées*, ni de la *solidité des principes*, ni de *l'exactitude de l'observation*. — M. A. Karr est un *faiseur* de nouvelles et de *petits romans*.

Quant à nous, qui avons chaque jour une *besogne sérieuse* à faire, etc. »

Ah ! ah ! — voyons donc la besogne sérieuse.

J'occupe la première colonne. — Les deux suivantes sont consacrées à une correspondance particulière, à une lettre adressée au *Précurseur*. — Ce n'est donc pas encore cela la besogne sérieuse en question.

Quatrième colonne, — extraits des journaux anglais, — du *Morning Chronicle*, — du *Times*, — du *Morning Post*, — du *Standart*, — ce n'est pas encore là la besogne sérieuse du *Précurseur*, — ce n'est pas même la besogne. — Continuons :

« Nouvelles d'Espagne. — Lettre du chargé d'affaires, etc. ; » — ce n'est pas cela.

« La *Sentinelle des Pyrénées* contient… »

« Proclamation de *Fernando Cadoz*. » — Jusqu'ici, il n'y a

pas une ligne appartenant à la rédaction du *Précurseur*. — Cherchons toujours.

Cinquième colonne.

« France. — Un journal prétend que... » — Ce ne peut être la besogne sérieuse du *Précurseur* qu'un autre journal prétende. Allons toujours :

« *Extraits des journaux français.* »

« Hollande. — On lit dans le *Noord-Brabander*... » — Ceci est de la besogne du *Noord-Brabander*.

« *On* écrit de Maestricht... » — Est-ce le *Précurseur* ? non, c'est AU *Precurseur*, — ce n'est pas encore cela.

Sixième colonne.

« Belgique. — On lit dans le *Moniteur*... » Qui cela, on ? — ah ! peut-être bien le *Précurseur* ; — c'est une besogne, — mais ce ne peut être cette besogne si sérieuse.

« L'*Éclair* publie... » Besogne de l'*Éclair*.

Où est donc la besogne sérieuse du *Précurseur* ?

« Anvers. — Comme nous ne l'avions que trop malheureusement prédit... »

Ah ! ah ! — la besogne consiste à prédire... non, ce n'est pas encore cela, — une parenthèse indique que c'est le *Journal des Flandres* qui a prédit malheureusement, — et que la besogne sérieuse du *Précuaseur* se borne jusqu'ici à avoir coupé l'article avec des ciseaux.

« Il paraît que... »

Ceci est pris de la *Tribune de Liége*.

L'article suivant appartient à l'*Écho de la Frontière*.

Septième colonne.

« Le *Courrier des États-Unis* raconte, etc... » Ceci est de la besogne du *Courrier des États-Unis*.

Ah ! ah ! — « *Correspondance.* »

« CORRESPONDANCE. — Monsieur le rédacteur, votre empressement à saisir toutes les occasions d'être utile au commerce de la place m'engage, comme un de vos abonnés, à vous signaler un fait fort incommode aux habitués de la Bourse ; les annonces d'arrivages se placent à la Bourse dans un cadre fermé par un grillage en fil de fer ; ce grillage étant déchiré par son milieu, pour qu'on ne puisse enlever ces annonces par cette déchirure, l'on place à présent ces bulletins dans la partie la plus élevée du cadre, de manière qu'à moins d'être d'une stature plus qu'ordinaire, il est impossible de les lire.

« Agréez, monsieur le rédacteur, l'assurance de ma considération.   Votre abonné. »

Ceci est utile, philanthropique ; — mais, enfin, c'est encore l'abonné en question qui a fait la besogne. Mais c'est que nous voilà à la huitième colonne, qui contient le compte rendu d'un procès au tribunal de commerce et l'annonce d'un concert *au profit de M. Milord, par mesdames Marneffe,* — *Espinasse, M. Wanden-Bobogoert*, etc.

Neuvième colonne. — Annonces de marchandises et de prix courants.

Quatrième page, — et dernière. — Annonce du *Poliafiloir*, nouvel instrument à quatre faces pour l'effilage des rasoirs.

Annonce de la vente, par actions, du palais l'*Hottagenitsckowa*, avec dépendances ; — c'est tout, — et je jure, sur l'honneur, que je n'ai rien omis. — Et la besogne sérieuse du *Précurseur*?

C'est celle de presque tous ces carrés de papier ; — elle consiste à se découper les uns les autres, au moyen de ciseaux, — avec un sérieux, — une importance, — une majesté, — qui n'ont pas encore perdu leur comique à mes yeux, — quoique je les regarde faire depuis bien longtemps.

M. Scribe a cent mille francs de rente. — Mon ex-ami, M. de Balzac, gagne quarante mille francs par an, — Janin, à peu près autant.

Je ne pousserai pas plus loin mes citations, parce que j'arriverais à quelques noms qui ne gagnent pas tout à fait vingt mille francs, — qui en sont honteux et me sauraient mauvais gré de trahir le secret de leur pauvreté.

Mettez en regard de ceci la part de Diderot, pour l'*Encyclopédie*, cet ouvrage dont il a conçu le plan et exécuté une grande partie, et qui forme à lui seul une bibliothèque ; — cet ouvrage, qui a donné aux libraires associés pour sa publication, outre leurs frais, qui s'élevaient à neuf cent trente-huit mille deux cent quatre-vingt-onze livres deux sous six deniers, — un honnête bénéfice de deux millions quatre cent quarante-quatre mille deux cent quatre livres dix-sept sous six deniers :

La part de Diderot fut de mille francs de rente sa vie durant.

🐝 Pourquoi, — demandais-je à ***, — presque tous les hommes deviennent-ils avares en vieillissant ? — C'est, me dit-il, que l'égoïsme, chassé des diverses positions qu'il occupait, se replie sur celle-là — en désespoir de cause ; — jeune, l'homme obtient tout par échange : l'amour pour de l'amour, — l'amitié pour de l'amitié ; — vieux, il faut qu'il achète ce qu'on lui donnait. D'ailleurs, ne vous trompez pas sur la générosité des jeunes gens, — l'âge auquel on partage tout est généralement l'âge où on n'a rien.

Ceci est une exagération.

Pas déjà tant, — vous ne me nierez pas au moins que le jeune homme donne volontiers, parce qu'il ne considère ce qu'il possède en tout genre — que comme un léger à-compte sur le trésor qu'il s'imagine que la vie lui doit ; — ce sont des hors-d'œuvre avant le grand festin de joie auquel il se croit convié.

Plus tard, quand il s'aperçoit que l'héritage est moins opulent, — que le festin est moins splendide, — quand il croit avoir sa part, il compte pour voir s'il aura assez, et il ménage parce qu'il n'attend plus rien au delà de ce qu'il a.

Mais de toutes les choses c'est l'argent auquel l'homme est le plus attaché ; — il n'est presque aucun homme qui ose prendre la fuite s'il voit son ami attaqué par des gens qui en veulent à sa vie, — et qui ne reste avec lui pour partager le danger ; — il en est encore moins qui exposent leur argent.

Aussi, j'ai imaginé un puissant moyen d'influence sur mes amis ; — il n'est aucun homme, peut-être, qui les ait à sa disposition comme moi, — et je dois cette puissance peu commune à la simple observation du fait que je viens de vous signaler ; à quelque ennuyeuse corvée que je destine un ami, à quelque démarche que je l'aie condamné, à quelque réel danger que j'aie besoin de l'exposer, je suis sûr de lui trouver le plus grand empressement.

Je l'aborde d'un air piteux et flatteur, — d'un ton humble et patelin, — je mets tout en œuvre pour lui faire croire que je viens pour lui emprunter de l'argent, — je vois son embarras, — je me plais à l'accroître ; — à mesure que je vois qu'il a trouvé une excuse et qu'il la tient prête pour le moment où je m'expliquerai clairement, — je la détruis à l'avance et je l'oblige à en chercher une autre, — je le presse, je l'entoure, je le harcèle ; — enfin, quand je vois son anxiété au plus haut degré, — par un revirement soudain, je dévoile en peu de mots le but réel de ma visite et la véritable corvée que j'ai à lui imposer ; — quelle que soit cette corvée, — je n'ai jamais vu une fois mon homme — manquer de respirer à l'aise, comme délivré d'un poids qui l'oppressait, il est si heureux d'avoir échappé au danger qu'il redoutait, que tout autre lui paraît un jeu.

※ Les écoles gratuites de dessin ne sont pas une invention tout à fait récente. — La première a été ouverte à Paris par M. de Sartines, en 1766 ou 1767. — On voit même dans les journaux d'alors que le sieur Lecomte, vinaigrier ordinaire du roi, donna en 1769 trois mille livres aux écoles gratuites de dessin.

Il y a aujourd'hui à Paris deux écoles gratuites de dessin ; — dans nos mœurs vaniteuses, il n'y a que les enfants des pauvres qui vont aux écoles gratuites, — c'est-à-dire les enfants destinés à être ouvriers. — Le dessin est utile dans tous les états et aiderait singulièrement à y apporter des perfectionnements ; nous n'en serions pas plus malheureux — si, par suite de ce supplément d'éducation donné aux ouvriers, les objets qui nous entourent et qui servent aux usages journaliers avaient du style et de la forme.

Les réchauds et les trois-pieds, tous les utensiles de cuisine trouvés à Herculanum, ne ressemblent guère aux choses hideuses auxquelles nous sommes arrivés, de progrès en progrès. Les bijoux et les vêtements antiques avaient un style et une beauté que les bijoux et les vêtements modernes n'imitent que de bien loin. — Il n'y a de sots métiers que parce qu'il y a de sottes gens. Nos tailleurs s'occupent trop de politique. — En effet, dans les deux écoles de dessin de Paris on ne montre aux élèves qu'à faire des têtes et des dessins ombrés, d'après la *Transfiguration* de Raphaël, ce qui ne peut les mener qu'à devenir de mauvais et de malheureux peintres, — comme l'éducation des colléges à devenir de mauvais et malheureux poëtes.

Au contraire, des écoles gratuites de dessin bien dirigées, — c'est-à-dire applicables aux états divers que les élèves ont à exercer, seraient un grand bienfait.

Des deux écoles gratuites, l'une devrait être consacrée aux enfants des ouvriers destinés à être ouvriers, — et l'on y apprendrait le dessin applicable aux arts et métiers ; — l'autre serait comme les colléges royaux : — les riches y payeraient, les enfants d'artistes distingués y auraient des bourses ou des demi-bourses, d'après la fortune de leurs parents ; — cette faveur, devenant aussi une récompense au talent, serait acceptée avec empressement.

Nous aurions ainsi moins de mauvais peintres, — et moins de mauvais tailleurs.

Février 1842.

Les fleurs de M. de Balzac. — Mémoires de deux jeunes mariées. — Les Ananas. — La balançoire des tours Notre-Dame. — A monseigneur l'archevêque de Paris. — Un mot de M. Villemain. — Un conseil à M. Thiers, relativement à l'habit noir de l'ancien ministre. — Une annonce. — Un député justifié. — Sur quelques Nisards. — M. Michelet et Jeanne d'Arc. — M. Victor Hugo archevêque. — M. Boilay à Charenton. — Une lettre de M. Jean-Pierre Lutandu. — Une nouvelle invention. — Seulement... — Une croix d'honneur et une rose jaune. — Les *Glanes* de mademoiselle Bertin. — MM. Ancelot, Pasquier, Ballanche, de Vigny, Sainte-Beuve, A. Dumas, Vatout, Patin, de Balzac, l'évêque de Maroc. — Question d'Orient. — Le roi de Bohême. — M. Nodier. — M. Jaubert. — M. Liadières. — M. Joly. — M. Duvergier de Hauranne *Grand-Orient*. — Le général Hugo. — Naïveté de deux ministres. — M. Aimé Martin et la Rochefoucauld. — Pensées et maximes de M. Aimé Martin. — Éloge de M. Aimé Martin. — Au revoir.

J'ai déjà eu occasion de parler des fleurs de quelques romanciers. Quelque magnificence que déploie la nature dans ses productions, — ils ne peuvent prendre sur eux de s'en contenter. Les fleurs des prairies et celles des jardins sont si nombreuses, que la vie d'un homme serait de beaucoup trop courte pour les regarder toutes l'une après l'autre. — Il y en a, dans la neige éternelle des Alpes et au fond des mers, des milliers que personne n'a jamais vues. Il y en a de toutes les formes, — de toutes les nuances ; — leurs parfums sont variés comme leurs couleurs ; — eh bien ! nos romanciers n'en ont pas encore assez pour leur consommation, ils ne peuvent s'empêcher d'en inventer quelqu'une de temps à autre. Les fleurs du bon Dieu ne sont pas assez belles pour leurs livres ; — celles qui naissent sous la rosée du mois de mai leur semblent trop communes ; ils en tirent de leur encrier, qu'on ne voit nulle part que là.

M. de Balzac, entre autres, si exact pour décrire les meubles, — est loin d'apporter la même sévérité dans la description des fleurs qu'il daigne mettre en scène ; — il ne croit rien pouvoir ajouter à l'art du tapissier, mais il n'a pas le même respect pour les œuvres de Dieu.

Dans un roman publié dans le journal la *Presse*, roman qui, au milieu de certaines incohérences, renferme des passages de la plus haute beauté, — des pages d'une simplicité pleine de noblesse, — d'une vérité poignante, — dans les *Mémoires de deux jeunes mariées*, il s'est passé la fantaisie d'inventer une nouvelle variété d'*azalea* : il nous peint « une maison, — *empaillée* de *plantes grimpantes*, de houblon, de clématite, de jasmin, d'*azalea*, de cobæa, etc. »

On ne connaît pas d'*azalea* grimpante. — L'*azalea* est un petit arbrisseau dont quelques espèces viennent de l'Amérique — et quelques autres de l'Inde ; — mais elles ne grimpent ni dans l'Inde, ni dans l'Amérique ; elles ne se livrent à ce libertinage que dans les *Mémoires de deux jeunes mariées*.

M. de Balzac aura trouvé le mot joli, et s'en sera servi à tout hasard, en mêlant son *azalea* à d'autres plantes nullement grimpantes : il a compté sur l'exemple. — Si M. de Balzac venait encore me voir, il verrait autour de ma maison des plantes grimpantes dont le nom n'est pas moins harmonieux que celui de l'*azalea* ; — il y verrait la *glycine* de la Chine, qui couvre une des façades, au printemps, de ses longues grappes de fleurs bleues, — et la *passiflore*, — cette fleur qui ornait d'habitude la boutonnière de M. Lautour-Mézeray, aujourd'hui sous-préfet à Bellac, — et qui, de loin, ressemble à une plaque d'ordre militaire ; — il verrait encore un *bignonia radicans*, aux grandes fleurs rouges, — et les deux *roses banks*, la blanche et la jaune, qui tapissent le mur de leur feuillage luisant et de leurs roses doubles, grandes comme des pièces de dix sous.

M. de Balzac, du reste, a, de tout temps, voulu faire entrer

FÉVRIER 1842.

végétaux dans la voie de la rébellion contre les décrets de nature.

— Je me rappelle que, il y a quelques années, M. de Balzac songea à cultiver des *ananas* dans une propriété qu'il avait achetée près de Ville-d'Avray. — Il fit part de ses projets à un de ses amis.

— Je veux, disait l'auteur de la *Vieille Fille*, que le peuple mange des ananas. Pour cela, il faut qu'on puisse avoir des ananas à cinq francs.

— Mais, lui répondit l'ami, les jardiniers qui les vendent vingt francs n'y font guère de bénéfices, et quelques-uns s'y ruinent : on cite le descendant d'une grande famille de l'Empire qui n'y fait guère d'affaires.

— Laisse-moi donc tranquille, reprit M. de Balzac, il serait bien singulier qu'un homme d'intelligence, se livrant à la culture de l'ananas, ne réussît pas à le produire à meilleur marché.
— J'ai une boutique en vue sur le boulevard des Italiens. — Je vais aller à Paris tantôt, et la louer.

Mais, — interrompit l'ami, — où sont tes ananas?

— Mes ananas? je n'en ai pas encore ; je vais faire construire des serres.

— *Mais*, dit l'ami, l'ananas ne rapporte qu'au bout de trois ans et ta boutique restera vide jusque-là.

— Ah ! bah ! tu vois toujours des difficultés ; il est impossible que je ne trouve pas un moyen de les faire produire la première année.

Heureusement que deux jours après M. de Balzac avait oublié entièrement son projet de faire manger des ananas au peuple.

C'est une chose réellement curieuse que l'aspect de fourmilière que présente Paris vu du haut des tours de Notre-Dame : — tous ces petits hommes allant à leurs petites affaires ou à leurs petits plaisirs, — se pressant, se heurtant, se coudoyant presque uniquement pour s'enlever les uns aux autres de petits ronds de métal dont le plus gros ne pourrait de cette hauteur être distingué par l'œil le plus perçant.

Il y a dans la cage de charpente d'une des cloches une curiosité dont M. Victor Hugo n'a pas parlé, je crois, dans *Notre-Dame de Paris*, — c'est une balançoire très-suivie par les enfants du quartier. — On a vu plus d'une fois le poëte assister à cet exercice avec complaisance. — La balançoire a été récemment supprimée; on assure que M. Hugo a fait notifier à monseigneur Affre, archevêque de Paris, qui se met sur les rangs pour l'Académie, qu'il lui refuserait opiniâtrément sa voix tant qu'il n'aurait pas fait rétablir la balançoire.

M. Thiers joue en ce moment l'austérité. Il affecte de venir seul chez le duc d'Orléans en habit noir, — lorsque tout le monde y est en habit habillé.

M. Thiers laisse fréquemment percer la prétention assez saugrenue de contrefaire l'empereur Napoléon, — il refait quelques-uns de ses mots.

Il devrait bien alors l'imiter en ce point.

S'il est décidé à n'avoir pas la politesse de se faire faire un habit habillé pour aller chez le prince royal, — ou si son intégrité comme ministre ne lui a pas laissé les moyens de subvenir à cette dépense, — il pourrait se présenter en costume de membre de l'Institut, c'est l'habit que portait le général Bonaparte à son retour d'Égypte.

Voici l'annonce arrivée, je crois, au plus haut degré de l'inconvenance. — M. Gannal obtient des carrés de papier, même les plus vertueux, l'insertion de l'article nécrologique que voici : — et cela non pas à la quatrième page, à la page vénale, mais à la deuxième, c'est-à-dire à une des pages indépendantes et incorruptibles :

« Madame la comtesse de la Roche-Lambert vient de mourir en son hôtel à Paris. Sa famille a bien voulu confier le soin de son embaumement à l'habile chimiste, M. Gannal. »

Encore un peu, et M. Gannal fera mettre sur les monuments funèbres : *Embaumé par M. Gannal.*

Cette inscription même sur un corbillard serait d'un assez bon effet dans une cérémonie.

🐜 Encore un mot relativement à cette annonce : — il n'est pas probable que ce soit la famille qui ait songé à faire faire cette annonce à M. Gannal, — et d'ailleurs, elle n'eût pas mis, le « *a bien voulu* » qui dévoile la modestie de M. Gannal; — mais alors pourquoi, après cette louable humilité, M. Gannal s'intitule-t-il lui-même *habile chimiste?*

🐜 Un ami de M. D*** avait répandu le bruit que ce député est impuissant. — Ceci aurait été un texte admirable pour je ne sais plus quel carré de papier, qui s'écriait lors de l'élection de M. Fould : « Il faut bien que les Juifs soient représentés ! »

M. D***, décidé à arrêter ce bruit, fait écrire à un homme de sa connaissance une lettre anonyme, par laquelle on lui apprend que M. D*** est l'amant de sa femme. — L'époux outragé accourt chez M. D***, le trouve au lit, le roue de coups, et s'en va.

M. D*** s'habille, et va disant partout dans la ville : « Je ne suis pas impuissant, demandez plutôt à M***, qui m'a battu ce matin. »

🐜 SUR QUELQUES NISARDS. — M. Nisard aîné avait naturellement toutes les proportions d'un professeur de quatrième peu distingué. Il chercha une autre voie, il imagina d'insulter, sous forme de critique, les deux plus grandes gloires poétiques de ce temps-ci, M. Hugo et M. de Lamartine. La chose faite, il se croisa les bras et attendit. Il n'attendit pas longtemps : on le nomma chevalier de la Légion d'honneur, maître des requêtes au conseil d'État, maître de conférences à l'école normale, chef de division au ministère de l'instruction publique.

En ce moment, il veut être député comme tout le monde. — C'est sur l'arrondissement de Châtillon que M. Nisard a jeté les yeux. — Il remplit les bibliothèques communales de ses futurs commettants avec les souscriptions du ministère. — Tous les gamins de Châtillon ont des bourses dans les colléges de Paris. — M. Villemain laisse faire. — Sans doute M. le ministre pense qu'il faut que les professeurs de quatrième soient représentés à la Chambre.

Dernièrement, M. Nisard aîné a envoyé au roi des Belges deux volumes de sa composition, intitulés : *Mélanges littéraires*. S. M. Léopold, qui est un homme poli, a compris tout de suite que M. Nisard aîné en voulait à sa petite croix inoffensive, et la lui a envoyée.

Le hasard fit que le roi envoya en même temps la même croix au célèbre chimiste allemand, Berzelius. — M. Nisard aîné explique ainsi cette coïncidence : « Le roi Léopold, en jetant les yeux sur l'Europe — a voulu récompenser en même temps et le représentant de la science et celui de la haute critique littéraire. — Ier Nisard. »

M. Nisard cadet n'a pas eu beaucoup de peine à trouver la voie ouverte par monsieur son frère. Mais il s'est trouvé dans la situation d'Alexandre, — qui pleurait à chaque victoire de son père Philippe, — en disant : « Il ne me laissera rien à faire. »

Les pères Philippe en général aiment assez à tout faire eux-mêmes.

M. Nisard cadet — passa en revue les hommes de génie de l'époque ; — le compte n'en est pas plus long qu'il ne faut. « Il n'y a rien à faire là, se dit-il, mon frère *me* les a insultés. » — Il lui fallut se rabattre sur un homme de beaucoup de mérite, — et il s'est lancé sur M. Michelet.

M. Michelet a eu la bonté de m'envoyer son livre, — qui m'a fait plaisir. — M. Nisard cadet pense autrement : « *Ce livre*, dit-il, — *échappe à une analyse un peu forte, à cause de l'érudition extravagante de l'auteur. — De graves facéties, des peintures renforcées et graveleuses*, etc. — *A quoi sert*, s'écrie M. Nisard cadet, *cette curiosité qui se met sur la trace des moindres détails du passé?* — Il n'y a qu'une manière d'écrire l'histoire de la Pucelle, — dit M. Nisard cadet, c'est que l'écrivain se laisse emporter lui et toute sa science archéologique au cours impétueux de la tradition populaire. » En un mot, l'opinion longuement exprimée par M. Nisard cadet est que l'érudition est au moins inutile pour écrire. Cela serait de l'histoire — à peu près comme en font les journaux pour la politique et les portières pour les mœurs.

L'histoire n'est déjà pas trop vraie, et l'on doit savoir gré aux savants qui s'efforcent de l'empêcher de devenir tout à fait un recueil de contes de ma mère l'Oie.

Cela fait, — M. Nisard cadet — se croise les bras et attend. — IIe Nisard.

✳ ***, qui a eu une vie fort dissipée, vient de se marier ; — comme il sortait de la mairie, après avoir prononcé le serment d'usage, sa belle-mère le prend à part et lui dit :

— Voilà qui est fini ; j'espère que vous ne ferez plus de sottises?

— Non, ma belle-maman, répond *** ; je vous promets que celle-ci est la dernière.

✳ C'était à l'époque d'une des candidatures de M. Victor Hugo à l'Académie. — M. Hugo s'est présenté cinq ou six fois, et cinq ou six fois ses collègues d'aujourd'hui l'ont déclaré indigne d'entrer dans leur compagnie. — M. Hugo se présentait cette fois pour succéder à M. de Quélen, et il avait de grandes chances de succès. — Deux ou trois jours avant l'élection, les journaux du soir contenaient une note conçue en ces termes : « Il paraît à peu près certain que c'est M. Victor Hugo qui succédera à monseigneur l'archevêque de Paris. » Cette phrase tomba, par hasard, sous les yeux de mademoiselle Dupont, l'ancienne soubrette de la Comédie-Française, qui lisait le journal dans sa loge, tandis qu'on la coiffait ; — elle lut la phrase, — la relut, — se frotta les yeux, — la relut encore ; puis tout à coup, elle entra, le journal à la main, où se trouvaient dix ou douze de ses camarades.

— Par exemple, voilà qui est trop fort! s'écria-t-elle, je vous annonce une drôle de nouvelle. — Certes, M. Hugo a du talent, je ne dis pas le contraire ; mais c'est égal, — je n'aurais jamais cru cela. — Allons, il ne faut plus s'étonner de rien maintenant. — Ne voilà-t-il pas M. Victor Hugo qui va être nommé archevêque de Paris !

M. Boilay, inventé et décoré par M. Thiers. — a, comme je vous l'ai raconté, passé dernièrement avec armes et bagages dans le camp de M. Guizot.

C'est là un de ces actes qui ont besoin d'être payés magnifiquement pour cacher ce qui leur manque du côté de la noblesse et du désintéressement. M. Boilay a la prétention d'être fait conseiller référendaire à la cour des comptes.

C'est étonnant combien il y a de gens qui usent leur vie, et commettent une foule de choses pour arriver à des buts dont je connais à peine les noms, et dont l'éclat m'échappe tout à fait.)

Le ministère fait la sourde oreille. — M. Boilay valait à ses yeux la peine d'être acheté. — Mais, une fois acheté, un homme ne peut plus vous faire du mal, et conséquemment ne vaut guère la peine qu'on le paye. On l'a nommé directeur de la prison de Charenton.

M. Boilay se débat autant pour ne pas diriger la maison de Charenton que s'il s'agissait de ne pas y être dirigé. — Peut-être craint-il que ce ne soit une de ces ruses employées par les familles pour faire entrer de bonne volonté un parent dans ces maisons. — Cependant la place est bonne ; il s'agit de dix mille francs par an, avec un logement. Mais M. Boilay aime mieux être le dernier à la cour des comptes que le premier à Charenton.—D'ailleurs, il prend cette proposition pour une épigramme ; le ministère, de son côté, paraît tenir à la plaisanterie.

Lors du passage de M. le duc de Nemours à Vendôme, — M. Jean-Pierre Lutandu, officier de la garde nationale, fut invité à orner de sa présence le bal que les *autorités* donnaient à Son Altesse Royale; il tomba dans la même erreur qu'un maire de la banlieue de Paris, dont j'ai raconté l'histoire, qui avait amené *son épouse* au bal des Tuileries, et qui fut obligé de la laisser en dépôt chez le portier. M. Lutandu, heureusement, apprit à temps que ce n'était pas précisément M. Lutandu, mais l'officier de la garde nationale qu'on invitait, et que les *dames* avaient besoin d'invitations spéciales.

M. Jean-Pierre Lutandu crut devoir en écrire au journal le *Loir*; le journal le *Loir* n'accepta pas la collaboration de M. Jean-Pierre Lutandu, — en quoi je le trouve bien dégoûté. — M. Jean-Pierre fit imprimer sa lettre et la distribua. La voici.

Il faut, pour l'intelligence de la chose, remarquer un artifice oratoire de M. Jean-Pierre Lutandu, — qui se sépare en deux personnages, — afin que l'un, M. Lutandu, ne soit pas gêné dans l'expression de ses sentiments par l'autre, M. Jean-Pierre. — Cette facétie, imitée de Paul-Louis Courier, — a plus de piquant pour les habitants de Vendôme que pour nous, — parce qu'ils savent bien réunir les deux personnages en un seul et même Jean-Pierre Lutandu.

Lettre de M. Jean-Pierre Lutandu. — « La lettre suivante n'ayant pu être insérée au journal le *Loir*, j'ai cru devoir la publier moi-même, et la faire imprimer à part. »

Remarquons ici en passant la modération peu commune de M. Jean-Pierre; je sais plus d'un de ces correspondants de journaux qui, voyant leur épître repoussée, accuseraient immédiatement le carré de papier d'être vendu au pouvoir. M. Jean-Pierre Lutandu dit simplement : *n'ayant pu être insérée.*

« Monsieur le rédacteur du journal le *Loir*, j'ai lu, dans votre numéro du 19 novembre dernier, que madame la baronne X*** n'ira pas au bal donné par les autorités de Vendôme à S. A. monseigneur le duc de Nemours, si madame Jean-Pierre *en est* invitée; que M. Jean-Pierre, officier de la garde nationale, serait prié personnellement, et que de dépit et de rage il *en* donnerait sa démission. »

Hélas, monsieur Jean-Pierre, à dire vrai, il y a fort peu de différences réelles entre les femmes (on pourrait dire même qu'il n'y en a pas d'autres que la beauté); aussi, faute de différences, elles mettent des distances. Les hommes peuvent se mêler, parce qu'un homme de génie, de talent et d'esprit, ne sera jamais confondu avec un domestique. — Mais une femme a toujours raison de se défier d'une trop jolie femme de chambre. — Il est facile de faire en six mois d'une grisette une duchesse fort présentable.

« Je connais parfaitement le nommé Jean-Pierre, je suis même un de ses intimes amis. Je vous avouerai, monsieur le rédacteur, qu'effectivement rage et dépit se sont emparés de lui. Jean-Pierre a été rudement froissé par la réalité de votre annonce. En cette circonstance, *son ennemi* peut donc se flatter doublement d'avoir touché en lui la corde la plus sensible. Jean-Pierre est vexé, courroucé, indigné, mystifié, mortifié au delà de toute expression. Si ce camarade, à titre de marchand ou d'artisan, si vous l'aimez mieux, n'eût pas été invité *du* bal de la mairie, *sottise faite maladroitement à tout le commerce et dont nous devons gracieusement remercier MM. les commissaires*, comme les autres, il eût subi son mécontentement *sous* le silence le plus absolu; il se fût dit : « J'ai des compagnons d'infortune, » je suis de ceux qui n'ont pas eu le bonheur de convenir; » son amour-propre seul en eût été blessé. Mais c'est bien pis encore, monsieur le rédacteur : Jean-Pierre, officier de la garde nationale, est le seul de tout le bataillon que l'on invite personnellement. « Parais au bal, sous-lieutenant, puisque nous n'a- » vons pas le droit de t'en chasser, mais laisse ta *dame* à la

» maison; » tel est le sens de *cette sotte invitation*; et, je le répète, il reste seul, accablé sous le poids de cette humiliante assignation. Si, comme moi, monsieur le journaliste, vous connaissiez Jean-Pierre, vous prendriez part à sa peine, elle est poignante. Pour vous aider à compatir à sa douleur, laissez-moi vous tracer un croquis moral de mon infortuné camarade. »

Une petite observation seulement : M. Jean-Pierre Lutandu a un ennemi ; — il ne nous donne pas de grands détails à ce sujet « *son ennemi.* » Sans doute, on sait à Vendôme quel est le *guelfe* du *gibelin* Jean-Pierre Lutandu. Passons au croquis moral.

« Jean-Pierre, natif de Vendôme, est âgé de trente-huit ans, issu d'artisans honnêtes, qui ont emporté dans la tombe les regrets des Vendômois *de leur classe et de leur âge;* Jean-Pierre en a hérité *la probité, l'honneur* et quelque peu d'éducation. N'ayant de sa vie dévié des principes qui lui ont été transmis par *ses ancêtres*, il croit devoir marcher la tête levée. *Un tel bouclier, que n'a jamais terni la moindre des taches*, espérons-le, saura parer les coups de *ses ennemis*. A tout prix il demande aujourd'hui une réparation; MM. les commissaires la lui doivent publiquement. »

Apprécions la modestie avec laquelle M. Jean-Pierre avoue que ses *ancêtres* étaient d'honnêtes *artisans*. — Mais il y a dix lignes, M. Jean-Pierre Lutandu n'avait qu'un ennemi, voici maintenant qu'il en a plusieurs. — Il ne nous dit pas combien, — et l'imagination s'effraye du nombre possible que peut désigner ce pluriel.

« Jean-Pierre est socialement ce qu'on appelle un *bon enfant*, il est de ces gens qui, pour tout au monde, ne commettraient une action désobligeante; c'est un homme calme, paisible, *rond en esprit*, rond en affaires, *qui vit retiré*, trouvant son plaisir, *son unique bonheur, au sein de sa famille*. Voilà, monsieur le rédacteur, bien exactement l'esquisse morale de mon frère d'armes, de celui que MM. les commissaires *vexent* aujourd'hui *si audacieusement*.

» Votre dévoué serviteur, LUTANDU. »

Vous vivez *retiré*, monsieur Jean-Pierre, c'est fort bien ; vous trouvez votre *unique bonheur* au sein de votre famille, c'est encore mieux ; — mais avouez que ces vertus paisibles se sont bien développées depuis votre mésaventure du bal. Du reste, c'est tant mieux pour vous ; les gens qui se sont servis de la petite bourgeoisie ne lui pardonneront jamais les égards qu'ils se croient forcés d'avoir pour elle, — et ils ne négligeront jamais une occasion de saupoudrer d'un peu d'avanie les gracieusetés qu'ils n'osent pas ne pas lui faire.

« *P. S.* Jean-Pierre étant indigne de paraître avec sa femme au bal que la mairie offre, etc., prie son commandant, *qui est un des commissaires*, de le dispenser de service *pendant le séjour du prince à Vendôme ;* voilà le seul motif qui a empêché mon pauvre Jean-Pierre de se rendre aujourd'hui au corps d'oficiers de la garde nationale pour une visite à laquelle il aurait dû participer. Jean-Pierre ne donnera point sa démission, il finira tranquillement son triennal pour *rentrer voltigeur* dans sa compagnie *qu'il vénère*.

» *Vendôme, ce 1er décembre 1841.* »

Dans ce *post-scriptum* plein de mélancolie, — M. Jean-Pierre Lutandu nous montre une fatigue du pouvoir et des honneurs — qui n'est pas sans exemple. — Sylla, Dioclétien, — Christine de Suède, — ont agi, en leur temps, comme M. Jean-Pierre Lutandu.

Après tout, — je gage tout ce qu'on voudra que M. Lutandu est un très-brave et très-honnête homme.

J'ai annoncé, il y a quelques mois, à propos de la découverte faite par un savant d'une nouvelle pomme de terre, un peu plus mauvaise et beaucoup plus petite que celles que nous possédons déjà, — que je surveillerais à l'avenir MM. les savants et mesdames leurs inventions.

En voici une assez curieuse :

La *pyrale* est un insecte qui fait quelque tort à la vigne dans certaines localités. — Voici le moyen qu'une réunion d'érudits a trouvé pour en délivrer les ceps :

« *Il suffit*, disent-ils, d'enduire les treillages et les échalas d'une certaine quantité d'eau provenant de l'épuration du gaz destiné à l'éclairage. — SEULEMENT *cette eau peut brûler et faire périr les jeunes pousses.*

» DE PLUS, *elle agit sur la peau comme des cantharides, et les cloches qu'elle fait venir sont douloureuses.* »

On ne saurait trop admirer avec quelle héroïque patience les Français, qu'on prétend si légers, se résignent à entendre les mêmes choses rebattues pendant si longtemps.

Quand il se passe quelque chose d'un peu important pendant les vacances des Chambres, chaque journal rapporte la chose sous forme d'un *on dit*.

Le lendemain, il découpe avec des ciseaux et imprime le *on dit* de tous ses confrères sur le même sujet.

Le surlendemain — on recommence avec cette phrase préliminaire : « Nous ne nous étions pas trompés ; il n'est que trop vrai, etc. »

Le jour d'après, — opinions des confrères coupées aux ciseaux.

Le jour d'après, — réponse des journaux ministériels.

Le jour d'après, — réponse aux journaux ministériels.

Le jour d'après, — les journaux ministériels répliquent.

Le jour d'après, — les journaux dits indépendants répliquent à leur tour. — Ce n'est qu'au bout de quinze jours qu'on laisse la chose en repos — et qu'on commence à retrouver des *araignées dilettantes*, des *médailles de Tétricus*. — des *mâchoires de dynotherium giganteum*. — Les enfants tombent d'un sixième étage dans une voiture de poussier de mottes à brûler, et leur mère les remonte sans accident avec le boisseau qu'elle marchandait. — Les chiens se signalent par des actions vertueuses. — Le grand serpent de mer est rencontré par un navire hollandais. — Des bûcherons coupent un arbre et trouvent dedans — une croix peinte en bleu, etc., etc.

A ces signes, on se rassure, on se dit : « Allons ! c'en est fini de telle ou telle question. »

Pas le moins du monde.

La session s'ouvre, — les députés récitent à la tribune les articles des journaux sur la chose que vous espériez oubliée : — les journaux impriment les discours des députés, et on recommence tout.

Quelques jeunes gens des écoles sont allés visiter M. de Lamennais, — et lui ont tenu ce langage :

« Citoyen, il y a un an, votre condamnation marquait d'un sceau indélébile les tendances réactionnaires d'un pouvoir oppresseur. Ce pouvoir avait démontré depuis longtemps ses vues antipopulaires, antinationales ; mais il nous a appris, depuis votre captivité, qu'il n'avait pas achevé son œuvre ; lâcheté au dehors, corruption et arbitraire au dedans, déchaînement de la force contre la presse, construction de bastilles, aversion pour l'organisation du travail : tout nous dit assez haut qu'il veut renverser l'édifice révolutionnaire de 1830.

« Mais sait-il bien, ce pouvoir, que son audace peut le perdre ? Sait-il bien que les victimes qu'il atteint viennent réchauffer le zèle des patriotes, et grandir leur cause ?... Il ne l'ignore pas, sans doute, et d'ailleurs nous sommes moins jaloux de le lui apprendre que de venir ici vous témoigner, citoyen, quel est l'esprit de réprobation que ce système inspire généralement.

Il est difficile de trouver une plus grande preuve d'une liberté illimitée — que cette façon de se plaindre de n'en pas avoir.

FÉVRIER 1842.

Depuis quelques mois, mes amis se plaisent à orner les collets de leurs habits de toutes sortes de couleurs : — M. Hugo a mis du vert à son habit sous forme de petites palmes d'académicien ; — voici que M. Théophile Gautier met au sien un peu de rouge, sous prétexte de croix d'honneur ; — j'ai un jeune camarade qu'on avait obligé, lui, de revêtir un collet entièrement rouge, — mais c'était le plus mécontent des trois; il s'est fait réformer et est rentré avec joie dans la vie civile et dans sa redingote noire.

M. Théophile Gautier est un jeune poëte qui a fait d'abord de fort beaux vers : — on ne lui a pas donné la croix pour cela ; — il s'est mis à faire dans les journaux de la prose spirituelle. C'était aux yeux des gens déjà un peu mieux, en cela que c'était déjà moins ; mais on ne pouvait pas encore lui donner la croix. — Il la désirait, cependant, parce qu'il aime le rouge, et que c'était, disait-il, un moyen légal d'en porter sur ses habits. — Il avait une fois, dans sa jeunesse, essayé d'un gilet de soie ponceau, mais cela avait mis ses voisins dans une telle fureur, qu'il avait été obligé d'y renoncer.

On lui fit faire alors un long dithyrambe sur la naissance d'un fils du prince royal : — cela commençait à aller assez bien ; — on avait promis la croix, et je crus même alors qu'on l'avait donnée. — Malheureusement, par suite d'une fâcheuse habitude dès longtemps contractée, il avait par mégarde laissé tomber encore quelques beaux vers dans son ode ; cela fit peur aux gens, et on vit qu'il n'était pas encore mûr pour les récompenses du pouvoir.

On attendit une meilleure occasion.

Elle se présenta à propos du concours pour le tombeau de l'empereur Napoléon. — M. Gautier fut chargé de rédiger le rapport de la commission, et, sur cette pièce d'écriture, où on lui a donné plusieurs collaborateurs pour qu'il ne s'échappât pas trop en esprit, on lui a donné enfin le ruban rouge.

J'approuve, on ne saurait davantage, qu'on ait accordé cette distinction à un jeune homme d'esprit et de talent ; — mais je demande pourquoi on la lui a donnée après le rapport de la commission sur le concours pour le tombeau de Napoléon, au lieu de la lui donner après la publication de la *Comédie de la Mort*, volume plein de charmantes fantaisies et de vers du plus grand mérite.

Et je me réponds : C'est que le pouvoir a toujours un peu peur des supériorités.—Tant qu'on les tient au pied de l'échelle, on paraît toujours plus grand qu'elles, parce qu'on est plus élevé, et, pour le public, c'est la même chose. — Mais, si une fois on les laisse se hisser sur les mêmes tréteaux, alors les médiocrités qui les y ont précédées, réduites à leur taille réelle, risquent fort de ne pas conserver leur avantage.—C'est pourquoi on exige des gens de talent une foule de conditions préalables relatives au niveau. — On ne les laisse entrer dans les faveurs du pouvoir— que comme les chevaux de remonte entrent dans les régiments ; il faut qu'ils prouvent par des papiers bien en règle qu'ils sont hongres comme tout le monde.

Pour cette fois, cependant, je ne leur conseille pas de s'y fier.

Je suis sûr, néanmoins, mon cher Théophile, que vous ne vous êtes pas, à beaucoup près, donné tant de mal pour obtenir la croix — que j'en ai depuis huit jours à décider mon voisin à me vendre un rosier à fleurs jaunes qu'il avait dans sa haie. — Je n'ose repasser dans ma mémoire — tout ce que j'ai fait de bassesses, ce que j'ai commis de fourberies, pour décider mon homme ; et j'ose moins penser à ce que j'en aurais fait de plus s'il n'avait pas cédé aussitôt. Il faut dire que c'est la grosse rose jaune double, — et que le rosier a sept pieds de haut.

On vient de publier, sous le titre de *Glanes*, un volume de mademoiselle Louise Bertin.

En voici huit vers pleins d'une exquise délicatesse :

« Si la mort est le but, — pourquoi donc, sur les routes,
Est-il dans les buissons de si charmantes fleurs ?
Et, lorsqu'au vent d'automne elles s'envolent toutes,
Pourquoi les voir partir d'un œil mouillé de pleurs ?

Si la vie est le but, — pourquoi donc, sur les routes,
Tant de pierres dans l'herbe et d'épines aux fleurs !
Que, pendant le voyage, hélas ! nous devons toutes
Tacher de notre sang et mouiller de nos pleurs ? »

L'Académie, la vieille coquette, semble ne vouloir céder qu'à un de ces *beaux feux*, qu'à une de ces longues passions sur lesquelles mademoiselle de Scudéri faisait dix volumes. Il faut lui faire longtemps la cour pour obtenir ses faveurs. — On trouve, dans le *Journal des Débats* de 1824, la candidature de M. Ancelot officiellement annoncée. — Cette candidature a duré quinze ans. M. le chancelier Pasquier date de plus de vingt ans. Il y a vingt ans, du moins, que, sans se présenter tout à fait, il tâte le terrain et attend le moment.

D'après toutes les probabilités, M. Pasquier succédera à M. de Cessac; et M. Ballanche à M. Duval.

Les autres candidats, fruits secs, sont : MM. de Vigny, — Sainte-Beuve, — Alexandre Dumas, — Casimir Bonjour, — Vatout, — l'évêque de Maroc, — Patin, — M. de Balzac et M. Aimé Martin. — L'Académie est le prix de l'obstination; elle n'est pas pour celui qui arrive le premier, mais pour celui qui court le plus longtemps. Tous les concurrents y arriveront.

Les trois ou quatre académiciens qui ont assisté à l'enterrement de M. Duval ont fait une assez bonne journée : il y a des jetons de présence pour ces cérémonies, comme pour les séances; c'est-à-dire deux cent quarante francs à partager entre les assistants. Les jeunes s'occupent de vivre, les vieux ont peur de mourir ; de sorte qu'on ne va aux enterrements qu'en petit nombre.

Autrefois, pour les séances, on fermait la porte à trois heures. On raconte qu'un jour l'abbé Delille, se trouvant seul à cette séance, et entendant des pas, ferma promptement la porte, empocha les jetons, et s'en alla.

QUESTION D'ORIENT. — Relire ici les différentes sorties auxquelles je me suis laissé aller à diverses reprises contre la tribune.

Connaissez-vous l'*Histoire du roi de Bohême et de ses sept châteaux*, par M. Nodier? A la première page du volume, qui est fort gros, le roi de Bohême part pour visiter tous ses châteaux, et à la dernière page il n'est pas encore arrivé au premier.

C'est absolument ce qui s'est passé à la Chambre des députés dans les séances consacrées à ce qu'on a appelé la question d'Orient. Voici une partie du programme :

QUESTION D'ORIENT. — M. Jaubert — parle du recensement de Toulouse.

M. Liadières — reproche à M. Joly d'avoir parlé des canons de Brunehaut.

M. Jaubert — remonte à la tribune et parle légèrement des tragédies de M. Ladières.

SUITE DE LA QUESTION D'ORIENT. — M. Joly monte à la tribune et explique les canons de Brunehaut.

M. Liadières — monte à la tribune et se déclare satisfait de l'explication ; — il répond aux critiques de M. Jaubert sur ses tragédies.

M. Jaubert — monte à la tribune et menace M. Liadières de le faire chasser de la Chambre, attendu qu'il y a incompatibilité entre son service auprès du roi et ses fonctions de député.

(Ce qui est une niaiserie, attendu que les électeurs qui ont envoyé M. Liadières à la Chambre l'ont accepté et choisi comme cela, et que M. Jaubert n'a rien à y voir.)

FÉVRIER 1842.

M. Liadières — remonte à la tribune, et dit qu'il donnera, si cela est nécessaire, sa démission au roi, mais qu'il restera député.

M. Joly — donne de nouvelles explications; il n'a pas dit précisément qu'il y eût des canons dans l'armée de Brunehaut.

M. Jaubert — se plaint de M. Guizot.

Pendant que ces choses se passent — la Chambre n'écoute pas par discrétion les conversations particulières de ces trois messieurs qui occupent la tribune, se livre à des dialogues variés, — on devise sur la rareté du gibier, — des actions du chemin de fer de Rouen, — du pavage en bois, et on échange quelques prises de tabac, on raconte l'aventure de l'honorable M. D*** de seize manières différentes.

FIN DE LA QUESTION D'ORIENT. — A ce propos, disons que M. Duvergier de Hauranne colporte partout ses paperasseries fastidieuses, sous prétexte de la question d'Orient. — A la Chambre, on ne l'appelle plus, dans les couloirs et dans la salle des conférences, que le *Grand-Orient*.

M. LE GÉNÉRAL COMTE HUGO. — Lorsqu'il fut question d'inscrire sur l'arc de triomphe de l'Étoile les noms des gloires de l'Empire, — on avait lieu de croire que la chose se ferait sans étourderie, et que la liste des noms à graver serait la suite d'un mûr examen.

Pas le moins du monde : — on a écrit des noms d'abondance et au fil de la mémoire, — de telle sorte que les réclamations sur de graves oublis se sont fait entendre de tous côtés.

D'une lettre adressée à la postérité, on n'aurait pas dû écrire le brouillon sur la pierre. — C'est élever à l'état de monument et la gloire d'une génération et la saugrenuité d'une autre. Toujours est-il que cela fut fait ainsi.

Une réclamation surtout fit beaucoup d'effet : c'était celle de M. Victor Hugo, au nom de son père.

Il y a un des plus nobles et des plus honorables généraux de la République et de l'Empire, que l'ancien roi de Naples et d'Espagne, le frère de l'empereur, le roi Joseph, appelle encore dans ses correspondances particulières *son meilleur ami;* un homme qui se distingua brillamment au siége de Gaëte, qui organisa le royaume de Naples de concert avec Joseph Bonaparte; qui, gouverneur de la province d'Avellino, chassa, battit et saisit au corps le fameux Fra Diavolo, qui le jugea l'homme *le plus tenace* et le plus redoutable auquel il ait jamais eu affaire; un homme que le roi Joseph Bonaparte, fait par son frère roi des Espagnes et des Indes, crut indispensable à l'affermissement de la domination française en Espagne, et qu'il appela à Madrid en qualité de majordome du palais, d'abord, et ensuite en qualité de gouverneur des provinces d'Avila et de Guadalajara; un homme qui donna à son pays, son sang, ses jours, ses nuits, sa vie entière; qui se montra avec éclat à Cifuentes, à Siguenza, à Valdajos, à Hita, à Caldiero; un de ces fiers et intègres généraux de la République, qui refusa avec indignation, plusieurs fois et au vu de ses soldats, des millions que lui fit offrir l'ennemi pour livrer le drapeau de la France; qui ne reçut ses grades que un à un, qui ne se laissa qu'à son corps défendant créer par le roi d'Espagne comte de Cifuentes et marquis de Siguenza; un homme, enfin, auquel l'empereur, à deux reprises différentes, confia, comme au seul capable de la bien défendre, Thionville, un des boulevards de la frontière, en 1814 et en 1815; qui s'y immortalisa deux fois, qui y soutint un bombardement, et se défendit jusqu'à la dernière heure avec un courage héroïque, après avoir fait dire aux parlementaires ennemis : « Qu'il s'ensevelirait sous les ruines de Thionville plutôt que de livrer la place aux généraux prussiens. »—Cet homme, ce noble et modeste soldat, c'est M. le général comte Hugo.

Le second fils du général, M. V. Hugo, — vit avec tristesse que le nom de son père n'était pas inscrit entre les généraux de l'empereur Napoléon. — Il publia un volume de poésies, — les *Voix intérieures*, et le dédia *à son père, Joseph-Léopold-Sigisbert, comte Hugo, oublié sur l'arc de triomphe de l'Étoile.*

❦ Le volume paraît le 24 juin 1837.

Le 27 juin, M. Victor Hugo, en rentrant chez lui, trouve dans son salon un tableau que M. le duc et madame la duchesse d'Orléans lui envoient en signe d'admiration et de sympathie.

On s'occupe beaucoup de cette dédicace. — Peu de temps après, le gouvernement se voit forcé de faire un erratum, — un post-scriptum de pierre à son monument; il compulse ses états de service, s'agite, se remue, creuse ses archives, recueille çà et là les réclamations, et finit par inscrire *soixante* nouveaux noms sur l'arc de triomphe de l'Étoile. Il n'en oublie qu'un seul, le nom du général Hugo.

M. le maréchal Soult, président du conseil, a pourtant été le compagnon d'armes de M. le général Hugo!

Un ancien ministre reprochait à l'un des ministres actuels cette incroyable légèreté, et cette grave maladresse. « Que voulez-vous? — répondit le ministre en question, M. Victor Hugo n'a pas réclamé. »

Il est inutile de dire que le ministre capable d'une pareille réponse n'est ni M. Guizot, ni M. Villemain, qui sont les amis particuliers de M. Victor Hugo.

❦ De notre temps se sont réalisées ces paroles de l'Écriture : « Les premiers seront les derniers. » Il y a une haine insatiable contre tout ce qui est grand; — c'est de cette haine que se forme la ridicule et fausse admiration pour tout ce qui est petit. Mais une chose doit consoler les bons esprits, — c'est qu'à force d'élever les petites choses, — on finira par les croire grandes, on les haïra comme telles, et on les renversera pour remettre en place les grandes choses, si basses aujourd'hui.

❦ A nous deux, monsieur Aimé Martin !

D'abord, monsieur Aimé Martin, ne me prenez pas pour un homme méchant et hargneux, et ne croyez pas que je déchaîne sur vous mes guêpes — au hasard et par malice. Vous m'avez attaqué et blessé, monsieur, dans un des livres que j'aime et dans les fleurs, que j'aime toutes. J'ai retenu si peu de choses pour ma part de celles qu'on se dispute dans la vie, que j'en suis horriblement avare, — et que je deviens féroce quand on y touche.

Un des plus beaux livres qui soient sortis de la cervelle humaine — est le livre des *Maximes* de la Rochefoucauld. Ce livre se compose d'une trentaine de pages; — c'est, sans contredit, celui de tous les livres qui renferme le moins de mots, mais c'est aussi celui de tous les livres qui renferme le plus de choses, c'est un livre qui dit la vérité sur tout.

Certes, si Dieu, — en un jour de colère, ou plutôt, de bonté, avait mis tous les livres et toutes les actions des hommes dans une immense cornue, et qu'il eût fait évaporer par la distillation tous les mensonges, tous les semblants, toutes les hypocrisies — on n'eût trouvé pour résidu au fond de l'alambic que les trente pages de la Rochefoucauld.

Le livre de la Rochefoucauld me raconte l'histoire publique et secrète de tous les temps et de tous les siècles, — l'histoire du passé et l'histoire de l'avenir. — Loin de m'irriter contre l'homme en me le dévoilant, il me rend au contraire bon et indulgent.

Il m'apprend à ne pas demander à la vie plus qu'elle ne contient, à ne pas attendre de l'homme plus qu'il ne possède. Les Samoyèdes, j'en suis sûr, ne ressentent qu'un médiocre chagrin de ne pas manger d'ananas; — je n'ai plus sujet d'en vouloir aux hommes de ce qu'ils n'exercent pas à mon bénéfice une foule de noms de vertus qui, en réalité, ne mûrissent pas dans leur cœur; — l'homme le plus laid du monde est au même point que la plus jolie fille du monde;

— il suffit de bien établir qu'un pommier est un pommier pour qu'on renonce à la fantaisie de cueillir dessus des pêches; on s'arrange des pommes et on n'en veut pas au pommier.

Ce livre, M. Aimé Martin me l'a gâté.

M. Aimé Martin a publié une édition de la Rochefoucauld. — La chose commence par une préface beaucoup plus longue que tout le livre des *Maximes*, — où ledit M. Aimé Martin établit sa prééminence, incontestable à lui Aimé Martin, sur Marc-Aurèle et sur la Rochefoucauld. Puis il s'emporte en une longue diatribe contre son auteur, — puis il passe à l'examen critique des maximes. C'est, à vrai dire, une chose curieuse par son excès. Il prend chaque maxime une à une, et il met au-dessous toutes les vieilles rapsodies, toutes les inepties, toutes les phrases vides et hypocrites; — tous les grands mots creux, tous les lieux communs rapiécés, qui traînent depuis des siècles dans les mauvais livres de cette vieille bavarde, menteuse, cohue de prétendus moralistes qui n'ont plus aucun prétexte de vivre depuis l'instant où la Rochefoucauld a taillé sa plume pour écrire le premier mot de la première phrase de ses *Maximes*, c'est ce qu'il appelle *réfuter les maximes et leur fausse philosophie*.

Je voudrais vous donner un spécimen de la manière de travailler de M. Aimé Martin; — mais le choix m'embarrasse, je prends au hasard :

« La constance des sages, dit la Rochefoucauld, n'est que l'art de renfermer leur agitation dans leur cœur. »

« Ainsi donc, s'écrie M. Aimé Martin, la sagesse n'est que de l'hypocrisie. Ainsi donc, etc., quelles seraient les conséquences, etc.? » La valeur de six pages de conséquences.

« La philosophie, dit la Rochefoucauld, triomphe aisément des maux passés et des maux à venir, mais les maux présents triomphent d'elle. »

« Anaxarque, répond M. Aimé Martin, Diogène, Épictète,

Socrate, apprirent au monde, etc. La Rochefoucauld prétendrait-t-il nier ces grands exemples ? » (Quatre pages.)

Le tout lardé des termes du plus profond mépris, de la plus vertueuse horreur pour la Rochefoucauld. — Le volume finit par un *post-scriptum* deux fois long comme le livre des *Maximes*, où M. Martin s'applaudit d'avoir écrasé son auteur et de l'avoir réduit à néant.

Certes, l'idée de M. Aimé Martin était dans son origine assez ingénieuse et assez sensée; il a compris que ce serait une bonne affaire que de s'accrocher à la Rochefoucauld — comme le gui au chêne, — de s'y cramponner des ongles et des dents, de telle sorte qu'on ne pût les séparer, — et d'obliger ainsi les lecteurs et les acheteurs à cette alternative, ou n'avoir pas la Rochefoucauld ou avoir M. Aimé Martin.

Ce résultat a été ce qu'il devait être, — quelque lourde, creuse, pommadée, que soit la prose de M. Aimé Martin, on aime encore mieux s'en charger que d'être privé des *Maximes*, et la spéculation a réussi à un certain point; — mais peut-être aurait-elle pu le faire également sans insulter un des plus grands génies que la France ait possédés.

Pour moi, je cherche en ce moment un exemplaire de la Rochefoucauld, — sans M. Aimé Martin.

Le résumé du travail susmentionné est que le livre de la Rochefoucauld est un livre absurde, immoral et ridicule. — J'ai pensé que la destruction de cet ouvrage laisserait dans les bibliothèques une lacune fâcheuse : — j'ai songé à la combler. — Il m'a semblé que la place abandonnée par la Rochefoucauld vaincu revenait de droit à M. Aimé Martin vainqueur, et j'ai *énucléé* de ses œuvres quelques maximes qui remplaceront celles qu'il a détruites d'une manière si triomphante. — MM. les imprimeurs peuvent affirmer que le manuscrit desdites pensées est formé de lignes imprimées coupées avec des ciseaux dans un ouvrage de M. Aimé Martin — et que ces maximes sont authentiques; — à la première réclamation d'un ayant droit, j'indiquerai le volume et la page de chacune.

PENSÉES ET MAXIMES
De M. Louis-Aimé Martin.

I. De tous les maux de la vie, l'absence est le plus douloureux.

II. Une jeune fille est une rose encore en bouton.

III. Heureux berger! vous pouvez danser dans la prairie, vous couronner des épis de Cérès, vous enivrer des dons de Bacchus.

IV. L'amour se plaît quelquefois à unir une timide bergère à un superbe guerrier.

V. Avant que le souffle de l'amour eût animé le monde, toutes les roses étaient blanches, et toutes les filles insensibles.

VI. Les personnes dédaigneuses sont pour la plupart exigeantes et peu aimables.

VII. Une jeune fille loin de sa mère est, au milieu du monde, comme une rose qui a perdu sa fraîcheur.

VIII. A son aspect (la luzerne), la génisse se réjouit; aimée de la brebis, elle fait les délices de la chèvre et la joie du cheval.

IX. IL Y A TOUT A GAGNER AVEC LA BONNE COMPAGNIE.

X. Nous quittons trop souvent un bonheur certain pour courir après de vains plaisirs qui fuient et s'envolent.

XI. Pour orner les leçons de la sagesse, souvent les muses ont emprunté une rose aux amours.

XII. La faiblesse plaît à la force, et souvent elle lui prête ses grâces.

XIII. Il faut à l'amour des ailes et un bandeau.

XIV. Il faut que l'amour dérobe tout à l'innocence, il méprise les dons volontaires.

Ah! mon Dieu! est-ce bien M. Louis-Aimé Martin qui dit cela? mais c'est horrible, — mais on ferait sur ces maximes un commentaire plus sérieux que celui qu'il a fait sur les maximes de la Rochefoucauld ! — mais ce que M. Aimé Martin nous conseille là, — ce n'est ni plus ni moins que le viol !

Est-ce que ces maximes seraient moins innocentes que je ne l'avais cru d'abord ? — je me rappelle le numéro III, qui renferme des tendances un peu bachiques.

Mais rassurez-vous, mères prudentes, qui songez à mettre les maximes de M. Aimé Martin aux mains de vos filles, — ce n'est que par hasard qu'il s'échappe ainsi en pensées inquiétantes ; les idées de M. Aimé Martin sur l'amour sont tout autres que celles que vous pourriez lui supposer d'après le numéro XIV.

M. Aimé Martin est partisan de l'amour platonique : « Les autres passions, dit-il, cherchent leurs jouissances dans les choses de la terre, le véritable amour ne s'attache qu'aux choses du ciel. Ce n'est pas la beauté physique qu'*on aime*, mais la douceur, la générosité, etc., ou quelques autres beautés morales. »

« Ce ne sont pas les plus belles femmes qui inspirent les plus grandes passions, mais celles qui possèdent des vertus dans un degré éminent, voilà ce qu'*on aime*. »

« Un demi-aveu enchante bien plus qu'une certitude entière. »

Il est évident que M. Aimé Martin parle de l'amour comme les anciens acteurs tyrannisés par l'Opéra, — qui récitaient leurs rôles dans la coulisse et laissaient faire les gestes à d'autres.

Voici ce que m'a fait M. Aimé Martin relativement à la Rochefoucauld. Je vous dirai une autre fois ce qu'il m'a fait relativement aux fleurs.

M. Louis-Aimé Martin se présente pour un des fauteuils vacants à l'Académie française.

Mars 1842.

Les bals de l'Opéra. — Une rupture. — M. Thiers et les *Guêpes*. — Le bal du duc d'Orléans. — Plusieurs adultères. — Grosse scélérate. — Une gamine. — Sur quelques Nisards (suite). — Les capacités. — M. Ducos. — M. Pelletier-Dulas. — A M. Guizot. — L'*acarus du pouvoir*. — Grattez-vous. — M. Ballanche. — M. de Vigny. — M. Vatout. — M. Patin. — Le droit de visite. — M. de Salvandy et M. de Lamartine. — Les chaises du jardin des Tuileries. — Une prompte fuite à Waterloo. — Le capitaine Bonardin. — M. Gannal au beurre d'anchois. — A. M. E. de Girardin. — M. Dumas. — M. Ballanche. — M. Pasquier. — M. Dubignac.

Les bals de l'Opéra ont fini par se moraliser, et cela d'une singulière manière; — ils sont arrivés à un point de sans-façon tel, qu'une femme comme il faut ne peut plus trouver aucun prétexte pour s'y faire conduire.

C'est du reste une époque qui sert de raison à bien des brouilles. — Nous avons parlé l'année dernière d'une femme qui avait chassé son amant pendant le carême, et en avait repris un autre pour obéir à cet usage populaire qui veut qu'on *ait* quelque chose de neuf à Pâques. — Cette année, madame *** a écrit au sien, qu'elle soupçonnait d'une infidélité :

« Certainement ce n'est pas contre vous que je suis irritée, mais bien contre celle qui a accepté votre hommage : vous n'avez ni figure ni esprit, et la femme qui vous prend pour amant ne peut avoir eu pour but que de me contrarier. »

M. THIERS ET LES GUÊPES. — Le dernier numéro des *Guêpes* a paru le 1er février; le 5 du même mois, M. Thiers portait au bal de M. le duc d'Orléans l'habit de membre de l'Institut, — absolument *comme le général Bonaparte à son retour d'Égypte*. On ne saurait mieux ni plus vite profiter d'un bon avis.

Tous les morceaux de papier imprimé ont donné, sous le bon plaisir de leurs imprimeurs respectifs, des détails plus ou moins circonstanciés, plus ou moins apocryphes, sur le bal des Tuileries ; — l'ensemble était riche et piquant ; — on a critiqué avec raison le quadrille des bergères ; — toutes les bergères étaient vêtues en rose et tous les bergers en bleu, je crois. Il eût été bien plus vrai et bien plus charmant de donner à chaque couple une couleur particulière, — ainsi qu'on le voit dans les bons Vatteau. Chaque bergère doit avoir son berger vêtu de *sa couleur*. — Il aurait dû y avoir un couple rose, un autre tourterelle, un autre gris-de-la-reine, etc., etc.

M. Hugo avait le costume de membre de l'Institut, — habit aussi glorieux pour les combats qu'il a livrés pour l'obtenir que par la grandeur de la chose elle-même, — habit qui faisait allusion à la peau du lion dont se couvrait Alcide ; — il causait fort galamment avec la belle madame de ***, il se livrait aux madrigaux et aux concettis les plus *rocailles*.

— Vraiment, lui dit madame de ***, votre esprit complète pour moi l'illusion, il semble que nous soyons à une des belles nuits de Versailles.

— Madame, répondit l'académicien, il me manque pour cela bien des choses : — tenez, par exemple, — un costume d'abbé, — la poudre, le petit collet, le rabat et une rose à la main.

QUE LE VRAI N'EST PRESQUE JAMAIS VRAISEMBLABLE. — Quand un pauvre romancier veut mettre en scène une femme adultère, il se creuse la cervelle pour orner de fleurs, — adoucir et rendre insensible la pente qui conduit une femme, une *épouse*, une mère, du milieu des vertus domestiques — *à l'oubli de tous ses devoirs*.

Le vrai, le réel, ne se donnent pas tant de peine ; — il semble que la plupart des femmes qui trompent leur mari ne sont nullement abusées, aveuglées, etc., etc.; — qu'elles trahissent la foi conjugale, tout simplement parce qu'il leur plaît de trahir la foi conjugale; — car les amants que la vengeance des maris produit au grand jour de la police correctionnelle ne paraissent d'ordinaire, ni par les agréments de leur personne, ni par l'astuce de leurs *moyens*, justifier ni même expliquer ce qu'on appelle un *entraînement*.

Il y a dans un adultère beaucoup plus de haine contre le mari que d'amour pour l'amant, — qui n'est, le plus souvent, qu'un élément désagréable, mais malheureusement nécessaire d'un crime qu'on est décidé à commettre.

Quelques procès récents viennent à l'appui de ce que nous avançons.

Le jeune Charles *** est *traîné* devant les juges par un *époux* justement irrité; — ledit époux a des preuves accablantes, — il a trouvé la *correspondance*.

(Les amoureux sont comme les conspirateurs, ils se donnent une peine incroyable pour *fabriquer* des preuves contre eux. Dans tous les procès en adultère, — on trouve des correspondances. Dernièrement, M. D***, ancien notaire, qui, surprenant sa femme en flagrant délit, s'est contenté de faire signer au docteur R..., son complice, une lettre de change de soixante mille francs, — avait *découvert* la correspondance, — où? — sur le parquet de son salon.)

Dans l'affaire du jeune Charles ***, le ministère public s'est élevé avec force contre le *séducteur* qui, par des *manœuvres* coupables, un *art perfide*, avait détourné de ses devoirs les plus sacrés une femme jusque-là pure et innocente : — à l'appui de sa vertueuse indignation, il lisait une lettre où on remarquait ce passage :

« Penses-tu un peu à moi? Combien fais-tu de toilettes par jour? Mais écris-moi donc tout cela, GROSSE SCÉLÉRATE. »

En effet, comme dit M. le procureur du roi, résistez donc à

cela ; — on comprend qu'une mère de famille, une femme honnête et distinguée, risque tout et perde tout — pour recevoir de semblables lettres.

Nous appelons sur ce sujet l'attention des femmes adultères ou sur le point de le devenir. — Certes, pour un semblable usage, — pour s'entendre appeler *grosse scélérate*, un mari est bien suffisant, et on peut se dispenser de prendre un amant.

Voici un autre exemple que nous tirons des mœurs de magasin :

Un marchand aime la femme d'un autre marchand, son voisin, le sieur D***.

Une première fois, M. D*** surprend une correspondance coupable, — il pardonne.

Mais, une seconde fois, il s'irrite, fait incarcérer sa femme et son complice, et demande judiciairement à ce dernier quarante mille francs de dommages-intérêts, somme à laquelle il évalue les avaries et dégâts causés dans son honneur. — Débat devant la... je ne sais combien^{me} chambre, — comme d'usage, M. D*** produit les lettres.

Une de ces lettres, que nous allons citer *textuellement*, — est écrite par le marchand amoureux à l'objet criminel de sa flamme adultère, — tout simplement sur une de ses *factures*, laquelle porte au tiers de la page son nom, sa profession, son adresse.

N*** TIENT MAGASIN ET ASSORTIMENT

DE COUVERTURES

de laines de toutes qualités,

MÉRINOS, SOLOGNE *et* AUTRES ;

Il remet les vieilles à neuf,

Rue ***, n° ***, Paris.

N. B. Autrefois les amoureux appelaient leur maîtresse *leur dame* ou *leur souveraine*, — et s'intitulaient leur *chevalier* ou leur *esclave*.

M. N*** appelle celle qu'il aime *sa gamine*, et se donne à lui-même le titre de *gamin*. — Mais quels sont les amoureux qui seraient charmés de voir imprimés les *jolis* noms qu'ils ont donnés et reçus?

L'*individu*, c'est le mari.

Voici la lettre.

« A ma meilleure amie, mon ange idolâtré du plus sincère des amis jusqu'au tombeau, plutôt mourir que de vivre sans Éléonore. Jurement indissoluble, *ton gamin* ne peut vivre plus longtemps sans te voir; je suis *bani* de ta maison. J'ai reçu une lettre de l'*individu*. Je lui ai répondu. Mais, comme je mettais bien des civilités respectueuses pour toi, il n'aura pas manqué de déchirer la lettre en *fronsant* le sourcil. Ah! ma pauvre *gamine*, *supportent* avec courage les

N*** TIENT MAGASIN ET ASSORTIMENT
DE COUVERTURES
de laines de toutes qualités,
MÉRINOS, SOLOGNE *et* AUTRES;
Il remet les vieilles à neuf,
Rue***, n°***, Paris.

maux, ayant devant nous un chemin qui nous conduira où nos cœurs *haspirent*. Ah! mon idole, quand tu entends monter des sabots, c'est dit, il n'y a pas moyen de presser la main de ma *gamine* sur mon cœur, car *c'est* les sabots de l'*individu*. Je *redoulte* l'*individu*. Tâche, lorsque je passerai et que je pourrai monter, de ne faire qu'un signe de tête en la baissant, pour le *oui*, et en la tournant pour le *non*. Quand nous sommes ensemble, c'est *tant* de pris sur l'ennemi. Mais, comme dit le proverbe, un bon os tombe toujours à un mauvais chien. O bonne amie! nos cœurs ne demandent qu'à prendre leur *volé*; il y a des hommes comme le *tient*, par exemple, qui regardent leur femme comme leur *pissalé*.

« Adieu, *chère trésore*, reçois les *serment* inextinguibles à la vie à la mort de ton ami. J'ai tant lu et baisé ma lettre, qu'elle est *salle*. Reçois-la avec ton indulgence et ta bonté *accoutumez*. Vaincre ou mourir ! »

SUR QUELQUES NISARDS [1] (*suite*). — Voici une note qui a paru ces jours-ci dans les journaux :

« M. CHARLES *Nisard*, auteur des traductions de, etc., etc., et particulièrement des discours de Cicéron qu'il a *épurés* d'après *une méthode nouvelle*, vient de traduire en dernier, et a eu l'honneur de présenter à S. A. R. le duc d'Aumale, les *Histoires philippiques de Justin*. Son Altesse Royale a bien voulu encourager le traducteur dans l'étude de ces écrivains sérieux qui seront toujours les *éternels modèles* de tous les littérateurs. »

Il faut savoir gré au jeune prince, qui, ayant sans doute remarqué que M. Désiré Nisard et M. Auguste Nisard se sont donné la mission de dépecer les vivants, a pensé à garantir les contemporains de ce troisième Nisard, et tâché de l'amener par des gracieusetés à se contenter d'écorcher les morts ; mais les critiques sont comme les médecins, leur travail sur le *cadavre* n'est qu'une étude préparatoire.

SUR LES CAPACITÉS. — M. Ducos a présenté à la Chambre une proposition ayant pour but d'admettre les *capacités* dans son sein.

Les discours qui ont été prononcés en faveur de la proposition ne pouvaient être agréables à la Chambre ; — en effet, ils peuvent tous se résumer par cette phrase :

« Il est temps d'*appeler* l'intelligence au pouvoir. Je demande à MM. les députés qu'ils reconnaissent et certifient par un vote solennel, que le système électoral actuel n'envoie à la Chambre que des buses et des oisons. »

[1] Voir, pour les précédents Nisards, le numéro de février.

Le plus grand nombre des députés a refusé de faire cette profession de foi humiliante.

Je dois dire à mes lecteurs ce que ce serait que l'adjonction des *capacités*.

Au premier abord et en théorie, il n'y a pas un seul argument raisonnable contre cette proposition : appeler au pouvoir les hommes d'intelligence ! Qui osera faire une objection ? Il faudra seulement, pour l'honneur de la France, — faire un carton au *Moniteur*, — antidater et intercaler cette loi pour la mettre au premier jour du gouvernement représentatif, — afin que la postérité ne croie pas que la France a hésité vingt-cinq ans sur ce sujet ; je dirai plus, — toujours en théorie et au premier abord, — ce n'est pas assez d'admettre le *sens* à partager les honneurs du *cens*, — il faut se dépêcher de substituer entièrement le premier au second.

Quelles seront vos bases pour reconnaître l'intelligence et la capacité ? Quels seront les juges et les électeurs ? Pourrez-vous garder encore pour électeurs des gens qui ne seront pas éligibles ? Puisque tout homme intelligent et capable sera éligible, les électeurs, c'est-à-dire ceux qui ne seront ni capables ni intelligents, seront des juges médiocres pour apprécier l'intelligence et la capacité des autres. Il faudra abolir l'élection de bas en haut.

Si vous lui substituez l'élection de haut en bas, — quels seront alors les juges ? C'est un sentier qui vous conduit à l'arbitraire ou gouvernement absolu et nullement représentatif.

On peut prouver qu'on paye le cens d'éligibilité ; — mais il est difficile de prouver sans réplique qu'on est un homme capable.

Vous pouvez dire à un homme : « Monsieur, vous ne payez pas cinq cents francs de contributions. »

Ou bien, comme on a dit dans le temps à M. Pelletier-Dulas : « Monsieur, il s'en faut de trente-quatre sous que vous payiez le cens. »

Et M. Lepelletier ou Pelletier-Dulas s'en est retourné avec ses pareils, — c'est-à-dire avec ceux qui payent trente-quatre sous de moins que M. Ganneron.

Et, s'il a tenu à faire des discours, — il n'a eu d'autres ressources, — ainsi que je le lui ai conseillé dans le temps, — que de se faire philanthrope, — agronome, membre d'une Académie pour l'éducation des vers à soie, ou du comité des prisons, etc., — toutes ces choses qui, sous divers prétextes, n'ont qu'un seul et même but, qui est de monter sur quelque chose et de faire des discours sur n'importe quoi !

Mais prenez dans l'intelligence de M. Ganneron une fraction équivalente à trente-quatre sous dans le cens d'éligibilité, et osez dire à M. Pelletier-Dulas : « Monsieur, vous êtes moins intelligent de *cela* que M. Ganneron. »

Qui est-ce qui se chargera de cette commission ? — Ce n'est pas moi, — car le M. Pelletier-Dulas, auquel on adresserait ce compliment, pourrait le trouver mauvais et me faire un mauvais parti.

Voulez-vous seulement (et c'était ce qu'on demandait) admettre les *capacités* et l'*intelligence* parmi les électeurs ? Quel sera le rôle des éligibles ? Dans quelle position secondaire les placez-vous ? L'intelligence par votre vote sera déclarée valoir deux cents francs, — mais pas un sou de plus.

Et puis encore le même inconvénient : comment dresserez-vous vos listes ?

Quand on dit à un commis : « Monsieur, d'où vient que je ne suis pas sur la liste électorale ? » il vous répond : « Monsieur, c'est que vous ne payez pas le cens. »

Vous n'avez pas le moindre prétexte de vous fâcher, — et d'ailleurs, vous avez, pour consolation, des phrases toutes faites contre l'argent et les richesses, — et vous dites : « J.-J. Rousseau n'aurait pas été électeur, — je suis comme J.-J. Rousseau. »

Mais, si vous admettez le *sens* au lieu du *cens*, ou si vous admettez l'un avec l'autre, la chose change de face.

Le commis vous répond d'abord : « Monsieur, c'est que vous ne payez pas le cens. »

Vous répliquez : « Parbleu, monsieur, — mais ce n'est pas à ce titre.

— Monsieur, répond alors le commis, c'est que... »

De quelque euphémisme que s'avise le commis pour dire : « Vous n'êtes pas électeur, » il est impossible qu'on ne lui réponde pas : « Imbécile vous-même, » car sa réponse négative ne veut pas dire autre chose.

Et c'est alors que vous verriez bien d'autres réclamations encore dans les journaux.

C'est alors qu'on lirait : — « Notre grand Aristide Bachault n'a pas été inscrit sur les listes électorales, — c'est ainsi que les gens qui nous gouvernent répudient toutes nos gloires ! etc., etc. »

On constate facilement qu'un homme a cessé de payer le *cens*; mais comment constater d'une année à l'autre qu'il est devenu un peu plus bête, et comment surtout de lui faire comprendre et admettre ?

« Mais, dit M. Ducos en m'interrompant, j'ai prévu toutes ces objections, — je fais représenter l'intelligence par la seconde liste du jury, — par les médecins, les avocats, etc., etc. »

Oh ! oh ! monsieur Ducos, les médecins ! votre proposition est donc bien malade ! les avocats, — n'en avez-vous donc pas assez à la Chambre, bon Dieu ! et qu'en voulez-vous faire ? ou plutôt, que voulez-vous qu'ils fassent de vous et de nous ?

M. Ducos ne fait pas semblant d'entendre ce lazzi d'un goût médiocre, et il continue :

« Les citoyens qui ont assez de lumières pour décider, comme jurés, de la vie, de la fortune et de l'honneur de leurs compatriotes, n'en ont-ils pas assez ?..... »

Pardon, monsieur Ducos, et qui vous dit qu'ils en ont assez pour décider de l'honneur et de la vie de leurs compatriotes?

Et d'ailleurs, l'intelligence, reconnue seulement dans certaines professions, n'est-ce pas encore un mensonge, et un faux semblant, et un privilége absurde?

Prenez garde à votre édifice de gouvernement représentatif; il est, — comme disent les maçons, *soufflé;* — n'y mettez pas trop la truelle pour le réparer, parce qu'il tombera sur vous.

Les institutions politiques sont comme les vieux chênes,— elles se creusent au dedans, et il vient un moment où elles ont encore la forme, l'écorce et l'apparence, un moment où elles sont debout, — et où il ne faut pas grand'chose pour les abattre.

Si vous vouliez appeler réellement l'intelligence au pouvoir, — il ne faudrait pas seulement que les hommes intelligents fussent électeurs, il faudrait qu'ils fussent *éligibles,* et qu'ils le fussent seuls. — Je viens de vous dire ce que vous auriez d'impossibilités dans l'application.

A. M. GUIZOT. — M. Guizot a dit dans le débat relatif à la proposition Ducos : « Ce n'est pas un besoin réel du pays de se mêler ainsi aux affaires publiques, c'est une certaine *démangeaison,* une *maladie de la peau.* » L'histoire naturelle devra à M. Guizot la découverte de l'*acarus* de l'ambition,— qu'elle rangera à la suite de l'*acarus* de la gale.

M. de Lamartine, qui soutenait l'adjonction des capacités, parce qu'en effet il n'y a pas, en théorie, d'objection possible, — a trouvé peu parlementaire cette façon de dire à ses adversaires : Vous êtes des galeux, grattez-vous les uns les autres et laissez-nous tranquilles; » et il a dit en parlant de M. Guizot : « Je ne répéterai pas l'expression dont s'est servi M. le ministre. »

Je répondrai, moi, à M. Guizot : « Monsieur, vous avez parfaitement raison, c'est une démangeaison qu'ont aujourd'hui toutes les classes de la société; — mais vous l'avez eue aussi cette démangeaison, et vous vous êtes fait gratter par ces mêmes gens qui veulent que vous les grattiez aujourd'hui qu'ils ont gagné votre *acarus* en vous grattant. »

Sérieusement, — si les gens ont cette démangeaison, c'est vous autres, aujourd'hui au pouvoir, qui la leur avez donnée en les chatouillant pendant quinze ans.

🜚 L'élection de M. Ballanche a présenté un singulier hasard ; les candidats étaient M. Ballanche, M. de Vigny, M. Vatout, M. Patin. M. de Barante a tiré les noms de l'urne, et ils sortis dans l'ordre que voici :

M. Ballanche.
M. de Vigny.
M. Vatout.
M. Patin.
M. Ballanche.
M. Ballanche.
M. de Vigny.
M. de Vigny.
M. Vatout.
M. Vatout.
M. Patin, etc., etc.

🜚 Voici une affaire qui fait bien du bruit à la Chambre et dans les journaux, et qui me paraît la plus simple du monde.

Il s'agit du droit mutuel que s'accorderaient la France et l'Angleterre, — pour les croiseurs des deux nations, de visiter les vaisseaux de l'une et de l'autre.

Cette convention a pour prétexte d'empêcher la traite des nègres.

1° On n'empêchera pas la traite tant qu'on n'aura pas aboli l'esclavage, — et ceci n'est pas une petite question, — si ce n'est pour les philanthropes qui ne voient aucune difficulté à affranchir les nègres *des autres*. Le prix des esclaves augmente au moins à proportion des risques.

2º Si la France ne fait pas la traite, — c'est qu'elle ne veut pas la faire ; — elle n'a pas besoin que l'Angleterre l'aide à faire la police de ses vaisseaux.

3º Permettre la visite, c'est admettre que la France ne fait pas la traite parce que l'Angleterre ne le veut pas.

4º Ce serait tout simplement une lâcheté.

On lit dans les journaux :

« Le ministre de la marine a alloué aux auteurs de divers faits de sauvetage, des gratifications montant, *en totalité!* à *neuf cents* francs.

Le pouvoir ne veut pas ôter à la vertu et au courage le mérite du désintéressement.

La totalité de ces récompenses serait loin de satisfaire la plus modérée des corruptions pendant trois mois.

Notre âge aura dans l'histoire un éclat tout particulier. A toutes les époques on a dit et fait des sottises ; — mais le temps et l'oubli en effaçaient le plus grand nombre. Aujourd'hui, on écrit, on imprime, on enregistre tout, et ceux qui viendront après nous nous prendront pour une génération d'insensés.

L'ambassade de M. de Salvandy a duré *une semaine* ; à son retour, il parut à la Chambre. — La première personne qu'il rencontra fut M. de Lamartine. M. de Lamartine va à lui : « Ah ! vous voilà, mon cher Salvandy ! comment allez vous ? »

M. de Salvandy s'apprête à répondre agréablement. M de Lamartine, qui est la politesse et l'aménité même, l'interrompt cependant et lui dit d'un air distrait : « Eh bien ! avez-vous fait un bon voyage... *physiquement ?* »

Physiquement voulait si bien dire : Bien entendu, qu'en homme bien élevé je ne vous parle pas de votre voyage sous le rapport politique, — que M. de Salvandy en fut un moment embarrassé ; et M. de Lamartine, voyant son embarras, — était prêt d'en avoir plus que lui.

🦗 D'où venez-vous, Grimalkin, et dans quelle fleur déjà ouverte vous êtes-vous vautrée que vous m'arrivez toute jaune de *pollen* ?

Il n'y a au jardin que des primevères, — des violettes et des perce-neige, et le colicothus.

Ah ! je devine ; — j'ai vu en me promenant tout à l'heure les noisetiers qui sont déjà couverts de leurs fleurs mâles et femelles ; — les fleurs femelles sont un petit pinceau du plus beau pourpre, les fleurs mâles semblent des chenilles couvertes d'une poussière jaune. — Vous venez des coudriers. — Pourquoi paraissez-vous si pressée ?

— Maître, — dit Grimalkin, — c'est que j'ai quelque chose à dire sur les Tuileries.

Voici ce que m'a rapporté *Grimalkin* :

« Le jardin des Tuileries est un jardin royal ; comment se fait-il qu'on y paye les chaises ; ne serait-il pas convenable qu'on pût s'y asseoir gratuitement ? — Est-il royal de donner à bail, — à des vieilles femmes à châles bruns, — les chaises du jardin des Tuileries, — et le roi doit-il tirer un bénéfice des gens qu'il laisse entrer chez lui ?

« Les bancs de pierre et de bois, — qui du reste sont fort rares, — ne sont occupés que par les bonnes d'enfants, — parce que s'asseoir sur un banc gratuit, — quand il y a des chaises qui se payent, — c'est avouer qu'on n'a pas deux sous ou qu'on les destine à un autre usage. »

— Grimalkin, — vous avez raison ; — retournez à vos noisetiers.

🦗 On m'écrit : « Monsieur, je vois, dans vos *Guêpes* du mois dernier, que le duc d'Orléans n'a remis que deux cents francs pour être partagés entre les veuves des malheureux Layec et Hervé, victimes de leur noble dévouement lors du naufrage dans la Méditerranée du brick la *Picardie*. — Ajoutez, monsieur, que le roi a envoyé quatre mille cinq cents francs. »

Allons, allons, — cela me rend un peu plus indulgent pour les chaises du jardin des Tuileries. — Néanmoins, mon observation subsiste.

※ A la bataille de Waterloo, vers la fin de la journée, un régiment français fut forcé de mettre bas les armes. Un officier, nommé Bonnardin, fut comme les autres emmené au bivac, — ou plutôt emporté, car il était grièvement blessé et évanoui. — En reprenant ses sens, il se trouva comme de raison complétement dépouillé; mais ce qui le mit au désespoir, ce fut de voir qu'une croix, qui lui avait été donnée par l'empereur à Wagram, était devenue la proie des lanciers anglais. — Il s'adressa à un officier, et le supplia, les larmes aux yeux, de la lui faire restituer. L'officier prit son nom et lui donna sa parole de gentilhomme qu'il ferait toutes les recherches nécessaires.

Le pauvre Bonnardin alla comme tant d'autres souffrir sur les pontons; puis, à la paix, il rentra en France. — Mais, quoiqu'il n'eût plus que quelques années de service à faire pour obtenir sa retraite, il refusa de prendre du service sous les Bourbons.

Lorsqu'en 1830 — il revit le drapeau tricolore, il pensa à gagner sa retraite; — quelques affaires, un voyage, une maladie, retardèrent ce projet de plusieurs années; enfin, il y a un an, — il entra comme capitaine dans un régiment (le 41e, je crois). Il n'y avait que peu de temps qu'il avait repris son ancien métier, lorsqu'il reçut de Londres une lettre ainsi conçue :

« Monsieur, il y a vingt-trois ans que j'achète tous les ans et que je lis avec la plus complète attention l'*Annuaire militaire de France* — pour y découvrir le nom de Bonnardin. — Êtes-vous le Bonnardin auquel un officier anglais fit une promesse solennelle après la bataille de Waterloo? Si c'est vous, faites-le-moi savoir et donnez-m'en la preuve : il y a vingt-trois ans que je suis en mesure de remplir ma promesse; — si ce n'est pas vous, je me remettrai à lire l'*Annuaire.* »

Le bon capitaine répond en toute hâte, et quelques jours après reçoit par l'ambassade anglaise — le don regretté de l'empereur Napoléon.

LES SAVANTS SOUS LA HAUTE SURVEILLANCE DES GUÊPES.

— En général, je ne suis pas partisan de l'embaumement mis à la portée de tout le monde. — Si l'on réfléchit que sur la surface de la terre il *meurt un homme par seconde,* c'est-à-dire à chaque battement de pouls; si l'on songe que cette terre, sur laquelle nous vivons, est tout entière formée de la poussière humaine, — il deviendrait vite difficile de savoir où mettre les morts, — ou du moins où mettre les vivants, qui, eux, ne sont pas embaumés.

A quoi a-t-il servi à cinq *pharaons* d'Égypte, un peu avariés, du musée Charles X, d'avoir été embaumés en leur temps? — Ils ont été jetés sur la place du Louvre à la révolution de 1830, et ensuite enterrés sous la colonne comme héros de Juillet.

Les enfants conserveraient leur père. — Très-bien. — Les petits-enfants conserveraient leur père et leur grand-père, — mais la troisième génération serait encombrée. — Les administrations des cimetières n'accepteraient pas les morts embaumés aux fosses communes, — parce que le temps pendant lequel ils doivent occuper la terre, — qui ne leur est que louée, est prévu; — le temps après lequel ils doivent avoir divisé leurs molécules entre les éléments entre en ligne de compte : — les cimetières seraient trop petits.

D'ailleurs, pour les idées pieuses attachées à la mort de ceux que l'on a aimés, — tant que le corps garde la forme, l'imagination ne voit qu'un cadavre sous la terre; — quand il n'en reste plus rien, — elle songe à une âme dans le ciel.

Aussi les anciens avaient-ils bien raison de brûler leurs morts. — Il n'y avait pas dans un sentiment pieux un mélange de dégoût dont on ne peut se défendre — pour un mort enterré.

Mais voici quelque chose de plus dangereux. — On lit dans un journal de Nantes, du 16 février :

» Jeudi dernier, 12 février, M. Cornillier a fait une expérience publique du procédé Gannal. MM. le commissaire général et le directeur des subsistances de la marine, le directeur et l'inspecteur des douanes, le sous-intendant militaire, plusieurs de MM. les membres de la chambre de commerce et M. Guépin, docteur-médecin, étaient présents.

« M. Cornillier leur a montré du mouton conservé depuis deux mois, qui avait l'aspect de viande fraîche. »

Je déclare qu'à compter de ce jour — je perds toute confiance à l'égard de la viande. A quelles côtelettes se fier, bon Dieu! — Un homme de trente ans ne sera pas assuré contre la chance de manger un bifteck plus âgé que lui, — ou recevra en héritage un pot-au-feu octogénaire et patrimonial, — resté de père en fils dans la famille; — les gigots seront des momies, et nous aurons, au lieu de côtelettes panées, des côtelettes empaillées.

Horace dit à Mécènes : « Nous boirons d'un vin mis en pot — le jour où le peuple salua par trois fois Mécènes, chevalier, à son entrée au théâtre. »

Dans vingt ans d'ici, un poëte de ceux qui *tettent* aujourd'hui, écrira, non pas à M. Mécènes, — les Mécènes aujourd'hui coûtent trop cher et minent les poëtes, — mais à un simple ami :

« Viens manger des côtelettes d'un mouton tué le jour où M. Pasquier fut élu membre de l'Académie française. »

Je m'élève contre l'embaumement de la viande de la boucherie. — Les bœufs de Poissy ne doivent pas être traités comme le bœuf *Apis*, parce que celui-là on ne le mangeait pas.

Et puis, à force d'embaumer et d'empailler, tout le monde, — les pharaons, les doyens, les bourgeois, les moutons, les gardes nationaux, — il se mettra dans la boucherie une confusion fâcheuse. — Je ne veux pas être exposé à manger un jour, au café de Paris, M. Gannal au beurre d'anchois.

J'ai donné place de si bonne grâce aux réclamations, qu'on ne me saura pas mauvais gré d'en faire une moi-même, — et je l'adresse à M. Émile de Girardin, qui, j'en suis convaincu, aura la loyauté de la mettre dans la *Presse*, — autrement ce serait imiter ce prédicateur, qui, voulant réfuter les doctrines de Rousseau, adressait ses objections foudroyantes à son propre bonnet placé sur le bord de sa chaire, — sommait ledit bonnet de répondre; — et après quelques instants, disait : « Tu ne réponds pas, philosophe de Genève, donc tu es convaincu sur ce point. — Passons à un autre. »

« Monsieur, je lis dans un des derniers numéros de la *Presse*, après quelques lignes où il est question de moi :

« Si nous citons ici le nom de M. Alphonse Karr, c'est que, » contrairement, cette fois, à son habitude, il a insisté avec » plus d'esprit que de bon sens, dans plusieurs numéros des » *Guêpes*, sur la nécessité d'obliger les auteurs à signer leurs » articles, comme la *meilleure base* qu'on pût donner à une » nouvelle loi sur la presse. »

« Je vous remercie d'abord, monsieur, d'avoir bien voulu mentionner mon opinion dans un article où vous passez en revue celle des publicistes les plus distingués, — même quand vous ne faites paraître la mienne que pour déclarer qu'elle n'a pas le sens commun.

» Je n'appellerais pas de ce jugement, monsieur, car je sais que, pour les hommes même les plus sincères, « il a tort, » veut dire « il ne pense pas comme moi; » — « il a raison » signifie « il est de mon avis; » — nous sommes les antipodes des Chinois comme ils sont les nôtres.

» Mais l'opinion que vous me prêtez n'est nullement exprimée dans les *Guêpes*; — voici le résumé de celle que j'y ai émise en diverses circonstances.

» J'ai dit aux hommes du pouvoir :

» Il n'y a pas de loi sur la presse qu'on ne puisse éluder et
» qu'on n'élude. — Chaque loi répressive est le barreau d'une
» cage; quelque serrés que soient les barreaux, il y a toujours
» un espace entre eux, et la pensée, plus mince et plus ténue
» que la vapeur, passe aisément entre deux. — Osez-vous sup-
» primer la liberté de la presse? c'est-à-dire fermer la cage
» par un mur au lieu de la fermer par des barreaux; c'est un
» coup qui peut se jouer, mais l'enjeu en est cher, — et d'ail-
» leurs, il ne faut pas oublier votre origine. — Quand on veut
» opposer une digue à un torrent, il faut la construire sur un
» terrain sec que les eaux n'ont pas encore envahi; — et vous,
» vous êtes le premier flot du torrent.

» Laissez-le passer libre; — il se divisera en une multitude
» de petits filets d'eau et de ruisseaux murmurants.

« Loin de là ; — par vos lois fiscales, — par le timbre, par
» le cautionnement, vous mettez la presse aux mains des mar-
» chands, et vous créez pour elle des priviléges qui font sa
» puissance. — Vous vendez les verges cher, mais vous les
» vendez pour vous fouetter. — La presse libre, — chaque
» nuance, quelque bizarre qu'elle soit, aurait son organe —
» et son petit pavillon. — La presse, sous les lois fiscales, est
» obligée, pour vivre, de réunir douze ou quinze nuances sur
» un gros drapeau d'une couleur fausse.

» Vous lui donnez, malgré elle, l'unité qui vous tue et la
» fait vivre.

» Vous réunissez les ruisseaux en un lit profond entre des
» berges de lois, — et cela devient un torrent.

» Laissez la presse sans timbre, sans procès pendant un an,
et elle sera morte ou réformée. »

« Voilà ce que je dis depuis trois ans dans les *Guêpes*, monsieur, je n'ai jamais donné *l'obligation de signer les articles comme la meilleure base* à une nouvelle loi sur la presse.

» J'en ai parlé comme d'un des moyens de la moraliser et de la réduire en même temps à son importance réelle — en lui ôtant le prisme des royautés anciennes dont on ne voyait jamais le visage, — et vous savez par quelles transitions, — du jour où les rois se sont laissé voir, on est arrivé, par une pente lente, mais continue, à les guillotiner ou à leur tirer des coups de fusil.

» Un article signé n'aura plus que l'influence qui lui est due, c'est-à-dire celle du raisonnement et de l'esprit. — Une opinion mise en avant ne sera plus l'opinion de la *presse*, mais l'opinion de monsieur un tel. — Un livre est amèrement déchiré, — dans un article anonyme, — le public dit : « La cri-
» tique est défavorable à l'ouvrage, » et il passe condamnation.
— Si l'article est signé, le public dit : « Ah ! ah ! — c'est ce
» monsieur, — un petit, — très-frisé. — Ah ! très-bien ! —
» c'est son idée à lui, — eh bien ! je vais lire pour avoir la
» mienne. »

« Tout journaliste qui signe n'a plus de pouvoir que celui qu'il se donne par son talent et par son bon droit. — Ses opinions sont celles de monsieur un tel ; — on les discute et on les repousse si elles ne sont pas bonnes. — Mais un article non signé, — c'est l'opinion de la *presse*, — du *boulevard de nos droits*, de la *plus vivace de nos libertés*. — (Dieu sait toutes les phrases emphatiques imaginées à ce sujet.) — On accepte l'opinion toute faite, — comme article de foi.

» D'ailleurs, pour un écrivain, signer un écrit politique ou littéraire, c'est dire :

Me me adsum qui fecit.

» C'est moi, — me voilà, — ce que je vous reproche de

faire, vous pouvez chercher si je l'ai fait. — Je loue tel homme, vous pouvez dire s'il m'a donné quelque chose, — j'attaque tel autre, dites s'il m'a refusé.

» Signer un article, c'est sortir des remparts d'où la presse tire depuis longtemps contre les *autres pouvoirs* combattant en rase campagne.

» C'est renoncer au bénéfice des cavernes sombres d'où elle exerce une inquisition si sévère dans les maisons de verre qu'elle a faites à tous ceux qui ne sont pas avec elle.

» Voilà mes raisons pour que les articles soient signés, monsieur, vous en avez donné de meilleures, vous prouvez qu'il est plus commode de ne pas signer.

» Au fond, monsieur, vous savez bien que l'autre parti est plus loyal, et vous signez les vôtres.

» Agréez, monsieur, l'assurance de ma considération distinguée. Alph. Karr. »

M. Alexandre Dumas, voyant que ce n'était pas encore son tour d'être de l'Académie, a dit en s'en retournant à Florence, où il demeure depuis quelque temps : « Je demande à être le quarantième, — mais il paraît qu'on veut me faire faire quarantaine. »

On a nommé, — comme nous l'avions annoncé à l'avance, — M. Pasquier et M. Ballanche. — Je me rends d'ordinaire peu volontiers complice des criailleries vulgaires; — mais, cette fois, je dois dire que je ne comprends pas l'étrange aplomb avec lequel l'Académie ouvre de si bonne grâce les bras d'un de ses fauteuils à un homme qui n'a jamais rien écrit; le pauvre M. Cuvillier-Fleury, obligé de faire, dans le *Journal des Débats*, l'éloge de M. Pasquier, s'est avisé de faire remonter sa gloire littéraire à *Étienne Pasquier*, — il ne nous dit pas qu'Étienne Pasquier, né à Paris en 1529, y est mort le 31 août 1615. Gloire, dit M. Cuvillier, *discrettement* cultivée par M. Pasquier le président.

La candidature de M. Pasquier a dû singulièrement encourager, sinon faire naître celle de M. Dubignac, qui a envoyé à chacun des membres de l'Institut les deux pièces authentiques et imprimées que voici :

« Monsieur, désireux d'avoir l'honneur de devenir membre de l'Académie française *ou* de l'Institut, et voulant vous *épargner* une visite *de moins*, que je regarde comme importune ou peu agréable, j'ai l'honneur de vous écrire et de vous adresser *ci-joint* l'analyse de mes ouvrages ; daignez avoir la bonté de la lire, vous jugerez de leur utilité *pour ma patrie ;* c'est pour éclairer votre religion et impartialité pour le choix d'un membre digne de l'Institut.

» Daignez agréer l'hommage de ma considération distinguée. DUB. »

M. Dubignac, qui ne garde dans sa lettre que le tiers de l'anonyme, est agronome — comme M. Pasquier est président de la Chambre des pairs ; ces deux positions, qui ont peu de rapports entre elles, au premier abord, en ont cependant un qui va jusqu'à la plus parfaite ressemblance, c'est leur égale et commune et complète absence de rapports avec l'Académie française. — M. Dubignac n'écrit pas bien, il serait naturel qu'on lui préférât un homme qui écrit mieux, — mais non un homme qui n'écrit pas. Voici les documents destinés à *éclairer la religion et impartialité* de MM. les trente-huit (qu'ils étaient alors) ; — j'élaguerai les passages les moins importants.

ANALYSE DE L'AGRONOME DUBIGNAC. — « Cet ouvrage se composera de deux volumes in-12.

» *Son* style est *simple*, tout naturel, à la portée de tout le monde, notamment des *communes rurales*, pour lesquelles il a été fait.

» Méthode pour la composition des différentes espèces de

fumiers, engrais, terreaux, et les moyens de leur conservation d'un an à l'autre en étant meilleurs. C'est l'*âme* de toute ferme.

» Très-bonne méthode pour donner une excellente éducation aux chevaux, *à qui il ne manquait que la parole;* et notion sur la parfaite connaissance de leurs défauts, vices, comme de leurs bonnes qualités et de leurs âges, qu'on connaît jusqu'à dix ans.

» Notion sur la vraie et bonne position d'un jardin, sur sa fermeture, sa distribution, plantation; car, *quoi de plus agréable qu'un joli jardin à la campagne;* mais sa culture, d'un jardinier, talents, expérience, soin, travail, comme une surveillance de tout propriétaire.

» Notion très-étendue sur la *vraie* culture de tout légume, fèves, pois, *nantilles*, notamment des haricots à donner *cent pour cent*, comme sur la conservation de la plupart en verdure d'un an à l'autre.

» Notion sur la culture des pommes de terre, sur *sa* grande utilité pour les bestiaux et volailles, comme pour les hommes.

» Il en est de même du blé de Turquie, dont la culture est la même, qui également est d'une très-grande ressource pour les gens de la campagne, *dont la nourriture est un régal pour eux.*

» Notion sur le chanvre, denrée très-précieuse par sa grande utilité, *dont* le commerce *en* est très-grand, — ainsi que sa graine très-bonne pour la volaille, *dont* la farine est utilisée dans le commerce.

» Il en est de même du lin, dont la graine est très-précieuse pour l'*espèce humaine; l'un et l'autre* exigent que la terre soit bonne, bien amendée, bien préparée,

» Notion sur une excellente méthode pour conserver le blé au moins d'une année à l'autre, au moyen des appareils lithographiés joints à l'ouvrage, *qui*, une fois encaissé, ne donne *aucuns soucis* pour sa conservation.

» Notion sur la vigne et le vin, qui est une branche de commerce et d'industrie *la* plus étendue par sa grande utilité; nécessaire à l'homme pour la conservation de sa santé, *préférable à tout*, et lui procurant *plaisir, jouissance, joie, gaieté.*

» Excellente méthode pour avoir du beau fruit et améliorer l'espèce et qualité, comme d'en varier, multiplier les espèces sur le même arbre, et de préférence sur l'*amandier*, qu'on doit regarder comme la *mère* de tous les arbres fruitiers à noyaux.

» Grand nombre d'autres expériences curieuses; enfin, le *joli* tableau de la France et de sa belle capitale *couronne* le premier volume en disant:

> « Qui mon Tableau de Paris lira,
> Paris très-beau, tel qu'il est, trouvera
> De la France admirable, son organisation,
> De l'Europe digne de grande admiration.
> Qui mon tableau lira connaîtra Paris.
> Plus d'envie et désir n'aura de voir Paris,
> Et, après l'avoir lu, l'on jugera
> Si de le louer il ne mérite pas.

» Dans le second volume, deuxième édition, corrigée, augmentée, le *Vrai Guide de la Santé*, dédié à l'humanité, dont le but de l'auteur a été de faire connaître combien est grand le malheur de perdre la santé, si difficile à rétablir, et à, etc., etc.

» Résultat d'une expérience pratique pendant les *dix-huit ans* qu'il a été maire de *sa commune*, où il avait de grandes propriétés, *dont* tous les habitants le regardaient *comme leur père* et lui *comme ses enfants.*

» Amateur de la médecine, il s'occupait à en lire les meilleurs ouvrages sur *le* botanique, herborisant dans *ses* bois et champs, *il se familiarisait avec les simples*, dont il parvint à *en* connaître les propriétés; il était *leur médecin*, pharmacien, *avocat*, aussi n'y avait-il jamais de procès; il se faisait un vrai plaisir de *leur* donner des soins, et avait-il la bien grande jouissance de les soulager, et bien souvent la douce consolation de les guérir, et par des moyens *consistant en infusions, en décoctions* de quelques simples dont il connaissait les propriétés et vertus (les remèdes les plus simples sont souvent les meilleurs), des nombreuses maladies qui les affligeaient, plus exposés que les habitants des villes par leurs travaux ou par leurs imprudences.

» L'auteur, dans cet ouvrage, s'est regardé comme un vrai père de famille, aimant tous ses enfants, voulant, désirant leurs prospérités, bonheurs, félicité, et leur procurer cette chère santé sans laquelle on ne peut être heureux, et qui, à cet effet, l'a écrit et fait d'après la théorie-pratique la mieux suivie, et des expériences très-réfléchies et avec soin; aussi peut-on dire :

« De plus instructif, nul en sera des agronomes,
De plus utile, il serait de la campagne aux personnes ;
Pour faire fortune, il faut bien travailler.
Pour bien travailler, il faut se bien porter,
Des vrais moyens l'un donne en travaillant,
De s'enrichir en peu de temps, travail faisant,
Et vous procurera bonheur, prospérité ;
L'autre, de rétablir, conserver sa santé.
    Vive, vive, l'*agricuture*
    Et sa chère sœur la *culture !*
    Vive, vive le commerce
    En tout genre, de toute espèce !
    Vive, vive l'industrie
    De ma patrie c'est la vie !
Vive, vive cette chère santé,
Sans elle, bonheur ni félicité !

» S'adresser à l'auteur, passage de la Treille, 5, près l'église Saint-Germain-l'Auxerrois. »

Imprimerie de Ducessois, *quai des Augustins,* 55.

M. Dubignac n'a pas été élu.

Avril 1842.

Une pension de mille écus et M. Hébert. — Longchamps. — M. de Vigny. — M. Patin. — M. Royer-Collard. — Remède contre le froid aux pieds. — M. C. Bonjour, le roi Louis-Philippe, M. Rudder et M. Cayeux. — EXPOSITION DU LOUVRE : M. Hébert à propos du portrait de la reine. — Louis XVIII et un suisse d'église. — M. Vickemberg et M. Biard. — M. Meissonnier et M. Béranger — M. Gudin. — Le lion de M. Fragonard. — M. Affre. — Monseigneur de Chartres. — M. Ollivier et une dinde truffée. — La Vierge de Bouchot. — Les ânes peints par eux-mêmes. — Question des sucres. — Un tailleur à *façon*. — *Lorenzino* de M. Al. Dumas. — Un vendeur de beau temps. — M. Listz. — Le cancan, la béquillade, la chaloupe, dansés par M. de B... au dernier bal de madame la duchesse de M... — M. Dubignac sur Napoléon, les femmes et l'amour, etc., etc. — Succès pour le commerce français, obtenu sur la plaidoirie de Me Ledru-Rollin.

AVANT-PROPOS. — On savait depuis longtemps que j'étais *vendu* au gouvernement. — Quelques *carrés de papier* m'appelaient, par euphémisme, *ami du château* ; — mais dans plusieurs estaminets on disait nettement la chose. Cependant on n'était pas d'accord sur certains détails. Quelques personnes portaient la somme dont on m'avait acheté à une importance qui pouvait devenir une dangereuse amorce pour les désintéressements les plus inabordables.

Mais l'autre jour, comme j'arrivais à Paris pour voir l'exposition de peinture, — une des premières choses que m'a dites un des premiers hommes que j'ai rencontrés a été qu'on sait maintenant à quoi s'en tenir : « M. Cavé est venu me trouver au bord de la mer, où je pêchais des soles et des barbues, et là nous avons fixé le prix à trois mille francs de pension annuelle. »

D'autre part, je reçois une lettre signée Pauline, où on me

dit de prendre garde à moi, — parce que M. Hébert surveille attentivement les *Guêpes*, dont quelques aiguillons lui ont percé l'épiderme. — Est-ce que M. Hébert serait chargé de me reprendre, sous forme d'amende périodique, les trois mille francs de pension dont je vous parlais tout à l'heure? — Tout cela m'inquiète fort, et ne me laisse prendre la plume qu'avec une extrême timidité.

En effet, on comprendra facilement mon embarras : — je voudrais bien dire des choses extrêmement hardies, — pour démentir le bruit de la pension ; — mais j'ai peur que M. Hébert ne profite de la circonstance pour me faire un procès. — Heureusement que j'ai à parler du Salon et de l'exposition de peinture : il n'y a là rien de politique, et je pourrai naviguer entre les deux écueils que je redoute.

Voici les quatre choses qui m'ont le plus frappé à Longchamps :

Un marchand de briquets promenait six voitures rouges;

Un marchand de chemises, en cabriolet, faisait tomber sur la foule une neige d'adresses et de prospectus;

Plusieurs messieurs à pied — étaient vêtus de toiles représentant des cheminées, avec l'adresse et l'éloge des fabricants; — ils étaient coiffés d'un tuyau de poêle; — un de ces malheureux a été chassé de l'administration parce qu'il s'était permis de fumer;

La garde municipale était en petite tenue, — ce dont on était généralement fâché, parce que la grande tenue est d'un aspect magnifique. (Peut-être ceci, à propos de la garde municipale, va-t-il confirmer l'affaire des mille écus : — je l'effacerai sur les épreuves.)

M. de Vigny refait en ce moment ses visites à ses futurs collègues. Cette fois, les chances sont pour lui, quoique cependant la rivalité de M. Patin présente quelques dangers.— On a généralement trouvé de mauvais goût qu'en parlant de son concurrent M. de Vigny feignît de ne pas savoir son nom et affectât de l'appeler M. Pantin.

※ M. Royer-Collard tient singulièrement à la vie. M. Andr..., son gendre et son médecin, lui a recommandé, avec la plus grande sévérité, d'apporter à ses repas une régularité inflexible. Un de ces jours derniers, au moment où la pendule marquait six heures, — M. Royer-Collard mettait la main sur le bras de son fauteuil pour se lever et s'approcher de la cheminée devant laquelle on venait de lui servir une *sole* fumante, — lorsqu'un domestique maladroit annonce brusquement M. le comte Alfred de Vigny. — M. de Vigny suivait le domestique de fort près et entendit parfaitement la réponse de M. Royer-Collard, qui s'écria : — « Je n'y suis pas. » — Il entra néanmoins, et allait ouvrir la bouche quand l'académicien lui dit :

— Monsieur, vous reviendrez une autre fois.

— Mais, monsieur, — reprit M. de Vigny, — l'affaire dont j'ai à vous entretenir est sérieuse.

— Eh bien! vous reviendrez une autre fois.

— Je pense, monsieur, — que l'on m'a mal annoncé : — je suis le comte A. de Vigny.

— Eh bien ! — dit M. Royer-Collard, — qui regardait avec anxiété, — et la pendule qui marquait six heures dix minutes, — et la sole, dont la fumée paraissait déjà moins intense ; — eh bien! vous reviendrez un autre jour.

— Mais, monsieur...

— Mais, monsieur, — je vous dis de revenir ; — je ne vous connais pas.

— Je croyais, monsieur, que mon nom était parvenu jusqu'à vous ; il a fait un peu de bruit dans la littérature.

— Eh bien, monsieur, c'est pour cela ; — il n'a fait qu'un peu de bruit, et il en faut faire beaucoup pour venir jusqu'à moi. — Je suis vieux ; j'ai besoin de régularité : — faites-moi le plaisir de me laisser dîner tranquillement.

🐝 A une parade, le marquis de ***, un des jeunes officiers les plus élégants de l'armée, — se plaignait du froid aux pieds qu'il ressentait à cheval :

— Vous avez froid aux pieds, capitaine? lui dit un vieux maréchal des logis.

— Je t'en réponds.

— Je sais ce que c'est, capitaine ; j'y ai eu froid pendant vingt ans.

— Eh bien, tu as dû avoir du plaisir.

— Mais, maintenant, c'est fini ; — on m'a indiqué un moyen...

— Ah! quel est ton moyen?

— C'est bien simple, allez, capitaine, — vous ne vous figurez pas comme je souffrais : — c'est-à-dire que les larmes m'en venaient aux yeux.

— Eh bien, qu'as-tu fait ?

— Ce n'est presque rien. — On va toujours chercher midi à quatorze heures; j'ai vu des jours où je serais tombé de cheval.

— Mais, enfin, quel est ton moyen?

— Le plus simple du monde, comme je vous dis, capitaine, — presque rien ; — moi, j'ai eu froid pendant vingt ans, et, quand on m'a eu donné ce moyen-là, ça a été fini, — je n'ai plus jamais eu froid aux pieds de ma vie; et, comme je vous dis, — ce qu'il y a de meilleur, — c'est que c'est un moyen aussi simple qu'il est excellent. — Vous n'y avez pas froid comme j'y ai eu froid pendant vingt ans ; — et aujourd'hui...

— Eh bien?

— Si vous avez froid aux pieds, — il ne faut pas aller s'ingérer ça ou ça ; — le moyen est bien simple... il faut mettre des chaussettes dans vos bottes.

🐝 M. Casimir Bonjour, — auteur des *Deux Cousins* et

de la mort de M. Alexandre Duval, qu'il a forcé d'aller, mourant, voter pour lui à l'Institut, — n'ose plus se mettre sur les rangs depuis qu'un académicien lui a dit : « Franchement, mon cher ami, votre candidature n'a plus de chances : — tous les jours la *Gazette des Tribunaux* met l'Académie en garde contre le *vol au bonjour*. »

Un de mes amis reçoit hier une lettre de son jardinier ; — cette lettre est datée d'une charmante retraite qu'il possède dans le midi de la France ; — le jardinier lui dit :

« Monsieur, voici le printemps, — il va m'arriver comme l'année passée. — Permettez-moi d'aller demeurer à la ferme ; il y a dans le jardin des rossignols qui *gueulent* toute la nuit : il n'y a pas moyen de fermer l'œil. »

Il y a au Musée un portrait du roi Louis-Philippe, — que l'auteur, M. de Rudder, avait fait de son chef, sans en prévenir personne, — et d'après d'autres portraits. — M. de Cayeux offrit à l'artiste de lui obtenir du roi une ou deux séances pour arriver à une plus complète ressemblance. — Il est facile de voir, à l'aspect du portrait, que M. de Rudder a ajouté des cheveux blancs — qui ne se mêlent nullement aux autres.

Un jour que le roi donnait séance à M. de Rudder, il prit envie à Sa Majesté de faire le tour du Musée, — et elle pria M. de Rudder de l'accompagner avec M. de Cayeux, qui se trouvait là.

Pendant qu'on traversait les appartements, M. de Cayeux, qui aime beaucoup les conseils... quand il les donne, — avait pris M. de Rudder à part, et lui avait dit à voix basse : « Il y a une chose dont il faut que je vous avertisse : le roi n'aime pas qu'on soit trop près de lui, — restez un peu en arrière. »

M. de Rudder croit la chose et n'en demande pas davantage.

On arrive dans les galeries — le roi tourne souvent la tête

à droite et à gauche pour parler à M. de Rudder, — mais c'était M. Cayeux qui interceptait les questions et faisait les réponses.

Il faut dire que c'était un manége assez fatigant pour le roi, qui a la fâcheuse habitude de porter deux cravates fort serrées, — dont ses médecins ne peuvent pas obtenir de lui qu'il affranchisse son cou.

Enfin, Sa Majesté, impatientée de ne pas voir M. de Rudder, avec qui elle voulait causer, lui cria d'un peu loin : « Mais, monsieur, je vous en prie, venez à côté de moi ! »

M. de Rudder obéit et resta près du roi, avec lequel il causa quelque temps.

Ce jour-là, du reste, une fenêtre tomba avec fracas aux pieds du roi pendant cette promenade.

Cette anecdote sur le roi, — M. de Rudder et M. de Cayeux, — nous amène naturellement au Musée. — Entrons au Musée.

EXPOSITION DU LOUVRE. — Constatons d'abord une chose : c'est que les expositions du Louvre ont singulièrement l'air de ne plus amuser le public, et que, excepté moi, je n'ai vu là personne qui fît un peu plus de cent lieues pour se promener dans les galeries en renversant les vertèbres du cou d'une façon si douloureuse et si fatigante.

Je ne reparlerai pas des membres du jury, *doctores non docti*. Deux fois déjà à pareille époque les *Guêpes* se sont expliquées à leur sujet.

Je vais vous dire ce que j'ai remarqué en me promenant dans les galeries.

D'abord un portrait de la reine ; — ce portrait est fait avec soin, par M. Winterhalter. — Je voudrais seulement savoir pourquoi les mains sont aussi bleues, — est-ce le velours qui déteint ?

N. B. (Phrase à refaire tout entière : d'un bout, elle est exposée aux estaminets et aux carrés de papier, et de l'autre à M. Hébert, — en effet « *d'abord la reine* » c'est le *ab Jove principium* des Latins. — Il est évident que j'ai la pension de mille écus.

Puis à la fin — une critique : *les mains sont bleues* — les mains de la *reine*. — M. Lévy ne voudra peut-être pas imprimer cela, — et, s'il l'imprime, M. Hébert, qui me surveille, selon madame ou mademoiselle Pauline, — peut se fâcher. — J'aurai soin, pour les estaminets et les carrés de papier, de parler de quelque bourgeoise ou bien de la *cuisinière piquant un fricandeau* de M. Chollet, avant de parler de S. M. la reine Amélie. — A l'égard de M. Hébert, j'expliquerai que j'entends parler des mains du tableau.)

Il y a dans ce même salon carré, une grande image ainsi intitulée au livret :

M. VINCHON. 1831. *Séance royale pour l'ouverture des Chambres et la proclamation de la Charte constitutionnelle (14 juin 1814).*   *Maison du Roi.*

Qu'est-ce que la peinture historique si elle n'ose pas poétiser un peu les figures? Pourquoi donner à Louis XVIII cet air de suisse d'église? — pourquoi avoir présenté de face un homme d'une grosseur extraordinaire qu'on pouvait dissimuler sans mensonge en changeant sa position? pourquoi faire la lumière de ce blanc pâteux? — la lumière se compose de toutes les couleurs.

En voyant ce tableau, M. Villemain a dit :

— Il faudra donner cinq cents francs à l'auteur.

— Mais, a répondu quelqu'un, — cinq cents francs! le cadre les vaut!

— Aussi est-ce en comptant le cadre, a répondu M. Villemain.

M. Lestang-Parade a à se reprocher une *Bethsabée* très-décolletée, dont la peau est couleur gorge de pigeon.

Au-dessus de la *Bethsabée* est un petit tableau de

M. Wickemberg, — c'est un étang gelé, sur lequel des enfants jouent avec un traîneau ; deux autres enfants apportent des fagots ; — c'est d'une vérité charmante et d'un fini précieux. C'est une comparaison fâcheuse pour les glaces bleu de ciel de M. Biard. — Il n'y avait pas besoin d'aller en Laponie, — un baquet de blanchisseuse oublié dans une cour, une nuit de décembre, donne une glace de cette couleur. — Je ne pense pas qu'il y en ait ailleurs.

Au-dessous d'un *Combat naval* de M. Th. Gudin, — toujours dans le salon carré, — sont deux tableaux, grands comme des tabatières, et qui méritent l'attention, — un *Fumeur*, de M. Meissonnier, et surtout un *Lièvre et une Perdrix*, de M. Béranger. — Je ne pense pas que la peinture soit jamais allée plus loin comme imitation.

Un monsieur, voulant savoir si c'était peint sur toile, a donné un coup violent de la pointe de son doigt sur le tableau. « Heureusement qu'il est peint sur bois, me disait A. L***, qui était avec moi. — Du reste, ajoutait-il, ce monsieur avait pris un bon moyen de satisfaire sa curiosité, — car, si le tableau avait été sur toile, il l'aurait vu tout de suite ; son doigt aurait passé au travers. »

A propos de M. Gudin, sa *Barque de pêche danoise* est un de ses meilleurs tableaux.

Au-dessus est un tableau de M. Fragonard, ainsi nommé au livret : *Femmes chrétiennes livrées aux bêtes féroces dans le Cirque.*

Or, il n'y a qu'une femme, — il n'y a qu'une bête, et il n'y a pas de cirque.

La bête est un lion qui, par sa forme et sa pose, ressemble singulièrement aux lions qui servent d'enseigne à beaucoup de marchands de vins. — La femme est renversée, et une des pattes du lion est levée, arrondie, un peu au-dessus d'un des seins nus de la malheureuse chrétienne. Ce sein nu fait tout à fait l'effet de la boule que la tradition place sous la patte des *lions d'or* et des *lions d'argent*. M. Fragonard a senti la chose, et, pour éviter l'application, pour empêcher d'appeler son tableau le *Lion d'or*, il a fait son lion brun.

※ *Deux taureaux appuyés l'un sur l'autre dans une grande prairie.* Ce tableau est une de ces fenêtres que M. Brascassat ouvre de temps en temps dans les murs du Louvre sur les prairies de Normandie. Son tableau a une étendue immense dans un cadre de quelques pieds.

※ Il y a énormément de femmes nues et laides, ce qui constitue la véritable et la plus haute indécence. — Parmi celles qui ont eu le regret de se faire peindre habillées, plusieurs ont imaginé une autre indécence; — elles se sont fait peindre entières, vues de dos, sur des siéges sans dossiers, qui ne permettent de rien perdre des formes Oudinot (crinoline — cinq ans de durée), que les femmes exagèrent singulièrement depuis quelques années. — Je prendrai, pour l'exemple le plus frappant de ce que je dis, le portrait de S. A. I. la grande-duchesse Hélène Paulowna, peint par M. Court, portrait détestable du reste, dont la guipure, parfaitement imitée par des procédés connus des derniers rapins, — excite au musée une assez vive admiration.

※ Madame G*** (84) est rouge; — madame G. est jaune; — mademoiselle R. est violette ; — madame *** est grosse comme un muid; — mademoiselle de R. est orange; — Madame de ***, gris-bleu ; — M. R*** est chauve, etc. Je pense que c'est là ce que veulent faire savoir au public les diverses personnes qui ont fait mettre leurs portraits au Louvre.

※ A propos de portraits, — il y a un peintre qui a fait le portrait de sa femme; sa femme est, dit-on, jolie, et le portrait semble avoir pour but de le cacher au public; — quelqu'un disait à l'original : « Votre mari est jaloux, c'est pour cela qu'il vous a faite si laide; ils sont tous comme cela. — Oui-da, répondit-elle, et à quoi cela les avance-t-il?

※ UN CHANOINE DE SAINT-DENIS. — Nous venons de voir M. Affre, archevêque de Paris. — M. Ollivier, ancien curé de Saint-Roch, — puis un évêque de je ne sais où; — il y a au moins quinze prélats attifés avec une coquetterie féminine, — des recherches de parures inouïes, des raffinements d'élégance inimaginables, des dentelles qui font envie aux femmes.

L'Église est pour le moment assez mondaine; monseigneur de Chartres fait depuis quelque temps des feuilletons dans les journaux.

※ Madame la comtesse de B*** n'a pas suffisamment compté sur ses charmes, — elle a fait mettre son écusson dans un coin du tableau.

Ah! mon bon monsieur Lévy, — laissez-moi une fois dire ce que je pense sur cette odieuse galerie de bois.

Quel est le malheureux qui a eu l'idée d'accrocher cette hideuse baraque au flanc d'un monument comme le Louvre? Jamais les peuples barbares n'ont rien imaginé de cette force. — Les Vandales eussent peut-être détruit le Louvre, mais ils ne l'eussent pas ainsi déshonoré. — Ah! diable, — et M. Hébert... à ce que dit madame ou mademoiselle Pauline.

※ Près de ce portrait blasonné est celui d'une femme vêtue de noir, — c'est une figure intéressante et un tableau remarquablement peint. — Il faut lui reprocher un fond d'un bleu dur et uniforme, — comme le papier de tenture d'un appartement; — mais ce n'est pas, à ce qu'il paraît, si facile de faire des fonds.

Du vivant de Rubens, — une femme alla le trouver et lui dit :

— *Monsieur* Rubens — (on l'appelait monsieur), mon fils a d'heureuses dispositions (c'est incroyable combien ont d'heureuses dispositions les enfants dont on est la mère) : il faut absolument qu'il travaille auprès de vous.

Rubens, qui n'en voulait à aucun prix, s'excuse sur ses occupations.

— Oh! monsieur Rubens, il ne vous fera pas perdre de temps; — au contraire, il vous aidera : il y a un tas de petites choses qu'il fera à votre place, il vous fera vos fonds...

— Ah! parbleu, madame, s'écrie Rubens, il me rendra là un vrai service, car je ne sais pas encore les faire !

🌸 — Pardon, la grosse mère qui êtes en face, serrez un peu vos gros bras contre votre gros corps, vous me cachez trop de ce beau papier qui sert de fond à votre portrait.

Dans l'épisode du *Combat de Trafalgar*, de M. Caussé, — on remarque un fragment de mât brisé, — sur lequel quelques matelots sont debout ou assis comme dans des fauteuils. — Je voudrais vous y voir, monsieur Caussé ; — je gage que, par une mer un petit peu houleuse, vous ne vous tenez pas sur le bateau du Havre à Honfleur comme vos matelots se tiennent sur leur morceau de mât. — Tenez-vous la gageure?

🌸 Mademoiselle Dimier a peint son propre portrait (567), cela m'a rappelé ce que fit Phryné : — Accusée devant l'aréopage, — elle se contenta, pour toute réponse, de montrer sa gorge aux juges, — et elle obtint son acquittement par cette plaidoirie d'un genre tout particulier, qui n'aurait guère de succès aujourd'hui..., du moins en audience publique. — Mademoiselle Dimier paraît appeler son visage au secours de son pinceau ; ils sont agréables l'un et l'autre.

🌸 Tiens, — deux singes !

Ah! non... pardon; mille pardons. — C'est un ménage vert — dans une forêt. — Cela s'appelle portrait de M. et de madame ***; mais je serai plus discret que le peintre, M. Defer, je ne mettrai pas les initiales; — j'intitulerai l'objet : *Portrait du livret du salon, tenu à la main par M***, qui est dans une forêt;* c'est du reste ce que cela représente. — Le livret est fort ressemblant. — J'espère que M et madame*** le sont moins.

M. Lafond a peint nue — une femme grosse de sept mois; — c'est laid.

Je ne sais pourquoi certains carrés de papier ne font pas plus attention à la manière dont on peint les villes de la conquête d'Alger. Le jury qui admet ces tableaux ne peut avoir pour but que de dégoûter les Français de leurs possessions d'Afrique.

Selon M. Frère, Constantine est couleur chocolat à l'eau et Alger couleur chocolat au lait.

Joignez à cela un *Combat* de M. Guyon, et dites-moi si vous vous sentez envie d'aller être héros là-bas, pour qu'on vous peigne comme cela ici.

Le 4 avril 1840, dit M. Chazal dans le livret, — il se passait dans le port de Cherbourg un de ces rares et majestueux événements où se révèle la puissance du génie de l'homme : on lançait à la mer le vaisseau le *Friedland*.

Ce qu'il y a de plus remarquable dans ce tableau, c'est une sorte de dressoir où sont figurées les autorités de Cherbourg, et qui ressemble, à s'y méprendre, à l'un des côtés de la boutique d'un pharmacien avec les fioles de diverses couleurs qui y sont rangées sur des tablettes.

Quelques-unes des fleurs de M. Chazal, dans le tableau qui est près du portrait de la reine, dans le salon carré, valent mieux que son tableau du *Friedland;* cependant je ne les aime guère; — au reste, — je dois dire pour consoler M. Chazal, en lui donnant le moyen de se réfugier dans un grand mépris de mon opinion, — que la plupart des fleurs, même des maîtres en ce genre, — me paraissent un barbouillage de convention.

Il y a cependant au Salon, dans la galerie de bois, un remarquable tableau de fleurs de madame Chantereine : — c'est à peu près la seule fois que j'ai vu aussi bien reproduire *l'étoffe des fleurs;* — c'est un charmant tableau et un charmant talent.

Disons encore, toujours pour consoler M. Chazal et les autre peintres de fleurs, que j'ai quitté mes pêchers et mes abricotiers en fleurs pour venir voir leurs tableaux, et que cela me rend difficile et un peu de mauvaise humeur.

🙰 M. Villiers a peint un bœuf bleu, sous le n° 1847.

M. Raynaud a représenté une famille se réjouissant de la convalescence d'un homme que je déclare mort depuis six semaines ; — voir le visage dudit.

🙰 614. *Tobie et l'Ange.* — Sur le livret, on croirait que c'est une marchande de poisson à laquelle un ange marchande sa denrée.

Au bout de la galerie de pierre, en tournant pour entrer dans la galerie de bois, — je vous recommande une très-drôle de dame jouant du tambour de basque, — et une Cléopâtre de quatorze pieds.

🙰 Puisque M. Olivier, évêque d'Évreux et ancien curé de Saint-Roch, a fait mettre son portrait au Musée, — c'est qu'il n'est pas ennemi de la publicité ; — nous pensons lui être agréable en citant un mot de lui. Au commencement de l'hiver qui finit, il avait, je ne sais à quel sujet, fait une gageure avec un de ses vicaires : — l'enjeu était une dinde truffée ; — le vicaire perdit, et ne montra aucun empressement pour s'acquitter ; — en vain M. Ollivier portait au pari des allusions chaque jour plus directes ; — le vicaire paraissait décidé à ne pas comprendre. — M. Ollivier, poussé à bout, résolut de s'expliquer clairement et lui dit :

— Ah ça ! monsieur le vicaire, — je voudrais bien vous rappeler adroitement que vous me devez une dinde truffée ?

— Je le sais bien, monseigneur, dit le vicaire, — et, si je ne me suis pas acquitté plus tôt, c'est que les truffes sont de mauvaise qualité cette année.

— Allons donc, mon cher vicaire ! — s'écria M. Ollivier, n'en croyez donc pas un mot : c'est un bruit que les dindons font courir.

Je voudrais voir le *Passage d'Honfleur* de M. Biard. — J'ai lu dans tous les journaux qu'une foule compacte stationnait devant le tableau. — Je n'aurai pas de peine à le reconnaître. — Où est-ce qu'il y a une foule compacte? — Je ne vois pas de foule compacte: — c'était pourtant dans les journaux.

Où peut être le tableau de M. Biard?

En attendant, voici celui de M. Decamps, la *Sortie de l'école turque;* — on m'a dit d'admirer cela; — eh bien! je n'admire pas; — je soupçonne fort les qualités de ce tableau de consister principalement en difficultés plus ou moins vaincues, — en adresse, en habileté, — toutes choses qui peuvent intéresser les peintres. — M. Decamps a beau lever les jambes de ses petits bonshommes, il n'en est pas moins vrai qu'ils ne sautent pas, — qu'ils ne courent pas, qu'ils ne jouent pas; — rapprochez de cela cette si spirituelle gravure de vacarme dans l'école que nous avons tant vue sur les boulevards, — rappelez-vous-en la vie et la malice, et vous comprendrez la froideur du tableau de M. Decamps; — pour les qualités probables que j'ai mentionnées plus haut, — je suis tout à fait incapable de les apprécier, et, si elles existent, elles n'en existent pas moins pour cela.

C'est un argument qu'on m'oppose habituellement pour la peinture et pour la musique. — En fait de musique, je n'ai jamais que sonné de la trompe, — et, en dessin, je n'ai jamais fait un nez au profil. — Je réponds que les peintres et les musiciens ne faisant pas de la peinture et de la musique entre eux, et postulant au contraire les suffrages du *public*, on doit attendre d'eux des ouvrages qui aient un charme qu'on puisse éprouver sans être peintre ou musicien. — Si, pour admirer un tableau de M. Decamps, ou la musique de M. Meyer-Beer, il me faut travailler huit ans au Conservatoire et à l'atelier, — je ne vous cache pas que je me priverai d'un plaisir aussi laborieux. — Heureusement que ces messieurs ont assez souvent le bonheur de n'avoir pas besoin que nous soyons aussi savants. Quand un ignorant comme moi leur adresse un éloge, ils n'élèvent pas de réclamation. — Je ne juge que ce qui est à ma portée, — je laisse toutes réserves pour les arcanes de l'art.

Par exemple, je demanderai à M. Decamps comment il y a tant de poussière sur un sol aussi pierreux, — et pourquoi elle est si lourde. — Il faudrait un escadron de cavalerie pour soulever cette poussière de plomb.

Deux grands dessins de M. Decamps, placés en face de la sortie de l'école, ont des parties remarquables et d'un beau style ; — mais pourquoi s'avise-t-il de faire ses chevaux d'après des bas-reliefs et non d'après des chevaux ? — Les chevaux de profil, bas sur leurs jambes, à encolure roide des bas-reliefs, sont une impuissance ; — si le sculpteur savait leur donner de la vie, du mouvement et de la couleur, je suppose qu'il s'en ferait un vrai plaisir. Pourquoi alors ne pas faire les lions d'après les lions du blason ?

M. Chevaudier est auteur d'un tableau qu'il appelle un *Ruisseau dans la campagne de Rome*. — L'eau est bleue, les arbres sont bleus, — l'herbe est bleue, — et l'auteur, voulant mettre un oiseau dans un coin, a cherché un oiseau bleu et a peint un martin-pêcheur un peu plus bleu qu'il ne faut. — Le paysage est animé par une bacchante qui se laisse aller à de singulières exagérations.

Je ne sais plus de qui est une *Niobé* vert-pomme qui pleure ses enfants vert-choux.

Mais où est donc la foule compacte qui m'empêche de voir le tableau de M. Biard ? « Voici le tableau, » me dit quelqu'un qui m'accompagnait ; — pour la foule, elle se compose d'un monsieur en redingote verte qui se presse devant.

J'attends que ce monsieur se soit écoulé, et je me presse à mon tour devant le *Passage du Havre à Honfleur* ; c'est tout simplement une caricature triviale.

Mais voici une chose véritablement intéressante, — et qui vous laisse longtemps pensif. — Voici un tableau inachevé, — la Vierge et saint Joseph sont endormis et l'enfant-Dieu lève ses yeux au ciel; — la tête de la Vierge, pleine d'une angélique suavité, est seule terminée.— Bouchot est mort sans pouvoir achever son tableau; — on voit encore les lignes faites à la craie de l'esquisse : — ce qui est fait est d'une grande beauté.

Trois autres tableaux offrent le même intérêt et une partie des mêmes qualités.

Ceci est un tableau de M. Bidault, de l'Institut, — et l'un des membres de ce jury d'admission; ou, si vous voulez, de ce jury de refus — contre lequel on élève un si magnifique concert de malédictions.

Je renvoie encore mes lecteurs pour ce sujet aux volumes qui ont parlé des deux dernières expositions.

Disons seulement que deux tableaux de M. Gudin, qu'il avait oublié de signer, ont été parfaitement refusés.

M. Bidault est, assure-t-on, l'un des plus grands *refuseurs* du jury ; — c'est donc à lui un louable courage d'exposer ainsi son tableau au jugement de ses victimes.

J'aurais voulu voir plus de monde devant un tableau aussi curieux. — Les peintres refusés devraient au moins étudier, dans une contemplation assidue de l'œuvre de M. Bidault, quelles beautés il faut chercher, quels défauts il faut fuir pour mériter l'indulgence du jury. Voici le sujet du tableau 137 : — *Vue de Mycènes et d'une partie de la ville d'Argos.*

« Le site que le peintre a voulu représenter est celui qui se trouve indiqué dans les premiers vers de l'*Electre* de Sophocle. Oreste, son gouverneur et Pylade, tous trois partis de la Phocide, arrivent à Mycènes, et le gouverneur indique à Oreste les temples et les principaux monuments qui composent cette ville. Pendant un dialogue entre ces deux héros, Pylade est occupé à cacher dans les broussailles le vase d'airain qui est censé renfermer les cendres d'Oreste. »

Je crois devoir, de l'étude que j'ai faite du tableau en question, pouvoir tirer une poétique à l'usage des jeunes peintres. — Homère n'a pas fait ses poèmes d'après les règles d'Aristote, — comme il serait facile de le démontrer. — C'est, au contraire, Aristote qui a fait sa poétique d'après l'*Iliade* et l'*Odyssée*. — Voici le résumé de mon travail :

Voulez-vous peindre Mycènes ? — Beaucoup croiraient travailler d'après nature et suivraient tout pensifs le chemin de Mycènes. — C'est une voie parfaitement fausse. — M. Bidault peint d'après des vers de Sophocle. — Il veut représenter Mycènes, — il place dans son tableau la Madeleine, la Chambre des députés, l'Hôtel-Dieu, — l'église Notre-Dame-de-Lorette et cinq ou six bornes-fontaines. — Si Mycènes n'est pas comme cela, tant pis pour Mycènes, — C'est elle qui a tort.

Pour l'eau, — vous croyez peut-être devoir lui donner de la transparence et de la limpidité? — Autre erreur, ce serait alors comme de l'eau véritable. — Quoi de plus commun que de l'eau ? — Si vous faites de l'eau semblable à la vraie eau, j'aime mieux regarder couler l'eau de la Seine que de regarder votre tableau.

Pour les personnages, — il est bon d'attacher quelquefois un bras à l'oreille pour mettre un peu de variété dans les bras attachés à l'épaule, ce qui est du dernier commun. (Voir le gouverneur.)

Il est des parties du corps humain qu'on est convenu de dérober aux yeux, — et que beaucoup de peintres représentent cependant comme tout le reste. — Vous comprenez, dans un personnage, vu de dos, tout ce qu'on évite d'inconvénient en lui faisant partir les jambes du milieu des reins. (Voir le personnage, en char, dans le fond, traînant, avec un cheval de bois, un petit canon de cuivre comme en font les enfants.)

Vous trouverez un nouvel exemple de la variété qu'il est bon de mettre dans les bras dans Pylade, qui cache le vase d'airain ; — vous tâchez sans cesse de donner à vos personnages des bras de longueur égale, — eh bien ! cela n'est pas vrai ; il y a beaucoup de gens qui ont des bras inégaux.

J'ai entendu dire, — par un mauvais plaisant, que le vase d'airain était une casserole de cuivre ; par un autre, que Pylade cueille une citrouille sur un olivier ; ces critiques n'ont aucun sens, — attendu que le livret dit positivement que c'est un vase *d'airain* que Pylade cache dans des broussailles ; — si c'était une casserole, il ne coûtait pas plus à M. Bidault de mettre au livret que c'était une casserole ; — également, si c'était une citrouille, rien ne l'empêchait de mettre une citrouille ; il est donc évident que c'est un vase d'airain.

Je désire que ces quelques conseils puissent servir aux jeunes peintres.

Il y a une impression que d'autres ont dû ressentir comme moi ; — en tout cas la voici :

L'autre jour, je vis ouverte la partie de la galerie, séparée par un rideau, qui ne renferme que des tableaux des maîtres anciens ; — j'y entrai et je sentis à l'instant même un grand calme dans tous mes sens.

Dans les galeries que je venais de quitter, — c'était à l'œil une confusion presque bruyante ; — la lumière, divisée violemment entre les tableaux qui se disputaient les rayons, s'éparpillait en tons durs et heurtés ; — il semblait qu'elle fût mise au pillage, — et que toutes ces images, comme une peuplade d'Esquimaux, s'arrachassent les lambeaux de lumière, les rouges et les bleus les plus féroces. — C'était un charivari de couleurs, — un tintamarre de tons crus et hostiles.

Mais tout à coup succéda une harmonie calme et paisible ; il semblait qu'on passât d'un cabaret en tumulte dans un salon de bonne compagnie.

J'y restai quelque temps pour me reposer, et je pris la fuite.

❊ Qu'ai-je encore vu? — un turban dans une baignoire, par M. Court, — un paysage vrai, mais un peu commun, de M. Flers; — de bien jolis enfants de madame Boulanger; — un beau tableau par Troyon; — des marines très-estimables de M. Gilbert de Brest; — un gué de M. Loubon, vrai et d'une bonne couleur; — un joli tableau de mademoiselle Colin; — beaucoup d'ânes dont quelques-uns semblent peints par eux-mêmes, comme les *Français* de M. Curmer; — des bonshommes en fer-blanc par M. Hesse.

❊ J'ai déjà parlé, il y a un an, de cette question des sucres qui cause aujourd'hui tant de rumeur; — je ne la mentionne aujourd'hui que parce qu'elle me rappelle une caricature faite sous l'Empire, à l'époque où Napoléon voulait absolument du sucre de n'importe quoi.

On voyait le petit roi de Rome — faisant une grimace horrible à une betterave qu'il tenait à la main, — sa nourrice lui disait : « Mange donc, petit, ton papa dit que c'est du sucre. »

❊ M*** est un homme économe qui se défie des tailleurs — achète son drap lui-même et donne ses habits *à façon*. Dernièrement, il demande son tailleur, — qui prend mesure en tous sens et lui déclare qu'il n'y a pas moyen de lui faire une redingote avec le coupon d'étoffe qu'il a acheté. Il le chasse ignominieusement et en demande un autre. — Celui-ci arrive, prend l'étoffe et promet l'habit pour dans deux jours.

— Apportez la note.

— Volontiers.

Le troisième jour, le tailleur arrive avec l'habit, qui est bien fait et d'une ampleur suffisante.

— Et la note?

— Ah! mon Dieu, je l'ai oubliée; — je l'avais mise sur l'établi avec mes gants, j'ai laissé les gants et la note.

On sonne. Un domestique arrive et dit :

— C'est le fils du tailleur.

Celui-ci se trouble.

— Que veut-il ? demande M. M***.

— Il demande son père.

— Faites-le entrer.

Le tailleur s'oppose à ce qu'on fasse entrer son fils :

— Sans doute, c'est la note qu'il m'apporte.

— Eh bien ! qu'il entre.

— Le tailleur se trouble de plus en plus, — surtout quand entre le gamin orné d'une veste d'un drap tout à fait pareil à celui de la redingote.

— Que viens-tu faire, brigand ?

— C'est maman qui m'a envoyé à cause de la note.

— Donne et sauve-toi.

Mais, pendant ce temps, M. M*** tient l'enfant par la veste et s'assure de l'identité du drap.

— Oh ça ! maître, — comment se fait-il que mon autre tailleur n'ait pas pu me faire une redingote — quand, vous, vous m'avez fait une redingote et une veste à votre fils.

— Monsieur, — dit le tailleur, qui a repris tout son sang-froid, — c'est qu'il a probablement un fils plus grand que le mien.

Voici ce qu'on lit dans un journal :

Au *recto* :

« Le nouveau drame de M. Alexandre Dumas, *Lorenzino*, qui a été représenté hier au Théâtre-Français, est une de ces *compositions romantiques* qui n'ont aucune chance de durée. C'est une véritable chute, et cependant, M. Alexandre Dumas aurait recueilli tous les traits de génie qui caractérisent la nouvelle école : duel, enterrement, procession de religieuses, confession, absolution, empoisonnement, guet-apens et assassinat.

» On s'étonne à bon droit que les comédiens français, dont le répertoire se compose de tant de chefs-d'œuvre, consentent encore à jouer le *drame romantique*, qui n'est plus maintenant qu'une vieillerie. Les meilleurs acteurs perdent leur talent en jouant ces pièces, dont le style trivial ne peut prêter qu'au ridicule et à l'ennui. Nous reviendrons sur ce drame, si l'on prétend l'IMPOSER encore au public. »

Au *verso* :

« *Lorenzino*, drame nouveau de M. Alexandre Dumas, a produit le PLUS GRAND EFFET avant-hier soir au Théâtre-Français. Ce soir, on donne la deuxième représentation de ce BEL OUVRAGE. Il sera précédé des *Rivaux d'eux-mêmes*. »

Il existe à Rouen — un homme appelé Lebarbier — qui vend du beau temps ; — on a jusqu'ici vendu bien des choses ; mais c'est, je crois, la première fois qu'on imagine de vendre du soleil. — Il répand des prospectus — dont je donne un à copier à MM. les imprimeurs.

Pierre-Louis LEBARBIER,

FRANÇAIS,

DOMINATMOSPHÉRISATEUR,

DOMINATURALISATEUR,

Rue aux Ours, n° 32, à Rouen.

Souscription par chaque Boutique à la Foire, Étalagistes, Débitants, Aubergistes, à l'effet d'obtenir du beau temps la veille, le jour de Fête donnée par un Particulier, jour de Noce,

Cette Souscription sera payée d'avance dans les mains dudit sieur LEBARBIER, à son domicile précité, sauf par lui de la rendre, dans le cas contraire.

IL FAUT AU MOINS CINQUANTE SOUSCRIPTEURS.

IL Y A UN DIXIÈME POUR LES PAUVRES.

La veille de la Foire.	» fr.	75 c.
Le jour de la Foire	1	»
Jours suivants.	»	50
Jour de marché	»	50
Jour de Fête donnée par un Particulier, ou jour de Noce.	10	»
Entretien ou conférence sur une infinité d'objets d'intérêt particulier ou public, par quart d'heure.	»	75
Réponse et moyens écrits, la page. . .	5	»

Le même Louis Lebarbier — donne des séances de moralisation ; — le prospectus de ces séances contient une particularité que je recommande aux *donneurs* de concerts, etc.

« En attendant la séance, les hommes sont servis d'un verre de cognac, et les dames d'un verre de bavaroise. »

M. Listz est un homme de talent ; — mais lui, qui, en France, était devenu Français, — qui a reçu à Paris une si grande hospitalité, qui se disait avec orgueil le frère de tous nos *grands hommes*, quels qu'ils fussent, — devrait démentir, dans les journaux où il fait dire tant de choses, — le bruit qu'on répand — qu'il chante dans des banquets, en Allemagne, des chansons où les Français sont traités un peu plus mal que des chiens.

Les lecteurs des *Guêpes* savent, du reste, ce que je pense, pour ma part, de ces chansons dites patriotiques, sur quelque air et dans quelque pays qu'on les chante.

Un écrivain a épousé une Anglaise ; — il y a, dans le contrat de mariage, une clause qui dit que les enfants naîtront Anglais. — Quelqu'un, prenant singulièrement à la lettre — cette formule, — disait :

— Ah ça, c'est bien embarrassant d'aller comme cela faire ses enfants en Angleterre.

—Surtout pour M***, répondit-on, qui n'en peut faire en France.

Au dernier bal donné par madame la duchesse de M.,

— M. de B. — s'est laissé aller, après le souper, aux danses les plus hasardées. — Rien, du reste, de si imminent que l'invasion dans la haute société, des danses bizarres, — telles que le *cancan*, — la *béquillade*, — la *chaloupe*, etc.

On lisait dernièrement dans les journaux l'horrible phrase que voici :

« NANTES, *mars*. — Près de cent idiots ou aliénés non furieux vont être, d'ici à quelques jours, expulsés de l'hospice de Saint-Jacques, *par suite de l'insuffisance de l'allocation* faite par le conseil général pour cet exercice ; — tous ces malheureux vont errer dans la ville, sans asile et sans pain. »

Je serais assez d'avis qu'on profitât de ce que l'hôpital est libre pour y renfermer ledit conseil général.

Plusieurs personnes m'ont écrit que j'avais inventé M. Dubignac ; M. Dubignac m'a fait l'honneur de venir me voir en personne : — c'est un homme un peu âgé, mais parfaitement conservé. — Il a bien voulu m'offrir quelques-uns de ses ouvrages, — en remercîment, m'a-t-il dit, de la mention équitable que j'ai faite de lui. — M. Dubignac paraît décidé à ne pas faire de visites à messieurs de l'Académie ; je ne sais si je puis me flatter d'avoir ébranlé sa résolution. — Je veux faire partager à mes lecteurs, par quelques citations prises çà et là, le plaisir que m'a procuré le présent de M. Dubignac.

SUR NAPOLÉON.

... Telle fut la faute du grand Napoléon,
Dont les nobles cendres nous fêtons et respectons,
Qui fut la source de plusieurs autres ;
Par les perfides conseils des uns et des autres ;
Mais si des grandes fautes il fit et commit,
Que de belles actions, toutes nobles, ne fit-il aussi ;
... Du grand Napoléon la vraie gloire,
Par son grand génie et ses victoires,
Dubignac, par reconnaissance,
Vertu très-rare, quoique bien aimable.

Qui n'est pour lui que jouissance,
De ses vers lui fait hommage,
Pour, en 1811, l'avoir nommé,
A Cosne, comme receveur particulier...

AUX FEMMES.

Charmant, aimable sexe, ah! quelle gloire pour vous en serait!
De pouvoir obtenir des mœurs la restauration,
La postérité vous devrait cet insigne bienfait,
Et la société vous doterait de sa considération.
Ah! quel bien grand bonheur pour la postérité,
Quel plaisir et joie pour toute société,
Pour père et mère, quelle tranquillité d'âme,
Pour leurs demoiselles jolies, aimables,
Vive la modestie, la décence et la prudence,
Qui de l'aimable sexe sera toujours leur défense,
Et tous les hommes seront honnêtes et respectueux
En leur offrant leurs hommages et vœux.

SUR L'AMOUR.

Un amoureux...
Dans la société, plein de respect, affable,
Jolies manières, très-obligeant, aimable,
Jouant avec goût et talent de quelque instrument,
Pour plaire à l'amie de son cœur s'évertuant.
En particulier il lui adresse ses tendres vœux,
En public, ses yeux sont les messagers de son cœur,
Plein de tendres désirs, mais très-respectueux,
Avec la résolution de l'aimer de tout son cœur.

SUR LES TUILERIES.

Quoi de plus superbe que ces terrasses
Qui d'un bout à l'autre, ont neuf cents toises
    Quel plaisir si permis était
    La nuit d'y prendre le frais.

SUR LE PAIN.

Le pain, c'est le premier des besoins;
Avec le pain, on ne crève jamais de faim.

SUR LUI-MÊME.

De prétention, Dubignac aucune n'a ;
De ces concitoyens, l'estime lui suffira.

🌸 Une vieille femme est traduite en police correctionnelle sous prévention de mendicité ; — on fait une perquisition à son domicile, — on trouve dix-huit cents francs dans sa paillasse.

Les mendiants ont pris depuis quelques années, s'il faut en croire les journaux, l'habitude d'avoir dix-huit cents francs dans leur paillasse.

🌸 Les journaux sont dans un abattement profond, — l'ordre de choses actuel se consolide ; — tous les arrivés tirent chacun sa PETITE ÉCHELLE. — C'est en vain que ceux qui voulaient monter après eux s'efforcent de les retenir. Les gens arrivés maintenant — auront probablement à passer par toutes les phases qu'ont franchies les castes qui ont disparu en juillet 1830. Ils agissent à découvert ; — ils avouent par leurs actes que leur patriotisme était de l'envie, — et que ce qu'ils ont renversé, ils n'ont jamais voulu le détruire, mais s'en emparer. D'autre part, comme ceux qui les attaquent feraient juste les mêmes choses, — nous n'y perdons et nous n'y gagnons rien ; — seulement il se glisse dans les esprits une grande indifférence politique. — Les têtes, comme le thermomètre, ont baissé en France de dix degrés.

🌸 Voici la copie authentique d'un certificat délivré à un domestique :

« Je soussigné, doyen des colonels, des chevaliers de Saint-Louis et des gentilshommes domiciliés dans l'arrondissement communal du***, électeur du département de la Seine-Inférieure, otage et volontaire royal, ancien commissaire de la noblesse aux états de Bretagne et en d'autres assemblées légalement délibérantes, associé de plusieurs Académies royales d'histoire, sciences et belles-lettres, commissaire de l'association paternelle des chevaliers de Saint-Louis et du mérite militaire pour le canton municipal de***, certifie que *Pierre*** *m'a toujours servi fidèlement et avec zèle*, en foi de tout quoi j'ai délivré le présent avec apposition de l'empreinte du cachet de mes armes.

» Fait ce..., au château de***, commune dont feu mon père, aussi officier supérieur et chevalier de Saint-Louis, était, par longue dépendance et succession patrimoniale, seigneur paroissial et haut justicier au 4 août 1789, et dont je suis depuis plusieurs années doyen du conseil municipal, n'en ayant point accepté la mairie, que les règlements ne rendaient pas compatible avec ma place de chef d'une légion nationale par laquelle j'ai longtemps exercé un commandement à la fois régulier, paternel et fraternel, supprimé par les dernières ordonnances relatives à ce corps ou à cette arme. » Le vicomte T. de R. »

En ce moment où les nouvelles routes et les tracés de chemins de fer entraînent de nombreuses expropriations, — il est assez curieux d'entendre les doléances des propriétaires dont les terrains sont écornés.

Voici quelques-uns de ces cris, partant de l'âme, que j'ai recueillis :

Un propriétaire auquel on prend trois pommiers parfaitement payés sur estimation légale :

« Ah ! monsieur, vous prenez ces trois-là ; — mais, monsieur, il n'y a pas de pommiers comme ceux-là pour faire *le bonheur d'une famille*. Le cidre qu'ils donnent est parfait; je n'ai acheté tout le verger que pour ces trois pommiers. »

Un autre auquel on prend sa haie — (toujours en payant) :

« Il peut bien prendre tout, — ça m'est bien égal. — Qu'est-ce que c'est qu'un champ qui n'a pas de haie ? — j'aime mieux ne rien avoir. »

Un autre auquel on achète la moitié d'un champ :

« Quelle terre je vous abandonne ! — l'année dernière j'y ai récolté des pommes de terre grosses comme les deux poings ; — dans la moitié qui me reste, il n'y a que de la *pierraille*. »

A entendre les propriétaires, on croirait qu'il n'y avait de fertilité dans le pays que précisément sur une longueur de huit mètres et sur une largeur de douze cents, et que tout le reste n'est que landes et steppes.

« Il s'est agité devant la chambre des requêtes une question d'une haute gravité pour le commerce de France.

« On sait avec *quelle avidité* le commerce étranger contrefait les objets de notre fabrication, emprunte les marques, le nom des maisons les plus renommées de France dans les différents genres d'industrie.

» Quelques-uns de nos négociants ont pensé que le seul moyen de neutraliser les funestes effets de cette *déloyale rivalité* était d'user de représailles envers le commerce étranger.

» C'est ainsi que la maison Guélaud, de Paris, avait vendu en France un article recherché de parfumerie, sous l'adresse de la maison Rewland, de Londres.

» Cette dernière maison s'adressa aux tribunaux français pour obtenir des dommages-intérêts, qui lui furent accordés, par arrêt de la Cour de Paris du 30 novembre 1840.

» Sur le pourvoi formé contre cet arrêt s'élevait la question, fort importante, de savoir si les fabricants étrangers peuvent poursuivre en France la contrefaçon de leur marque ou de leur nom.

» La Cour, sur la plaidoirie de Me Ledru-Rollin, au rapport de M. le conseiller Hervé, et sur les conclusions de M. l'avocat général Delangle, a admis le pourvoi.

» *C'est un succès pour le commerce français.* »

Je trouve le succès assez joli. — Les succès de ce genre sont *prévus* par les codes de tous les pays.

Mai 1842.

Le roi Louis-Philippe et le jardinier de Monceaux. — Un concurrent à M. Émile Marco de Saint-Hilaire. — Propos légers d'une *Dame*. — M. de Lamartine au château. — M. Aimé Martin et la reine d'Espagne. — Le sucre. — Les rues de Paris. — Les morts d'avril. — M. Boursault. — Le duc de Joinville. — Un costume complet. — M. Lacave-Laplagne et M. Royer-Collard. — Un bon livre. — Dialogue de M. d'Arlincourt. — Un vicaire général et un curé. — M. Surgis. — Éloge d'un tailleur. — M. Nodier et M. Flourens. — Les eaux. — M. Perlet. — M. Romieu et le *Cid*. — Un triomphe de M. de Balzac. — M. Roger de Beauvoir au contrôle des Folies-Dramatiques. — Un bruit sur M. Hugo. — De M. Delecluse. — Comme quoi il est brouillé avec la nature. — Un souvenir historique. — Opinion d'un journaliste de 1780 sur les fortifications de Paris. — Encore le droit de visite. — Une nouvelle muse. — Bévue d'une Académie. — Un homme qui a de l'huile à vendre. — Le premier mai.

On dit que le roi va vendre son jardin de Monceaux, — et qu'on y bâtira un nouveau quartier ; — des maisons vont remplacer les arbres séculaires, et des rues pavées les belles pelouses du jardin dirigé par Schœne. — Je ne sais pourquoi cela m'attriste : — j'y suis allé plusieurs fois dans ma première jeunesse, — en mon avril, — comme disaient les vieux poëtes, — et je me rappelle les pensées et les rêves que j'ai portés dans les silencieuses allées de ce pauvre jardin ; — il me semble que ces souvenirs, ces rêveries, — ces méditations — vont être, avec les chênes et les acacias, — débités en rondins en en fagots, et vendus au stère et à la voie.

J'ai prononcé le nom de Schœne, — je vais vous parler un peu de lui : — c'est un caractère remarquable, — un philosophe pratique, — un homme simple, bon et fier ; — vous le connaîtrez mieux par deux ou trois petites anecdotes que par les phrases que je pourrais vous faire.

Schœne se lève le matin, revêt une veste de la plus grossière étoffe qui n'a pas changé de mode depuis vingt ans, — et allume sa pipe; — cette pipe ne s'éteint que le soir lorsque Schœne s'endort.

Il travaille avec ses garçons jardiniers, et réserve pour lui les travaux les plus durs, et ceux que l'on donne d'ordinaire au plus ignorant de ses ouvriers.

Un jour, le roi, visitant Monceaux, lui dit :

— Ah ça! Schœne, quel diable de tabac fumez-vous? les serres en sont infectées, c'est ce qui fait que la reine n'ose pas y entrer.

— C'est vrai, sire, répondit Schœne, mais cela ne peut pas être autrement, — *tout le monde sait* que les plantes de serres sont exposées à un ennemi dangereux, qui est le puceron vert; — le seul moyen de les écarter est la fumée du tabac; — or, comme j'aime que mes plantes soient propres et non pas mangées par les pucerons, — je dois faire, dans les serres, des fumigations de tabac; — comme d'autre part j'aime beaucoup à fumer, je fais passer cette fumée par ma bouche, — les plantes ne s'en trouvent pas plus mal, et moi je m'en trouve mieux; — si cependant Votre Majesté ne veut pas que je fume dans son domaine de Monceaux, j'irai tous les jours fumer dehors, mais cela doublera ma dépense en tabac.

Le roi lui dit :

— Fumez où vous voudrez.

Un autre jour, un chien, ordinairement d'assez mauvais caractère, brisa sa chaîne et vint auprès de la reine, dont il lécha les souliers. — Le roi dit à Schœne :

— Votre chien est bien doux pour la reine.

— Oui, sire, répondit le jardinier, qui est Allemand et parle assez difficilement français; oui, il a des dispositions à la *servilitude*.

Le roi donna l'ordre de construire un énorme m

nége ; l'architecte choisit pour cette construction précisément la partie du jardin où Schœne mettait sa magnifique collection d'œillets allemands et ses plantes de terre de bruyère, ses rhododendrums, ses magnalia, kalmia, azalea.

(A propos, on n'a pas encore trouvé l'azalea grimpant de M. de Balzac.)

On vint dire à Schœne, — de la part du roi, — d'arracher toutes ses plantes de terre de bruyère, de les placer ailleurs et d'en avoir le plus grand soin.

— Dites *de ma part* au roi, répondit Schœne indigné, que les soins que je prendrai ne me fatigueront pas ; j'arracherai tout, — et je f..... tout par-dessus le mur, dans la rue. — Dites encore au roi — que je veux partir et qu'il me fasse mon compte.

Depuis ce temps on n'a jamais revu à Monceaux d'œillets ni de plantes de terre de bruyère ; — c'est une singularité que bien des promeneurs ont sans doute remarquée sans en deviner la raison.

Je ne sais si on rendit bien fidèlement au roi la réponse de Schœne ; mais j'ignore si le roi répliqua.

Toujours est-il qu'à quelque temps de là le roi alla voir le manége qu'il avait fait faire.

Schœne, qui n'était pas consolé du sort de ses plantes, aperçut le roi et se sauva d'un autre côté. Le roi s'en aperçut et l'appela ; mais Schœne feignit d'être fort occupé et ne répondit pas. — Le roi appela une seconde fois sans plus de succès ; à la troisième il appela si fort, qu'il n'y avait pas moyen de ne pas entendre. — D'ailleurs Schœne était attendri de cette persévérance. — Il se retourna et dit brusquement :

— Qu'est-ce que vous me voulez, sire ?

Le roi, qui n'ignorait pas la cause de sa mauvaise humeur, — voulut essayer de l'adoucir et lui dit :

— Ah ça ! qu'est-ce qu'ils m'ont fait là ? On dirait une

église du temps de Louis XIII ; — ce n'est pas ce que j'avais demandé.

— Si vous ne l'aviez pas ordonné, dit Schœne, on ne l'aurait pas fait. — Votre Majesté a perdu Monceaux avec cette affreuse baraque; elle en est bien le *maître*.

(Que dirait donc Schœne, bon Dieu ! s'il voyait la galerie de bois pendue et accrochée comme un garde-manger de bonne femme, contre une galerie du Louvre?)

Cette fois cependant on causa et on se raccommoda. Lorsque Louis-Philippe était encore duc d'Orléans, longtemps avant les anecdotes que je viens de vous raconter, on avait beaucoup tourmenté Schœne pour qu'il portât la livrée du prince ; — il refusa positivement. — Quand le duc d'Orléans fut roi de France, — un jour qu'il se promenait à Monceaux, il dit à Schœne :

— Schœne, vous n'avez pas voulu porter la livrée du duc d'Orléans, porterez-vous celle du roi des Français?

— Pas davantage, sire, je ne suis pas domestique, je suis jardinier; — *vous seriez empereur*, que ce serait la même chose : — j'aime mieux m'en aller.

Le roi rend justice à Schœne et l'aime beaucoup ; — il a défendu qu'on lui fît jamais aucune plainte contre son favori.

❦ J'avertis — M. E. Marco — de Saint-Hilaire — qu'il y a dans la commune que j'habite un pêcheur qui lui fait une assez sérieuse concurrence. — Voici un *souvenir intime de l'Empire* — qu'il m'a conté l'autre jour, et qui ne le cède en rien à ceux de l'*ancien page du palais* :

— Eh bien, maître Vincent, lui dis-je, avons-nous quelque chose ce matin?

— Un peu de *bouquet*, me dit-il.

— Le vendez-vous bien?

— Mais, oui; — deux sous chaque.

— C'est bien payé.

— J'en ai vendu plus cher que ça. — C'était du temps de l'empereur ; — je revenais de mon parc, — et l'empereur montait voir les phares avec toute l'armée et plusieurs officiers.

Comme je passais près de lui avec mes *lunets* et mes *candelettes* sur une épaule et une manne de bouquets sur l'autre, — quelques généraux s'arrêtèrent pour voir ce que je portais ; l'empereur revint au galop pour voir ce que regardaient ses maréchaux.

— S.... n.. de D.... — me dit-il, — qu'est-ce que tu portes là ?

— Votre Majesté, — que je lui répondis — en ôtant mon chapeau, — c'est du *bouquet* que par le Nord ils appellent *sclicoque*.

— S.... n.. de D..., — répliqua l'empereur ; — voilà de beau bouquet, — porte-le à mon hôtel.

Il remit son cheval au galop et alla voir les phares.

Moi, j'allai le soir à l'hôtel, — où l'empereur me fit donner quatre sous pour chaque *bouquet*, avec beaucoup de viande.

⁂ Le S.... n.. de D..., — que prête maître Vincent à l'empereur, — sera peut-être révoqué en doute par M. Émile Marco. Je lui avouerai — que ce pourrait bien être un agrément qu'ajoutent volontiers au récit les gens de la localité.

Il y a un jardinier que je vais voir quelquefois et qui a de fort belles plantes ; dernièrement, — je lui *marchandais* un *delphinium azureum* :

— Il est fort beau, — disais-je.

— J'en avais deux pareils, — répondit-il, — mais madame *** (je ne mets pas le nom, qui est fort connu), madame *** est venue l'autre jour, et m'a dit :

— Ah, sacredieu ! — il faut que vous me vendiez un de vos delphiniums.

⁂ Chapelain était, sous Louis XIV,

Le mieux renté de tous les beaux esprits,

de même le roi Louis-Philippe ne reconnaît d'écrivain moderne que M. Casimir Delavigne. — Sa Majesté pousse si loin ce dédain pour la littérature contemporaine, que, dans un dîner où se trouvait invité M. de Lamartine *comme député de Mâcon*, le roi fit semblant d'ignorer qu'il eût jamais écrit, lui parla de choses indifférentes, — mais ne prononça pas un mot qui eût trait à la littérature ni à la poésie.

On cite un mot assez singulier de la reine Christine. — Quelques-uns disent que c'est fort spirituel; d'autres, que c'est fort naïf. — M. Aimé Martin, admis à la faveur de lui être présenté, lui offrit obligeamment ses ouvrages : « Merci, monsieur, dit-elle ; je ne veux pas vous en priver. »

A propos des phares — dont je parlais tout à l'heure, — quelqu'un que je ne nommerai pas, mais qui ne demeure pas loin de là, avait pris à la fois un cheval et un domestique. — Il s'ensuivait que le domestique avait un cheval, et que le cheval avait un domestique ; mais lui n'avait ni domestique ni cheval.

Un jour, le cheval et le domestique disparurent pendant quatre heures. Au retour, le maître, fâché, demanda au domestique :

— Ah ça ! qu'as-tu fait et d'où viens-tu ?

— Monsieur, répondit tranquillement celui-ci, cette pauvre bête... je l'ai menée voir les phares.

Voici un résumé plus curieux qu'il n'en a l'air :

Sous le règne de Henri IV, le sucre se vendait à l'once chez les apothicaires. En 1700, la consommation du sucre s'éleva, en France, à un million de kilogrammes. — La population était alors de seize millions d'hommes. — Cela faisait pour l'année, par personne, à peu près deux onces. — En 1815, on en consomma seize millions de kilogrammes. — Et, en 1841, cette consommation s'est élevée à plus de cent millions de kilogrammes.

Ceci peut donner le secret des embarras de la position actuelle. — Le sucre n'est pas la seule friandise dont l'usage se soit ainsi répandu. — Tout le monde veut être quelque chose dans l'État, comme tout le monde veut manger du sucre.

Il faut, à chaque période politique, trouver moyen de multiplier les parts de bonbons; — les anciennes grosses parts en sont fort diminuées. — Ceux qui les possédaient autrefois se contentent aujourd'hui d'avoir de gros cornets dans lesquels il n'y a presque rien; on les a vidés pour faire de petites parts à presque tout le monde.

En effet, il n'est aujourd'hui presque personne qui n'ait, sous un titre quelconque, — un petit morceau du sucre du pouvoir, — député, — électeur, — juré, — garde national, — membre de tel ou tel conseil, — de tel ou tel comité, — rédacteur de tel ou tel journal, etc.

Eh bien! il y a encore des gens qui n'ont pas leur part et qui crient, — qui demandent une réforme électorale; — ceux qui ont les grosses parts, tirées du cornet de la puissance royale, — ont peur qu'on ne tire de leur cornet pour faire de nouvelles petites parts : — comment faire?

On a déjà usé, en fait de pouvoir, de tous les expédients dont on a usé en fait de sucre pour égaliser la production et la consommation; — on a imaginé des équivalents au sucre de betteraves, au sucre brut, — à la cassonade et à la mélasse.

Mais tout le monde veut du sucre blanc; — mais tout le monde en veut beaucoup : — les nouveaux cornets se ferment avec frénésie, le cornet royal est vide ou peu s'en faut.

Comment faire?

J'avais remarqué déjà la négligence de l'autorité qui permet au monsieur chargé d'inscrire les noms des rues de Paris aux coins d'icelles, de retrancher certains *de* au bénéfice probablement des opinions politiques dudit monsieur peintre en lettres; — j'ai cité, je crois, la *rue Rohan*, la *rue Grammont* et quelques autres ; — mais on m'a fait observer que cette suppression, loin d'être blâmable, provenait au contraire d'un louable sentiment d'économie de la part des administrateurs des deniers publics. — On sait, en effet, que ces inscriptions se payent à tant la lettre, — et que toutes celles qu'on peut retrancher sont un bénéfice net pour l'État.

Je m'étais expliqué de même la désignation d'*avenue Gabrielle* donnée à cette allée des Champs-Élysées, dédiée jadis par la duchesse de Berry à la belle Gabrielle d'Estrées, — qui, certes, n'avait rien en son temps de l'existence incorporelle des archanges.

Mais je ne peux plus appliquer la même excuse à une transposition de lettres sans bénéfice, comme celle qu'on a fait subir sur l'arc de l'Étoile au glorieux nom d'Eckmuhl, — que l'on a écrit *Eckmulh*, — mais heureusement à une hauteur inaccessible à l'œil nu.

Mais comment expliquer surtout qu'on ait fait présent d'une lettre à l'historique famille de Beauvau, et que l'on ait écrit place *Beauveau* ; — passe encore si l'on avait écrit *Bovo*, — l'économie justifiait la hardiesse ; — mais *Beauveau*, — cette lettre n'a rien d'agréable et coûte de l'argent.

Je soumets cette nouvelle observation comme la première, et avec le même respect, à l'autorité compétente.

※ Le mois d'avril, qui vient de finir, a vu mourir M. le ministre des finances Humann; M. le maréchal Moncey; M. le maréchal Clauzel; M. le général Castex; M. le général Heymès; M. Berlin de Vaux, pair de France; M. de Rigny, conseiller d'État; M. le comte de Mesnard, premier écuyer de la duchesse de Berry; M. Bouilly, doyen des auteurs dramatiques; M. l'abbé Boyer, directeur du séminaire Saint-Sulpice; M. Aguado, marquis de las Marismas; M. Boursault, membre de la Convention; M. le comte de Sesmaisons; madame la baronne Virginie de Gazan, fille de Bernardin de Saint-Pierre;

madame la comtesse de Balby; madame la marquise de Boisgelin; madame la comtesse de Sallaberry; madame Wanlerberghe, mère de madame Jacqueminot et grand'mère de madame Duchâtel; M. de Lur Saluces, ancien député; M. Beaupré, ancien danseur de l'Opéra; M. Wilhem, inspecteur des écoles de chant; Antonio Espartero, frère du régent d'Espagne, etc., etc.

Je ne cite que les personnages très-connus.

En général, on ne se rend pas bien compte de la mort même ou plutôt surtout de la sienne. — J'ai vu mourir, ces jours derniers, une pauvre fille qui souffrait beaucoup et qui disait : *je serai bien contente* quand ça sera fini. »

Je lis en même temps, — dans le testament du roi Gustave de Suède, mort il y a cinquante ans : « Si quelque auteur veut écrire des anecdotes concernant l'histoire de mon règne, *je le verrai avec plaisir.* »

Un jour du printemps dernier, comme j'allais à Versailles déjeuner avec quelques amis, je pris place dans un waggon du chemin de fer. — Assis à côté de moi, se trouvait un vieillard d'une belle figure avec de longs cheveux blancs, — coiffé d'une toque de velours noir et vêtu d'une douillette violette, — un domestique était en face de nous et tenait sur ses genoux une petite plante que mon voisin ne quittait pas des yeux ; — bientôt même, craignant quelque maladresse, il la prit et la garda entre ses mains.

— Vous avez là, lui dis-je, un rhododendron qui n'est pas encore dans le commerce.

— C'est vrai, me répondit le vieillard ; est-ce que vous êtes jardinier?

— Un peu, lui dis-je.

Notre connaissance se trouva faite. — Nous regardâmes ensemble les cerisiers qui étaient encore en fleurs sur la route. Comme nous étions près d'arriver, il me dit :

— J'ai de beaux rhododendrons en fleurs, — voulez-vous les venir voir?

— Volontiers, repris-je?

Je lui offris le bras pour descendre du waggon.

— Je vous remercie de votre politesse, me dit-il, mais je n'en ai pas encore besoin.

En effet, il était leste et dispos; — il remit le petit rhododendron au domestique, nous prîmes une sorte de fiacre dont le cocher le connaissait sans doute, car il ne demanda pas où il fallait le conduire. — Au bout d'un quart d'heure, on nous descendit devant une fort jolie maison; — je dis au cocher de m'attendre, et j'entrai avec l'inconnu dans un magnifique jardin. — Nous nous mîmes alors à parcourir de grandes et nombreuses serres remplies de plantes précieuses et parfaitement soignées; — chemin faisant, nous parlions de fleurs; — quelquefois il me racontait une anecdote curieuse de la Révolution. — Toujours est-il qu'il vint un moment où il me dit:

— Il est tard, voulez-vous déjeuner avec moi?

— Non, — répondis-je, — car vous me rappelez en ce moment — que l'on m'attend pour déjeuner depuis plus de deux heures — et que je suis sans doute l'homme le plus maudit du monde.

— Eh bien! me dit-il, venez me voir rue Blanche, à Paris, — nous reparlerons des fleurs, et, puisque vous avez un jardin, — je vous ferai quelques cadeaux; — je m'appelle Boursault.

Je le saluai et lui donnai ma carte.

— Oh bien! dit-il en la lisant, cela se trouve bien, je suis abonné aux *Guêpes* et j'avais envie de vous connaître.

Je ne l'ai jamais revu — depuis ce temps. J'ai si peu resté en place, que je n'ai pas trouvé le moment de lui faire ma visite. Il est au nombre des morts du mois d'avril.

🕷 Lors d'un des derniers retours du duc de Joinville, — sa sœur, la princesse Clémentine, lui fit de vifs reproches de n'avoir pas rapporté quelque costume de femme des pays qu'il avait visités.

— J'aurais aimé, — dit-elle, — à en essayer un.

— Rien n'est plus facile, — ma sœur, — répondit le jeune prince, — car vos reproches sont injustes, et j'ai précisément acheté le costume *complet* d'une reine sauvage, — qui était à peu près de votre taille.

— Voyons-le.

— Je vous le ferai apporter demain.

Le lendemain, — le prince arrive et dit à sa sœur :

— Je n'ai pas oublié ma promesse, — me voici !

— Et le costume ?

Le duc de Joinville, sans répondre, — tire de sa poche un collier fort bizarre formé d'un rang de graines rouges mêlées de morceaux de verre bleu.

La princesse Clémentine le regarde avec attention, le trouve assez joli malgré sa simplicité, — puis le place sur un meuble et attend.

Mais le prince s'occupe à regarder un tableau.

— Mais, Joinville, lui dit-elle, — à quoi pensez-vous ?

— Pourquoi cette question, ma sœur ?

— C'est parce que vous savez bien que j'attends.

— Et qu'attendez-vous ?

— Le costume.

— Est-ce que je ne vous ai pas donné...

— Un collier.

— Eh bien ?

— Eh bien ! j'attends le reste.

— Mais il n'y a pas de reste.

— Comment ?

— Je vous jure que c'est le costume complet, — et que la reine dont je vous parle ne portait rien de plus.

M. Humann — mort, on a mis à sa place M. Lacave-

Laplagne. — M. Royer-Collard, en apprenant cette nomination, — a parodié un mot connu, et a dit : « Il n'y a rien de changé, ce n'est qu'un gascon de plus. »

☙ Je vous ai quelquefois parlé de la quatrième page des journaux, — vous savez, celle où on met tout ce qu'on veut, cette sorte de mur où on affiche librement — et contre lequel il n'est défendu de déposer quoi que ce soit. — Eh bien! — le *Journal des Débats* a, le 10 avril dernier, admis, — en gros caractères, — une annonce dont je n'oserais à aucun prix écrire ici le premier mot. (Voir le *Journal des Débats* dudit jour.)

☙ Un autre journal a imaginé une forme assez heureuse de critique pour les ouvrages modernes.

« AVIS IMPORTANT. — Au milieu de cette inondation de livres de tous genres, dont beaucoup sont inutiles ou dangereux, il est de la dernière importance d'en signaler un qui mérite les plus grands éloges et qui intéresse au plus haut degré une immense quantité de personnes.

» Les auteurs, hommes du métier, sans aucun charlatanisme, avec une conscience et une modestie qui *devraient faire la règle de tous les écrivains*, enseignent dans cet ouvrage si éminemment utile :

» A obtenir à la fonte du suif en rame une plus grande quantité de suif que par l'ancien procédé. »

En effet, qu'apprend-on dans nos romans? — lisez-en tant que vous voudrez, — Balzac, Hugo, Dumas, madame Sand, — que saurez-vous après cela? vous y brûlerez quelques bougies, — mais vous n'en ferez pas mieux une chandelle.

☙ On lit dans un nouveau roman de M. d'Arlincourt, un roman inutile comme nous disions tout à l'heure, — un dialogue qui rappelle celui de l'ancien mélodrame dans ses beaux jours.

— Un meurtre!!!

— Il a été mérité !
— Un prêtre ! !
— Il n'en avait que l'habit.
— Lui ! pas plus ministre du ciel...
— Que je ne suis religieux.

Dans ce genre de dialogue, il faut qu'il y ait eu plusieurs répétitions et que celui qui parle le premier sache parfaitement ce que lui répondra son interlocuteur.

Car jamais un homme ne s'aviserait de dire : « Lui ! pas plus ministre du ciel... » si on ne lui a promis par les plus grands serments et sous les plus certaines garanties d'ajouter immédiatement : « Que je ne suis religieux; » sans cela la phrase serait absurde.

L'autre jour, dans un procès en adultère, deux avocats dont je regrette de ne pas savoir le nom, ont donné un nouvel exemple de l'audace de ces messieurs.

Il s'agissait d'un escalier et du nombre de marches dont il est composé : — l'un l'évaluait à trente et l'autre à quatre-vingt-deux. — Tous deux ont affirmé les avoir comptées.

Il existe dans la hiérarchie ecclésiastique de grands abus à l'encontre des *petits*, c'est-à-dire des curés et des pauvres desservants de campagne, — de la part de messeigneurs les évêques, et surtout, — comme cela ne manque jamais, — de la part des grandeurs subalternes, c'est-à-dire de M.M les vicaires généraux ; — une guêpe est spécialement chargée en ce moment — de recueillir sur les tracasseries subies par ces pauvres curés, sur ces fleurs amères de leur vie, — quelque chose qui ressemblera moins au miel qu'à l'absinthe.

En attendant mieux, voici un fait récent — qui ne manque pas d'une certaine bouffonnerie.

Le desservant d'une pauvre commune qui ressort de l'archevêché de Rouen — s'est vu brusquement suspendu de ses fonctions, — sans qu'on lui en fît connaître la cause.

Les interprétations n'ont pas manqué, — et naturellement on n'a examiné les versions diverses que strictement le temps nécessaire pour adopter exclusivement les plus fâcheuses, — en quoi les gens se sont montrés fort ignorants de la discipline ecclésiastique.

Car ce n'est pas l'oubli des devoirs ni des serments que l'Église punit le plus sévèrement dans ses ministres, c'est l'indiscipline, — tout autre péché, quelque gros qu'il soit, — n'est qu'un péché véniel.

Les commandements de Dieu passent après les ordres de l'Église.

Il n'y a rien dans ce que je dis ici qui ait la moindre exagération ; — ceux qui ont lu les *Guêpes* depuis bientôt trois ans, — et mes autres écrits depuis douze ans, savent que je n'ai jamais mêlé ma voix aux criailleries si à la mode contre les prêtres.

Notre desservant donc, lassé de voir son malheur aggravé de toutes sortes d'interprétations peu bienveillantes, s'est avisé de demander à l'archevêché une sorte de certificat de *bonnes vie et mœurs*; — il a paru désagréable et embarrassant aux vicaires de monseigneur de Croy d'avoir à donner un certificat favorable ; — ils n'ont pas répondu ; — le curé a insisté pour que son certificat lui fût envoyé ou pour qu'on lui *accordât* un refus motivé.

Enfin on s'est décidé, et voilà ce qu'il a reçu.

« Nous, soussigné, prêtre vicaire général de S. A. E. le cardinal prince de Croy, archevêque de Rouen, certifions que M*** a exercé pendant à peu près l'espace de douze ans les fonctions du ministère ecclésiastique en différents endroits et en différentes qualités, et que, pendant ce temps, il n'a jamais été *accusé* de mauvaises mœurs, ni connu pour avoir une conduite scandaleuse ; le présent certificat lui a été accordé conforme à sa demande — pour lui servir et valoir ce que de droit.

« Rouen,.... 1842.

« *Signé* Surgis, vic. génér. »

Le desservant était après cette lettre plus blanc que neige, — il n'avait pas même été *accusé*; c'était la vertu poussée au degré que César exigeait de sa femme.

Mais le malheureux curé, innocent aux yeux du monde, devenait par cela même coupable aux yeux de ses supérieurs — qui considèrent comme une rébellion ouverte son audace de demander un certificat d'innocence précisément au moment où on le punissait; — aussi M. Surgis, le même vicaire général, joignit-il au certificat la lettre que voici :

« Monsieur, le temps jusqu'à ce moment m'a *à peu près* manqué pour vous envoyer la pièce que vous avez demandée à S. A. E.; j'éprouve aussi quelque embarras, ne sachant trop comment formuler le certificat objet de vos désirs. Enfin, je vous l'envoie aujourd'hui et je souhaite qu'il remplisse vos vues.

» Je suppose que votre départ devant avoir lieu incessamment, et ne vous comptant plus vous-même comme faisant partie du clergé du diocèse de Rouen, vous avez déjà cessé toute espèce de fonctions ecclésiastiques, *même de célébrer les saints mystères. Vous sentez qu'un certificat aussi extraordinaire* que celui que vous sollicitez *vous étant accordé*, S. A. E. ne peut plus que *vous plaindre* et vous regarder comme étranger au sacerdoce, — et vous ne pouvez plus désormais dire la messe dans son diocèse. — Vous trouverez ci-inclus le certificat, comme j'ai cru devoir le faire pour suivre vos intentions.

» Recevez l'assurance, etc.   « *Signé* Surgis. »

Ces deux pièces sont authentiques, — je les tiens dans les mains et je les copie.

M. le vicaire général Surgis me permettra de trouver sa lettre beaucoup plus *extraordinaire* que le certificat qui lui cause tant d'étonnement.

En effet, quel est ce certificat après lequel celui qui l'obtient ne peut plus dire la messe — ni faire partie du clergé du diocèse, — et cela d'une manière si évidente, que M. Surgis ne croit pas avoir à en donner de raison, — qu'il se contente de dire : « *Vous sentez* que vous devenez par ce certificat étranger au sacerdoce ? »

Tout ce certificat est incompatible avec la prêtrise ; ce certificat est un certificat de vie honnête et de mœurs décentes.

Savez-vous, monsieur le vicaire général, qu'on pourrait tirer de là de singulières conséquences pour le clergé ; — car enfin, monsieur Surgis, vous ne pouvez échapper à ce raisonnement : si ce prêtre auquel on *accorde* ce *certificat extraordinaire* (un certificat de bonne vie et de bonnes mœurs), par cela même devient *étranger au sacerdoce*, *ne peut plus célébrer les saints mystères* (c'est tout simplement une excommunication), les qualités nécessaires et habituelles pour faire partie du clergé sont les contraires de celles (énoncées en cet *extraordinaire* certificat) et qui entraînent *nécessairement* et évidemment l'exclusion, l'anathème et l'excommunication.

Pendant le carême, les églises de Paris étaient curieuses à observer ; — les jours où un prédicateur plus ou moins célèbre devait travailler, on disposait les places comme au théâtre. — On se rappelle, du reste, la fameuse annonce : M. Lacordaire prêchera en costume de dominicain. Il y avait des places où on voyait et où on entendait, — d'autres où on entendait sans voir, — d'autres où on voyait sans entendre, — enfin un quatrième ordre de places où on ne voyait ni n'entendait absolument rien ; — pour faire le service de ces diverses places, il y avait des contrôleurs, des ouvreuses, etc., qui faisaient valoir les meilleures.

Les lois sont faites par des avocats ; — on ne le saurait pas, qu'on s'en douterait à la façon dont ils se sont ménagés : ils se sont bien gardés de se placer dans la catégorie des patentés, dans laquelle ils ont rangé les médecins ; — on serait probablement embarrassé d'en trouver une bonne raison. Le médecin, avant d'obtenir son diplôme, a à faire des études bien plus chères, bien plus dangereuses, il gagne beaucoup moins, — et n'a d'avenir que dans ses économies ; — l'avocat, au contraire, n'est en rapport qu'avec des gens qui ont quelque chose ; d'ailleurs ils se sont prudemment interdit tout recours judiciaire pour leurs honoraires, pour avoir un prétexte honnête de se faire payer d'avance. Quand ils vieillissent ils se transforment en ce qu'ils veulent, magistrats, — députés, — que sais-je? ils ne payent pas patente.

Un pauvre malade demande son admission dans un hôpital, — on lui dit : « Présentez-vous au bureau central, parvis Notre-Dame. » Comme il ne peut pas marcher, il prend une voiture. Arrivé, il attend deux heures, quelquefois quatre heures, son tour de visite, — bien heureux lorsque l'encombrement de la salle d'attente — ne le force pas de se tenir debout sur la place, exposé aux injures du temps.

Enfin son tour arrive, et le médecin lui dit qu'il n'y a pas de place ou qu'il n'est pas assez malade, — ou bien encore, ce qui vous paraîtra plus singulier, qu'il est trop malade.

En effet, les affections chroniques sont exclues des hôpitaux : — qu'un pauvre phthisique se présente, aucun hôpital ne s'ouvrira pour lui ; — le malade refusé prend une seconde voiture et rentre dans son triste logis, plus malade, plus pauvre et surtout plus découragé.

Pendant ce temps-là, vingt sociétés — mangent, boivent, parlent, parlent surtout, car c'est la manie de ce temps-ci, — tout cela sous prétexte de philanthropie.

Les journaux les plus *indépendants*, — *je n'en excepte pas un*, ne se font aucun scrupule de se rendre complices des mensonges et du charlatanisme de tous les marchands de n'importe quoi, — complicité honteuse, puisqu'elle se fait en partageant les bénéfices de ces industriels. — Un de ces journaux, obligé de faire l'éloge d'un tailleur, n'a trouvé à dire sur son compte que ceci : « Ses redingotes sont *plus que jamais* à deux rangs de boutons. »

※ Voici une épigramme échappée à M. Nodier. Comme il se trouvait l'autre jour avec M. Flourens, son collègue à l'Académie, — il lui dit :

— Ah ça ! M. de Balzac se présente.

— Je ne crois pas, répondit M. Flourens ; il n'a pas fait de visites.

— Pardon, il est venu me voir.

— Moi, je ne l'ai pas vu.

— C'est que peut-être il ne vous croit pas de l'Académie.

※ Au moment de la saison des bains, il me revient à l'esprit une anecdote assez édifiante à ce sujet.

L'acteur Perlet était triste et malade ; — quelques personnes lui conseillèrent les eaux d'Enghien. Perlet alla trouver le docteur Bouland, médecin des eaux, et lui exposa piteusement sa situation en lui demandant *franchement* son avis.

— Croyez-vous, lui dit-il, que vos eaux me donneront un peu d'embonpoint ?

— Certainement, monsieur, certainement ; — baignez-vous, et vous engraisserez.

Perlet se baigne, se baigne, et n'engraisse pas ; il se plaint au docteur.

— Oh ! mais, monsieur Perlet, il faut de la persévérance ; il faut un peu de temps ; — baignez-vous, monsieur, baignez-vous, et vous engraisserez.

Mais un jour que, conformément aux conseils du docteur Bouland, Perlet était dans sa baignoire, — il entend parler dans le cabinet voisin et reconnaît la voix du docteur.

— Certainement, monsieur, disait le docteur.

— Mais, répondait l'interlocuteur, — j'ai beau me baigner, je ne maigris pas. — Je crois que je suis plus énorme encore qu'à mon arrivée.

— Ah! mais, monsieur, il faut de la persévérance, il faut du temps ; — baignez-vous, et vous maigrirez.

Perlet se leva effrayé, jeta un regard sur lui-même. — Il lui sembla qu'il était maigri. — Il se précipita hors de son bain, et s'enfuit.

🐝 Un ancien administré de M. Romieu est venu le voir un de ces jours, — et il lui racontait ce qu'il avait vu à Paris.

— A propos, dit-il, j'ai été au Théâtre-Français.

— Et qu'avez-vous vu?

— Ma foi, une fort belle pièce ; — ça peut bien durer de cinq quarts d'heure à une heure et demie.

— Mais quelle pièce?

— Je vous dis... une très-belle pièce, mais je ne sais plus le nom ; — tout ce que je peux vous dire, c'est que mademoiselle Rachel *en* joue.

— Qu'est-ce qu'on dit dans cette pièce?

— Je ne sais pas trop... je me rappelle seulement qu'il y a un vieux, au commencement, à qui on donne un soufflet.

— Ah ! c'est le *Cid*.

— Oui, ça peut bien être ça... comment dites-vous? le *Cid* ! — Pardon, avez-vous un morceau de papier, que j'écrive ça. — C—i—d — le *Cid*, — c'est bien ça.

🐝 L'éditeur d'une série d'ouvrages, sur divers sujets, a publié dans les journaux une annonce dans laquelle il proclame et les titres des ouvrages qu'il met en vente, et les noms des auteurs qui les ont composés ; — ces noms sont au nombre de vingt ou vingt-cinq, et tous, moins un, sont écrits sans le M. dont on se sert pour les simples hommes : — Paul de Kock, Maurice Alhoy, Deyeux, Marco Saint Hilaire, — *monsieur* de Balzac, — etc.

M. de Balzac est, du reste, accoutumé à de pareilles distinctions. — Je me rappelle qu'il y a une huitaine d'années l'éditeur Werdet, avec lequel je me trouvais en relations, —

m'annonça que M. de Balzac lui faisait l'honneur de dîner chez lui, — et voulut bien m'inviter à prendre ma part du festin et du spectacle de ce célèbre écrivain ; — j'acceptai volontiers, et je trouvai là, en outre, Jules Sandeau et Michel Masson, qui étaient de mes amis, et M. Paul de Kock, que je ne connaissais pas plus que je ne connaissais alors l'auteur de la *Vieille fille* et d'*Eugénie Grandet*.

On était tous sur des chaises. — M. de Balzac seul, faute d'un trône, que probablement M. Werdet ne possédait pas dans son mobilier, était assis sur un fauteuil élevé — et mangeait dans un couvert de vermeil, — tandis que les autres n'avaient que des couverts d'argent. M. de Balzac ne manifesta ni le moindre étonnement ni le moindre embarras.

On lit dans le *Moniteur* :

« Dans le mois dernier, le ministre de la marine a alloué aux auteurs de DIVERS *actes de sauvetage* des *gratifications*, montant en totalité à DEUX CENT QUARANTE FRANCS. »

Je l'ai déjà remarqué, — les hommes n'ont de respect, de vénération, que pour ceux qui leur font du mal. — Une croix d'honneur, je parle de celles qui sont bien gagnées, est le prix de quelques têtes fendues ; — on accorde à celui qui en est porteur toutes sortes d'honneurs et de considération ; — au contraire, celui qui sauve la vie d'un homme au péril de la sienne est traité avec un remarquable dédain. — On appelle son action — acte de *sauvetage*. — Cette formule s'applique également à celui qui repêche des barriques ou des morceaux de bois, — au courant de l'eau.

Gratification est le terme dont on use à l'égard des expéditionnaires des bureaux dont on veut récompenser l'écriture propre et soignée ; du reste, il en a toujours été ainsi.

Sous Louis XVI, — le pilote Boussard, de Dieppe, sauva seul huit hommes sur dix, qui périssaient sur un bâtiment naufragé. — On lui donna une pension de trois cents francs.

✹ Il a été arrêté à l'Académie qu'on inviterait les académiciens à se rendre aux séances en costume. — Il y a bien longtemps que les *Guêpes* ont provoqué cette mesure; — il est douteux qu'elles obtiennent le même succès auprès des députés.

✹ Il y a à Paris, sur le boulevard, un petit théâtre qui fait d'excellentes affaires, sous la direction de M. Mourier : c'est le théâtre des Folies-Dramatiques. — Voici une économie que l'on n'aurait pas imaginée. — Les contrôleurs qui reçoivent les billets au commencement du spectacle sont des acteurs dont la présence est nécessaire ensuite sur ce théâtre.

L'autre jour, — M. Roger de Beauvoir — s'avisa de se présenter vers neuf heures; — il prit un billet au bureau et se présenta au contrôle, où il ne trouva qu'un énorme chien qui voulut le manger.

✹ Le vieux prince T***, usé, contrefait, et ayant l'air d'être tombé sur la tête d'un troisième étage, — se promenait à pieds dans les Champs-Élysées, péniblement soutenu par un domestique; — il rencontra un de ses amis qui lui dit :

— Eh bien! que faites-vous de G***?

(Madame G*** est une maîtresse fort connue du prince en question.)

— Ma foi, mon cher, répond le prince en toussant, — son règne est passé, le cœur n'y est plus pour rien, il n'y a plus entre nous que l'amour physique.

✹ On a essayé dernièrement de répandre le bruit que M. Victor Hugo avait éprouvé une attaque de folie. — Ce n'est pas la première édition de cette plaisanterie.

On se rappelle encore le bruit qui avait eu lieu à la première représentation du *Roi s'amuse* : on chanta la *Marseillaise*, — on hurla le *Chant du Départ*, on demanda deux ou trois têtes et plusieurs perruques. — Le lendemain, la pièce fut *défendue*. — M. Hugo fit un procès, et, dans le cours de ce procès, fut peu bienveillant pour M. d'Argout, qui n'a laissé au ministère d'autre souvenir que celui de son nez plus qu'humain, ce dont M. d'Argout conserve encore un vif ressentiment.

Plus tard, on représenta *Lucrèce Borgia*. — Le lendemain de la représentation, un grand nombre d'amis de M. Hugo vinrent le féliciter de son succès. — Au nombre des visiteurs était un jeune poëte, — fils d'un imprimeur et compositeur dans l'imprimerie de son père; — ledit père, qui est mort aujourd'hui, imprimait un journal ayant pour titre : le *Télégraphe des départements*.

Après être resté une heure chez M. Hugo, le jeune homme le quitta pour aller *composer* le journal; — il se met à l'ouvrage; mais quel est son étonnement lorsque, dans la part de manuscrit qui lui est échue, il voit cette phrase :

« M. Victor Hugo vient d'être attaqué d'une folie furieuse; sa famille a dû le faire transporter à Charenton. »

Il laissa cette phrase sans la composer, et chargea le prote de l'avertir quand M. ***, rédacteur du journal et secrétaire de M. d'Argout, viendrait ce qu'on appelle corriger les épreuves.

En effet, ce monsieur arrive, il va le trouver et lui dit qu'il n'avait pas composé la phrase parce que le renseignement était faux, qu'il quittait M. Hugo à l'instant même, etc., etc.

M. *** lui répondit qu'il eût à garder ses avis pour quand on les lui demanderait, qu'il s'occupât de son ouvrage, et eût la bonté de ne pas se mêler du reste.

Le jeune homme s'y refuse et va trouver son père.

Le père répond majestueusement que cela ne le regarde pas; que, s'il lui fallait s'assurer de la vérité de ce que les journaux lui donnaient à imprimer, le papier sortirait souvent de chez lui plus blanc qu'il n'y était entré.

Enfin la nouvelle fut insérée et copiée les jours suivants par tous les journaux de départements.

Je l'ai déjà fait remarquer, — si on vous dit : « L'épicier du coin a battu sa femme, » vous direz : « En êtes-vous bien sûr? » Mais si l'on vous dit qu'un homme célèbre par son talent est devenu enragé et a mordu trois personnes, vous dites : « *Il paraît* que le grand poëte un tel a mangé beaucoup de monde dans un accès d'hydrophobie. » — Il est si doux pour les envieux de rabaisser par quelque côté celui qui s'élève au-dessus d'eux, — qu'ils ne s'avisent jamais de prendre la moindre information : la chose n'aurait qu'à ne pas être vraie !

L'autre jour il me tomba sous les yeux un article de M. Delecluse, qui est chargé dans le *Journal des Débats* de la critique d'art.

Je parcourus cet article et je vis avec chagrin que je ne me trouvais d'accord presque en rien dans mes jugements sur le Salon de cette année avec le révérend M. Delecluse.

L'article commençait par un grand éloge de M. Bidault, dont je vous ai signalé le tableau à propos de l'exposition de peinture, — et par une attaque violente contre la nature.

En effet, selon M. Delecluse, le plus grand tort des paysagistes, c'est de s'*asservir* à l'imitation *servile* de la nature ; — ceux qui font le contraire et qui ne se *préoccupent* pas trop de ladite nature ont, aux yeux de M. Delecluse, par cela même un *avantage unique* et *un mérite inestimable*.

En effet — et je suis honteux de mon erreur, — il n'y a pas trop de dédain possible pour ces peintures timides et sans génie — qui s'asservissent ainsi à l'imitation de la nature au lieu de lutter avec elle, et d'inventer un autre soleil. — M. Delecluse n'est pas content de la nature : je ne sais s'il a à se plaindre d'elle, je n'ai jamais vu cet écrivain ; — toujours est-il qu'il veut qu'on lui fasse mieux que cela.

Parlez-moi de M. Bidault — à la bonne heure — et de M. Victor Bertin, et de M. Édouard Bertin, et de M. Aligny. — Voilà des hommes ! Croyez-vous qu'ils s'amusent à copier servilement un arbre — un de ces mauvais vieux arbres communs comme la nature, cette vieille radoteuse, en met partout? — Regardez les paysages de ces messieurs, — je veux mourir si j'ai jamais vu d'arbres comme les leurs — et les montagnes — et les hommes — et les chevaux — et la lumière, — voilà qui n'est pas copié servilement! — voilà qui est une création! — voilà qui n'appartient qu'à ces grands peintres! voilà où la nature n'a rien à réclamer! — Vous ne verrez pas là de ces chevaux vivants, souples, bondissant dans les prairies — de ces chevaux comme on en voit partout. — Fi donc!

Vous ne verrez pas des hommes ayant les bras attachés aux épaules — et la tête sur le cou. — C'est trop commun.

Vous ne verrez pas là de ces arbres qui balancent dans l'air leurs beaux panaches pleins d'oiseaux, pleins de chants et pleins d'amours — allons donc! — on ne voit que ça au mois de mai.

Vous ne verrez pas dans les tableaux de ces grands peintres selon le cœur de M. Delecluse cette lumière commune qui donne aux objets leurs couleurs diverses — fi donc! la lumière de M. Bidault est grise; — celle de M. E. Bertin est brune, chacun a la sienne.

Parlez-moi donc auprès de cela de rapins comme Brascassat, qui vous fait honteusement de l'herbe qu'un mouton viendrait brouter, et des moutons sur lesquels se jetterait un loup.

Parlez-moi de malheureux comme M. Wickemberg qui vous fait de la glace devant laquelle on a froid — et de vrais enfants comme vous en avez vu sur la place du Louvre avant d'entrer.

Et ce pauvre M. Béranger avec son lièvre et sa perdrix, — quelle misérable et servile imitation de la nature! — c'est à s'y méprendre; — et cet autre, — j'ose à peine le nommer, Meissonnier — avec son fumeur! Comment le jury admet-il de semblables choses au Salon?

Le jury se montre cependant tous les ans bien digne de comprendre et d'appliquer la théorie de M. Delecluse, belle et ravissante théorie! En effet, qu'est-ce que l'imitation de la nature dans le paysage? — c'est aussi méprisable que la ressemblance dans un portrait.

Ah! monsieur Delecluse, — vous venez de publier un roman qui s'appelle *Olympia*; — vite qu'on m'envoie *Olympia*, — que je lise *Olympia!* j'espère bien ne pas trouver là de ces serviles imitations de la nature, — de ces communes études du cœur humain; — au nom du ciel, que l'on m'envoie bien vite *Olympia!*

M. R*** vient, dit-on, de faire un riche héritage; sur ce, il a invité un certain nombre de ses anciens amis à un dîner au *Rocher de Cancale*. — Le choix du lieu, — la renommée gastronomique de l'amphitryon, sa nouvelle position financière, — tout avait alléché les amis; — mais quel ne fut pas leur triste étonnement quand ils virent que le festin se composait d'une soupe à l'oignon, — de veau aux carottes! Les figures se sont allongées, — et même, à un des bouts de la table, un des amis désappointés se mit à dire : « R*** a passé la première moitié de sa vie à cacher sa misère; il va passer la seconde moitié à cacher sa fortune. » — Heureusement que le vin de Champagne, qui fut servi à profusion, vint égayer la fin du dîner.

Quand on lit l'histoire avec un peu d'attention, on voit qu'elle se compose en général d'événements imprévus et impossibles, — que le plus hardi romancier n'oserait admettre dans ses livres.

S. M. Louis-Philippe est aujourd'hui roi des Français; — voici une petite anecdote que je trouve dans un bouquin de 1780, et qui constate à quel point cela paraissait impossible alors :
« M. le duc de Chartres [1] étant allé, suivant l'usage, prendre les ordres du roi [2] au sujet de son intention d'instituer gouver-

---

[1] Le père du roi Louis-Philippe.
[2] Louis XVI.

neur de ses enfants [1] madame la comtesse de Genlis, — Sa Majesté a fait un moment de réflexion, puis a dit : « J'ai un dau-
» phin [2] ; Madame [3] pourrait être grosse. — Le comte d'Artois [4]
» a plusieurs princes [5], vous pouvez faire ce que vous vou-
» drez. »

※ Voici, dans le même bouquin, — des phrases assez singulières :

« Les Parisiens, qui devraient s'indigner de se voir insensiblement constitués prisonniers et renverser cette muraille extravagante, ne font qu'en rire ; elle leur sert de spectacle et de but de promenade ; ils s'amusent à la voir croître par degrés. »

Remarquez qu'il ne s'agit ni des forts, ni de l'enceinte continue, — on veut parler de la muraille et des barrières de Paris, construites en 1780.

※ Le droit de visite, dont abuse si étrangement l'Angleterre et que tolère plus étrangement encore le gouvernement français, — est une question plus sérieuse qu'on ne pense.

J'ai été le premier à attaquer par le ridicule — les besoins que les journaux prêtaient au peuple, — la réforme électorale, — et autres marrons qu'on voulait lui faire tirer du feu ; — mais ici ce n'est plus le cas de plaisanter : — le peuple français est orgueilleux, — cet orgueil est un arbre dont sortent deux branches : — l'une produit les vaudevilles, — où il écoute et applaudit avec fureur l'éloge de sa propre bravoure ; — elle produit le rappel à l'ordre d'un député qui ose dire à la Chambre que les Français ont quelquefois été vaincus.

Mais l'autre donne pour fruits les traits d'héroïsme et de dévouement des guerres de la Révolution et de l'Empire, — et les

---

[1] Le roi actuel.
[2] Louis XVII, mort au Temple.
[3] Femme du comte de Provence, depuis Louis XVIII.
[4] Depuis Charles X.
[5] Le duc de Berri et le duc d'Angoulême.

belles actions qu'on a admirées dans les récentes campagnes d'Afrique.

C'est un arbre qu'il faut laisser debout.

Il ne faut pas attaquer les Français dans leur vanité.

Jusqu'au fond des boutiques et des campagnes, on voit des épiciers et des paysans humiliés, tristes, furieux, — des affaires du *Marabout* et de la *Sénégambie*.

L'opposition au recensement était une sottise, — c'était du bruit pour du bruit ; — mais dans l'affaire du droit de visite, l'orgueil national est blessé, — car, il faut le redire, c'est une lâcheté.

Je dénonce à l'admiration des contemporains une nouvelle femme de lettres, mademoiselle Godin. Cette muse annonce à la fois une épître en vers et du chocolat. — On trouve les deux objets à la même adresse.—L'épître se vend à la livre, et le chocolat au cent. — Peut-être, cependant, est-ce le chocolat qui se vend à la livre. — Du reste, voici l'annonce telle qu'elle est faite :

« Demoiselle GODIN, rue..... CORRESPONDANCE AMOUREUSE, en vers, d'un Pêcheur picard avec une cuisinière de la rue Saint-Honoré; 25 c. Par la poste, 30 c. ; le cent 15 fr. — CHOCOLAT fin, 1 fr.; surfin, 2 fr. 40 c. ; Caraque, 3 fr. ; praliné, le plus exquis des bonbons, 4 fr. »

Une académie propose un prix pour la destruction de la pyrale, insecte qui attaque la vigne, au vigneron qui aura découvert le meilleur moyen.

Or, quel est ce prix? Un ouvrage du savant M. Audoin sur la pyrale.

Si l'ouvrage est bon, pourquoi mettre au concours des moyens préférables à ceux qu'il indique?

Si l'on a besoin d'autres moyens, si ceux donnés par M. Audoin sont insuffisants — que sera-ce pour le vigneron qu'un prix consistant en un ouvrage inférieur à celui qu'on demande de lui sur le même sujet?

Est-ce que par hasard cela ne serait pas absurde?

🕷 Voici un exemple frappant des excès auxquels peut se porter un homme qui a de l'huile à vendre. — La plupart des journaux ont reproduit (un franc la ligne) l'annonce que voici.

L'homme qui a de l'huile à vendre commence par des conseils sévères et d'amers reproches au gouvernement de son pays. Il met son huile dans l'opposition; je copie textuellement :

« La tolérance du gouvernement, qui après avoir reconnu que la religion catholique était celle de la majorité des Français, et qui néanmoins par son indifférence et surtout par son exemple, en faisant travailler aux édifices publics les dimanches et les fêtes solennelles de l'année, est cause que cette interdiction est sur ce point généralement transgressée; cette infraction au troisième commandement de Dieu, loin d'ébranler nos croyances, les raffermit plus que jamais. Comme il ne suffit pas de rendre à César ce qui appartient à César, et qu'il faut aussi rendre à Dieu ce qui est à Dieu, nous sommes fier de résister à un entraînement qui n'est imité par aucun autre gouvernement, attendu qu'ils savent tous très-bien que, quand Dieu n'a plus d'empire sur les hommes, les gouvernements n'ont plus d'action sur les esprits.

» Pour nous, ajoute l'homme qui a de l'huile à vendre, conséquent avec nos croyances, fidèle à la ligne que nos pères nous ont tracée, nous nous interdisons toute œuvre servile le dimanche.

» Nous sommes resté stationnaire malgré l'entraînement des siècles. »

L'homme qui a de l'huile à vendre se jette dans d'amers regrets du passé. « Les usages du bon vieux temps, dit-il, étaient en harmonie avec les usages de nos pères, qui, plus sages que nous, apportaient dans leurs relations, intimes ou commerciales, une franchise et une urbanité, qui malheureusement se sont éloignées de nos mœurs. — Mais le goût ancien reprend dans les objets matériels, dans les ameublements, les constructions et les édifices publics. »

L'homme qui a de l'huile à vendre — entrevoit de flatteuses espérances pour l'avenir de sa patrie. « Les nobles et antiques usages du bon vieux temps renaîtront aussi dans la morale publique ; — et déjà ne voyez-vous pas un retour aux mœurs de nos pères dans la direction d'un établissement où, tout en s'abstenant scrupuleusement de travailler le dimanche, — la vieille loyauté, les croyances religieuses et les principes de son fondateur forment une puissante garantie, et lui font un commandement de ne livrer aux consommateurs en huile à manger que celles provenant uniquement de l'olivier! »

Voilà l'huile annoncée ! — Cela se fait un peu plus attendre que le chapon de Petit-Jean ; — mais nous n'y perdons pas ; — certes, il est un des héros de comédie auquel Molière n'aurait pas prêté un meilleur langage, si Tartufe avait eu de l'huile à vendre.

Je suis sûr que M. Aymés se consolera de cette remarque innocente, en songeant que les *Guêpes* lui font en même temps une annonce, — et une annonce qui ne lui coûte rien.

1ᵉʳ mai.

Comme il fait beau dans la campagne ! — Les pommiers sont couverts de leurs fleurs blanches et roses ; — les fauvettes chantent dans les feuilles, — les insectes bourdonnent dans les fleurs. — Comment dire tout ce qui s'épanouit, — tout ce qui chante dans le cœur ? — Le soir, les yeux quittent la terre et les fleurs, — et contemplent le ciel et les étoiles ; — mais les campagnes sont désertes ; — il y a fête à la ville ; c'est la fête du roi ; — et le peuple se soucie bien des étoiles et des parfums du soir quand il peut voir des lampions et respirer l'odeur du suif.

FIN DU TROISIÈME VOLUME.

TABLE DES MATIÈRES

1841

JUILLET. — A Victor Hugo. — Le rossignol et les oies. — 1. — 40. — 450. — 33,000,000. — M. Conte. — Les lettres et la poste. — Les Harpies. — M. Martin (du Nord). — Nouvelles de la prétendue gaieté française. — La queue de la poêle. — Un trait d'esprit du préfet de police. — Les chiens enragés. — Les journaux. — Renseignement utile aux gens d'Avignon. — Où est le tableau de M. Gudin. — M. Quenson dénoncé. — A monseigneur l'archevêque de Paris. — Mots nouveaux. — Victoria à Rachel. — Les esclaves et les domestiques. — L'Opéra. — Le Cirque-Olympique. — Le duc d'Orléans. — Le maréchal Soult. — Nouvelles frontières de la France. — Les vivants et les morts. - M. de Lamartine. — La postérité. — M. Hello accusé de meurtre. — La Fête-Dieu. — Giselle. — M. Ancelot. — M. de Pongerville. — Les vautours. — M. Villemain. — Une voix. — M. Garnier-Pagès. — Un oncle. — Le charbon de terre et les propriétaires de forêts. 1

AOUT. — Les anniversaires. — Paris et Toulouse. — Les trois journées de Toulouse. — M. Floret. — M. Plougoulm. — M. Mahul. — M. de Saint-Michel. — Ce qu'en pensent Pascal, Rabelais et M. Royer-Collard. — Un quatrain. — Le peuple et l'armée. — Les Anglais. — Un pensionnat à la mode. — Les maîtres d'agrément. — A monseigneur l'archevêque de Paris. — Un projet de révolution. — Un baptême. — Une lettre de M. Dugabé. — Le berceau du gouvernement représentatif. — En faveur d'un ancien usage, excepté M. Gannal. — Parlons un peu de M. Ingres. — Un chat et quatre cents souris. — Le roi et les archevêques redevenus cousins. — A M. le vicomte de Cormenin. — M. Thiers en Hollande. — Contre l'eau. — MM. Mareschal et Souchon. — Les savants et le temps qu'il fait. — Les citoyens les plus honorables de Lévignac, selon M. Chambolle. — Triste sort d'un prix de vertu. — De l'héroïsme. — La science et la philanthropie. — Les médailles des peintres. — Les ordonnances de M. Humann. — De l'homicide légal. — AM RAUCHEN *sur le bonheur* 51

SEPTEMBRE. — Diverses réponses. — L'auteur rassure plusieurs personnes. — M. Molé. — M. Guizot. — M. Doublet de Bois-Thibault. — La vérité sur plusieurs choses. — Les protestations. — Les adresses. — Les troubles. — Ce que c'est qu'une foule et une masse. — Le peuple des théâtres et le peuple des journaux. — L'évêque d'Évreux et l'archevêque de Paris. — Dénonciation contre les savants. — M. Montain. — En quoi M. Duchâtel ressemble à Chilpéric. — Le suffrage universel. — Naïveté. — La pudeur d'eau douce et la pudeur d'eau salée. — Les fêtes de Juillet. — Apparition de plusieurs phénomènes. — Toujours la même chose. — Les banquets. — M Duteil et M. Champollion. — Voyage du duc d'Aumale. — Est-ce une pipe ou un cigare? — Histoire d'un député. — Sur quelques noms. — Les bureaux de tabac. — A M. Villemain. — A M. Rossi. — En faveur de M. Ledru-Rollin. — Les Parias. — Madame O'Donnell. 61

OCTOBRE. — A M. Augustin, du café Lyonnais. — BILAN *de la royauté*. — M. Partarrieu-Lafosse. — La charte constitutionnelle. — L'article 12 et l'article 13. — Moyen nouveau de dégoûter les princes de la flatterie. — BILAN *de la bourgeoisie.*— M. Ganneron. — M***. — L'orgie et la mascarade. — Madame J. de Rots... — La chatte métamorphosée en femme. — BILAN *de la pairie*. — BILAN *de la députation*. — Une tombola. — Ce que demandent soixante-dix-sept députés. — Ce qu'obtiennent quarante-deux députés. — M. Ganneron. — BILAN *des ministères.*— M. Molé. — M. Buloz. — M. Duvergier de Hauranne. — M. Thiers. — M. Guizot. — Angelo, tyran de Padoue. — Un œuf à la coque. — M. Passy. — M. Dufaure. — M. Martin (du Nord). — BILAN *de l'administration*. — Les synonymes. — BILAN *de la justice*. — BILAN *de la littérature*. — Les Louis XVII. — La parade. — Louis XIV et les propriétaires de journaux. — M. *Dumas* et M. *de Balzac*. — BILAN *de la police*. — Facéties des enfants de Paris. — Trois minutes de pouvoir. — BILAN *de l'Église*. — *Les bons curés*. — M. Ollivier. — M. Châtel. — M. Auzou. — BILAN *de l'armée*. — BILAN *du peuple*. — *Frédéric le Grand*. — *Le pays*. — BILAN *de la presse*. — Dieu ou champignon. — La sainte ampoule et les écrouelles. — BILAN *de l'auteur*. 91

NOVEMBRE. — Les papiers brûlés. — Service rendu à la postérité. — Une phrase du *Courrier français.* — PREMIÈRE OBSERVATION. — De la rente. — DEUXIÈME OBSERVATION. — L'infanterie et la cavalerie. — TROISIÈME OBSERVATION. — Les *que.* — QUATRIÈME OBSERVATION. — Une épitaphe. — CINQUIÈME OBSERVATION. — Réponse à plusieurs lettres. — M. de Cassagnac et le mal de mer. — De la solitude. — M. Lautour-Mézeray. — Abdalonyme. — M. Eugène Sue. — M. Véry. — Louis XIII. — M. Thiers et M. Boilay. — Deux mots de M. Thiers. — Un rédacteur entre deux journaux. — Encore le roi et ses maraîchers. — M. Cuvillier-Fleury. — M. Trognon. — M. de Latour. — Charlemagne. — La Salpêtrière. — La police et les cochers. — Les cigares de Manille. — Sagacité d'un carré de papier. — SIXIÈME OBSERVATION. — SEPTIÈME OBSERVATION. — HUITIÈME OBSERVATION. — Sur l'égalité. — Un blanc domestique d'un noir — Caisse d'Épargne. — Les mendiants. — Aperçu du *Journal des Débats.* — *Arbor sancta,* nouveau chou colossal. — NEUVIÈME OBSERVATION. — Jules Janin, poëte latin. — Une caisse. — Éducation des enfants. — DIXIÈME OBSERVATION. — La vérité sur Anacréon et sur ses sectateurs. — Une élection. — ONZIÈME OBSERVATION. — DOUZIÈME OBSERVATION. — Postscriptum.... 125

DÉCEMBRE. — Les tombeaux de l'empereur. — M. Marochetti. — M. Visconti. — M. Duret. — M. Lemaire. — M. Pradier. — Un nouveau métier. — L'arbre de la rue Laffitte. — Les annonces. — Les réclames. — Un rhume de cerveau. — Un menu du *Constitutionnel.* — D'un acte de bienfaisance qui aurait pu être fait. — Les départements vertueux et les départements corrompus. — M. Ledru-Rollin. — Un nouveau noble. — M. Ingres et M. le duc d'Orléans. — Les prévenus. — L'opinion publique. — Suite des commentaires sur l'œuvre du *Courrier français.* — M. Esquiros. — Le secret de la paresse. 165

1842

JANVIER. — Règlement de comptes. — Un pèlerinage. — M. Aimé Martin. — M. Lebœuf et *une* trompette. — Un colonel et un triangle. — Jugement d'un jugement. — Le colin-maillard. — Les cantonniers des Tuileries à la place Louis XVI. — Les nouveaux pairs. — M. de Balzac et une petite chose. — La quatrième page des journaux et les brevets du roi. — M. Cherubini. — Le général Bugeaud. — A quoi ressemble la guerre d'Afrique. — Une bonne intention du duc d'Orléans. — La Chambre des députés. — Consolations à une veuve. — Un joli métier. — Aménités d'un carré de papier. — Une besogne sérieuse. — Correspondance. — Un secret d'influence. — Les écoles gratuites de dessin 188

FÉVRIER. — Les fleurs de M. de Balzac. — Mémoires de deux jeunes mariées. — Les ananas. — La balançoire des tours Notre-Dame. — A monseigneur l'archevêque de Paris. — Un mot de M. Villemain. — Un conseil à M. Thiers, relativement à l'habit noir de l'ancien ministre. — Une annonce. — Un député justifié. — Sur quelques Nisards. — M. Michelet et Jeanne d'Arc. — M. Victor Hugo archevêque. — M. Boilay à Charenton. — Une lettre de M. Jean-Pierre Lutandu. — Une nouvelle invention. — Seulement... — Une croix d'honneur et une rose jaune. — Les *Glanes* de mademoiselle Bertin. — MM. Ancelot, Pasquier, Ballanche, de Vigny, Sainte-Beuve, A. Dumas, Vatout, Patin, de Balzac, l'évêque de Maroc. — Question d'Orient. — Le roi de Bohême. — M. Nodier. — M. Jaubert. — M. Liadières. — M. Joly. — M. Duvergier de Hauranne *Grand-Orient*. — Le général Hugo. — Naïveté de deux ministres. — M. Aimé Martin et la Rochefoucauld. — Pensées et maximes de M. Aimé Martin. — Éloge de M. Aimé Martin. — Au revoir 209

MARS. — Les bals de l'Opéra. — Une rupture. — M. Thiers et les *Guêpes*. — Le bal du duc d'Orléans. — Plusieurs adultères. — Grosse scélérate. — Une gamine. — Sur quelques Nisards (suite). — Les capacités. — M. Ducos. — M. Pelletier-Dulas. — A. M. Guizot. — L'*acarus* du pouvoir. — Grattez-vous. — M. Ballanche. — M. de Vigny. — M. Vatout. — M. Patin. — Le droit de visite. — M. de Salvandy et M. de Lamartine. — Les chaises du jardin des Tuileries. — Une prompte fuite à Waterloo. — Le capitaine Bonnardin. — M. Gannal au beurre d'anchois. — A M. E. de Girardin. — M. Dumas. — M. Ballanche. — M. Pasquier. — M. Dubignac 235

AVRIL. — Une pension de mille écus et M. Hébert. — Longchamps. — M. de Vigny. — M. Patin. — M. Royer-Collard. — Remède contre le froid aux pieds. — M. C. Bonjour, le roi Louis-Philippe, M. Rudder et M. Cayeux. — EXPOSITION DU LOUVRE. : M. Hébert à propos du portrait de la reine. — Louis XVIII et un suisse d'église. — M. Vickemberg et M. Biard. — M. Meissonnier et M. Béranger. — M. Gudin. — Le lion de M. Fragonard. — M. Affre. — Monseigneur de Chartres. — M. Olivier et une dinde truffée. — La Vierge de Bouchot. — Les ânes peints par eux-mêmes. — Question des sucres. — Un tailleur à façon. — *Lorenzino* de M. Al. Dumas. — Un vendeur de beau temps. — M. Listz. — Le cancan, la béquillade, la chaloupe, dansés par M. de B. au dernier bal de madame la duchesse de M... — M. Dubignac sur Napoléon, les femmes et l'amour, etc., etc. — Succès pour le commerce français, obtenu sur la plaidoirie de Me Ledru-Rollin 259

MAI. — Le roi Louis-Philippe et le jardinier de Monceaux. — Un concurrent à M. Émile Marco de Saint-Hilaire. — Propos légers d'une *Dame*. — M. de Lamartine au château. — M. Aimé Martin et la reine d'Espagne. — Le sucre. — Les rues de Paris. — Les morts d'avril. — M. Boursault. — Le duc de Joinville. — Un costume complet. — M. Lacave-Laplagne et M. Royer-Collard. — Un bon livre. — Dialogue de M. d'Arlincourt. — Un vicaire général et un curé. — M. Surgis. — Éloge d'un tailleur. — M. Nodier et M. Flourens. — Les eaux. — M. Perlet. — M. Romieu et le *Cid*. — Un triomphe de M. de Balzac. — M. Roger de Beauvoir au contrôle des Folies-Dramatiques. — Un bruit sur M. Hugo. — De M. Delecluse. — Comme quoi il est brouillé avec la nature. — Un souvenir historique. — Opinion d'un journaliste de 1780 sur les fortifications de Paris. — Encore le droit de visite. — Une nouvelle muse. — Bévue d'une Académie. — Un homme qui a de l'huile à vendre. — Le 1er mai.   286

FIN DE LA TABLE DU TROISIÈME VOLUME.

F. AUREAU ET Cie. — Imprimerie de LAGNY

www.ingramcontent.com/pod-product-compliance
Lightning Source LLC
Chambersburg PA
CBHW060418170426
43199CB00013B/2193